上海大学法学文库
上海市哲学社会科学规划课题研究成果

共犯解释论

张开骏 著

上海大学出版社
·上海·

图书在版编目(CIP)数据

共犯解释论/张开骏著. —上海：上海大学出版社，2022.1
 ISBN 978-7-5671-4390-6

Ⅰ.①共… Ⅱ.①张… Ⅲ.①同案犯-研究-中国 Ⅳ.①D924.04

中国版本图书馆 CIP 数据核字(2021)第 250574 号

责任编辑　刘　强
封面设计　柯国富
技术编辑　金　鑫　钱宇坤

共犯解释论

张开骏　著

上海大学出版社出版发行
（上海市上大路 99 号　邮政编码 200444）
（http://www.shupress.cn　发行热线 021-66135112）
出版人　戴骏豪

*

南京展望文化发展有限公司排版
上海东亚彩印有限公司印刷　各地新华书店经销
开本 890mm×1240mm　1/32　印张 7.75　字数 180 千字
2022 年 1 月第 1 版　2022 年 1 月第 1 次印刷
ISBN 978-7-5671-4390-6/D·246　定价　65.00 元

版权所有　侵权必究
如发现本书有印装质量问题请与印刷厂质量科联系
联系电话：021-34536788

目 录

导 言 / 1

第一章 犯罪参与体系的厘定和归属 / 5
一、犯罪参与体系的类型和意义 / 7
（一）犯罪参与体系的类型 / 7
（二）犯罪参与体系的意义 / 9
二、我国犯罪参与体系的争论 / 15
（一）单一制体系的观点 / 15
（二）区分制体系的观点 / 18
（三）偏离范畴的其他观点 / 19
三、我国犯罪参与体系的理解 / 20
（一）我国《刑法》对参与人区分行为类型 / 21
（二）我国《刑法》中参与人犯罪性有差异 / 22
（三）区分制在我国有刑法学理基础 / 23
（四）区分制在我国有刑法史基础 / 25

第二章 共同犯罪的形态和范围 / 27
一、不法且有责共同犯罪观及其批判 / 29
（一）不法且有责共同犯罪观的总体表现 / 29

（二）不法且有责共同犯罪观的具体观点 / 29
　　（三）不法且有责共同犯罪观的司法实践 / 31
　　（四）不法且有责共同犯罪观的批判 / 38
二、不法形态共同犯罪观及其提倡 / 47
　　（一）不法形态共同犯罪观的总体表现 / 47
　　（二）不法形态共同犯罪观的具体观点 / 48
　　（三）不法形态共同犯罪观的提倡 / 52
　　（四）不法形态共同犯罪观的司法实践 / 57
三、片面共同犯罪的成立 / 60
　　（一）片面共犯的范围分歧 / 60
　　（二）片面共犯均可成立 / 63
　　（三）片面共犯的司法实践 / 64
四、过失共同犯罪的范围 / 69
　　（一）过失共同正犯与过失犯的共犯 / 69
　　（二）过失的共犯 / 78
　　（三）过失共同犯罪的司法实践 / 81

第三章　共犯人的类型和关系 / 97
一、共犯人的类型和意义 / 99
　　（一）共犯人分类标准和共犯人类型 / 99
　　（二）共犯人分类及行为类型的意义 / 100
二、我国《刑法》中的共犯人类型 / 102
　　（一）我国刑法理论通说 / 102
　　（二）主犯为（共同）正犯、从犯为帮助犯等解释论及其辨析 / 106
　　（三）从犯的其他解释论及其辨析 / 114

（四）胁从犯的其他解释论及其辨析 / 117
　　（五）《刑法》第25条第1款为共同正犯的解释论及
　　　　其辨析 / 121
三、(共同)正犯、教唆犯和帮助犯的区分 / 122
　　（一）(共同)正犯、教唆犯和帮助犯的规范含义 / 122
　　（二）共同正犯与有形帮助犯的区分 / 123
　　（三）教唆犯与无形帮助犯的区分 / 124
四、主犯和从犯的认定 / 124
　　（一）共犯人作用的认定标准 / 124
　　（二）教唆犯和帮助犯的主从犯认定 / 127
　　（三）若干犯罪情形的主从犯认定 / 130
　　（四）共犯人分案审判的主从犯认定 / 143

第四章　教唆犯的性质和处罚 / 145

一、教唆犯的性质 / 147
　　（一）教唆犯性质的争论 / 148
　　（二）学说观点的评析 / 170
　　（三）教唆犯从属性的提倡 / 175
　　（四）共犯从属性的实践应用 / 182

二、《刑法》第29条第1款的理解 / 185
　　（一）第1款"犯罪"的理解 / 185
　　（二）第1款后段规定的意义 / 186
　　（三）能否适用第1款后段对间接正犯从重处罚 / 186
　　（四）第1款的其他解释论及其辨析 / 187

三、《刑法》第29条第2款的理解 / 189
　　（一）被教唆人未实行时教唆者的处理 / 189

（二）实行过限或不足时教唆犯的处理 / 201
　　（三）未遂教唆的处理 / 208

第五章　组织犯和犯罪集团的特征和认定 / 211
　一、组织犯的含义和处罚 / 213
　　（一）组织犯含义的通说 / 213
　　（二）组织犯的其他解释论及其辨析 / 215
　　（三）组织犯的处罚 / 218
　二、犯罪集团的属性和特征 / 222
　　（一）共同犯罪的组织形式 / 222
　　（二）犯罪集团的概念和特征 / 223
　三、犯罪集团的形式及相关概念 / 224
　　（一）黑社会性质组织 / 224
　　（二）恐怖活动组织 / 233
　　（三）恶势力 / 235

附录　我国《刑法》关于共同犯罪的规定（第 25 条至第 29 条） / 239

导　言

　　犯罪行为既可能由一人单独实施,也可能由数人共同实施,后一种犯罪现象被称为共同犯罪或者犯罪参与,其行为人被称为共同犯罪人或者犯罪参与人(简称共犯人、参与人)。在刑法理论中,广义的共犯包括正犯(共同正犯)、教唆犯和帮助犯;狭义的共犯是指教唆犯和帮助犯。本书以共犯人指称广义的共犯,共犯一词如无特别说明仅指狭义共犯。同时,共犯和规定搭配使用时("共犯规定"),是"共同犯罪规定"的略称。共同犯罪相对单独犯罪来说,犯罪事实更复杂,危害更严重,更难以被追查。因为,共犯人之间可以有行为分工,相互利用和补充对方的行为,主观心理上相互强化,形成整体性,也容易逃脱和规避处罚。鉴于此,共同犯罪为各国刑法所规定,是各国严厉打击的对象。

　　研究共同犯罪或犯罪参与的刑法理论简称为共犯论。我国的共犯论研究在几十年里取得了显著成绩,近几年来研究成果也不断涌现,其中不乏颇具合理性、启发性和前瞻性的新见解。可以说,共同犯罪是我国《刑法》总则中解释论最发达的一章。随着理论研究的逐步深入和丰富,刑法学界和实务界在很多共犯问题上不同程度地凝聚了共识,同时在不少共犯问题上争议性学术观点纷至沓来,也一定程度上维持甚至扩大了分歧性理论立场和具体观点之间的隔阂。有时候结论性观点针锋相对,有时候结论相同但立场大相径庭,有时候结论性观点和基本立场大体一致但具体理由又有不同。试举几例予以说明。(1)关于我国刑法的共犯立法体系(犯罪参与体系),存在着区分制与单一制两个阵营的分歧;也有学者认为我国两种体系都不是,又认为两种体系都有解释论空间;还有学者超越学界共识的范畴框架,提出自己的参与体系界定标准,然后得出我国是区分制等。(2)关于正犯的认定,少数学者坚持早期的形式客观说;多数学者对形式客观说作出修正,提出"规范客观说""实行行为说""规范的实行行为说"等;很多学者提倡正犯的实质化,采纳的学说又分为重要作用说、犯罪事实支配理论等。(3)关于共谋共同正犯,我国刑法学界存在肯定论与否定论两个阵营,肯定论基本采取正犯实质化的倾向。而否定论的立场和理由有相当大的差异,有的站在区分制理论立场上,坚持形式客观说或者对其修正的学说,反对正犯过度实质化,于是不赞同共谋共同正犯;有的并不反对正犯实质化,反对的只是共谋共同正犯概念,主张借鉴德国的支配型共同正犯或者"正犯后的正犯"等理论;有的站在单一制理论立场上否定共谋共同正犯理论。(4)关于我国《刑法》第29条规定的教唆犯的性质,总体上存在独立性说、从属性说、二重性说的分歧,其中有些学者遵循共犯的从属性和独立性的基本观念进行讨论,有些学者则根据自己理解的从属性和独立性概念进行讨论;有的学者从单一制理论立场回避教唆犯的性质;还有的将第29条第2款解释为间接正犯规定等。此外,是否以及多大范围内承认片面共同犯罪、过失共同犯罪,组织犯的含义和范围,教唆犯和帮助犯的主从犯认定,胁从犯的地位等众多问题,我国学界都存在观点分歧,时而提出新的见解。可以说,我国《刑法》中对共同犯罪规定的每个条文乃至每一款的表述和用语,都存在解释论的问题。共同犯罪被称为"最混乱、最黑暗的一章""绝望之章",这原本是大陆法系刑法学的一种感叹,然而笔者深切地感受到,亦可如此评价当今的中国刑法学状况。正因为如此,整理我国共犯解释论的成果(尤其是近几年来的最新成果)很有必要,在开展这项工作的同时,笔者也将呈上个人截至目前对我国共犯规定的理解和思考。

本书的主题是我国《刑法》中共同犯罪规定的解释论。这设定了本书的研究视角和内容,也就是立足于刑法教义学,对我国《刑法》总则编第二章第三节"共同犯罪"规定(第 25 条至第 29 条)开展合宪性、目的性和体系性等的解释。研究的侧重点是:(1) 共犯立法体系和法条用语的解释,例如犯罪参与体系的归属、次要或辅助作用的解释、被胁迫参加犯罪的解释;(2) 与共犯规定相关的共犯理论的阐释,例如共同犯罪形态问题、过失共同犯罪问题、片面共同犯罪问题;(3) 与共犯规定紧密相关的共犯问题的理解和适用,例如主从犯的认定、教唆未遂的处理、实行过限或不足时教唆犯的处理。此外,对我国共犯规定开展解释论,无法回避共犯处罚根据、共同正犯本质、共犯性质等共同犯罪的基础问题,本书会对以上问题作详略得当的阐述。需要说明的是,本书并不面面俱到地论述共犯论的所有问题,不包括与法条表述不直接相关的共犯理论的阐释(例如不作为共犯、承继共犯、共犯与错误),以及数量庞大的具体犯罪的共犯认定和处理(例如贿赂犯罪、帮助信息网络犯罪活动罪的共犯问题)。另外,共犯理论和司法实务中几乎没有争议的内容,[①]由于缺乏研讨的必要性,本书鲜少涉及。

---

① 例如,在我国《刑法》中,自然人和单位可以成立共同犯罪;同时犯不成立共同犯罪;不承认事后通谋的共同犯罪;教唆的具体方法没有限制,教唆内容必须是特定的犯罪;共同犯罪的行为形式有作为和不作为;《刑法》总则共同犯罪中的组织、教唆和帮助行为不同于《刑法》分则中组织、教唆和帮助型罪名的具体构成要件行为;等等。

关于我国共同犯罪规定的解释,本书坚持以下几个原则:(1)坚持体系性、协调性解释,即注重共同犯罪条款之间解释结论的协调性,避免割裂的、片段的或者矛盾的解释结论。例如,既然教唆犯是我国《刑法》规定的由分工标准而产生的一种共犯人类型,根据作用大小有可能成立主犯或者从犯,那么第27条关于从犯的规定在逻辑上理应涵括教唆犯,进而在解释论上就有必要反思传统理论对第27条作出的次要作用是次要实行犯、辅助作用是帮助犯,而不能容纳教唆犯的观点。(2)以科学、合理的共犯论为指引来解释共同犯罪条文,避免望文生义的形式法学、文字法学。例如,共犯从属性已成为大陆法系和我国刑法学通说,既然如此,在对第29条第2款教唆犯处罚的解释论上,就有必要作目的性限缩解释,限于被教唆人已着手实行但止于犯罪未遂或中止的情形,排除失败、无效教唆的情形,从而贯彻教唆犯从属性原理。(3)坚持罪刑法定原则,立足于汉语言文字表述的刑法规定,将汉语言文字的可能含义和国民的预测可能性等作为解释界限,避免随心所欲的解释以及直接以立法论代替解释论。例如,尽管在事实和理论上过失共同正犯有存在余地,但是第25条明确规定为故意犯罪,过失共同犯罪不以共同犯罪论处,那么,就不能得出我国《刑法》肯定过失共同正犯的解释论。(4)重视案例分析和比较研究。我国共犯规定的理论学说、见解当然是本书论述的主体部分,与此同时,注重检索和引证我国共同犯罪的典型案例和刑事判决,捕捉司法实务动态,从辩诉意见尤其是裁判说理中发现、提炼和印证共犯解释论的立场和观点。此外,适当地介述国外和我国台湾地区相关共犯立法、理论和实践,以汲取比较刑法的营养,对开展我国共犯规定的解释论颇有裨益,但是不能以其代替对我国刑法规定的解释。

第一章

犯罪参与体系的厘定和归属

不同国家和地区对犯罪参与现象,对犯罪参与人的地位、作用及相互关系,有着不同认识、评价和立法,这便产生了刑法中的犯罪参与体系(共犯立法体系)问题。

一、犯罪参与体系的类型和意义

(一) 犯罪参与体系的类型

根据刑法是否区分规定正犯与共犯,可将犯罪参与体系分为单一制(一元共犯体系、统一正犯体系)和区分制(二元共犯体系)。是否重视犯罪参与人(特别是正犯与共犯)之间行为类型的差异,并在规范评价上赋予其实质价值,是两种犯罪参与体系的根本分歧所在。

1. 单一制体系

单一制体系关键的认定标准仅在于参与人行为与结果之间的因果性,行为贡献的种类和大小在量刑的范围内才予以考虑。① 单一正犯体系具有如下特征:(1) 为犯罪的成立创造条件者都是正犯;(2) 不重视参与的行为在形态上的区别;(3) 犯罪的成立要针对各个正犯的行为分别加以讨论;(4) 对各个正犯适用

---

① 参见[德]约翰内斯·韦塞尔斯:《德国刑法总论》,李昌珂译,法律出版社2008年版,第281页。

同一的法定刑;(5) 根据各个正犯参与的程度和性质来量定刑罚。①

根据日本学者高桥则夫教授的观点,单一制体系有多种形式:有的刑法没有规定正犯,例如"包括的共犯体系",将全部参与者都作为共犯。有的刑法规定了正犯,即形式的单一正犯体系和机能的(功能的)单一正犯体系,这两者的共性是将参与人都视为正犯,差异是形式体系对正犯不作进一步区分,而机能体系对正犯作了形式区分(直接正犯、间接正犯、诱发正犯、援助正犯等),但只是停留在形式上而不作价值或本质上的区别对待。② 属于单一制体系的有奥地利、意大利、瑞典、挪威、丹麦、捷克、巴西、英国、美国等。

2. 区分制体系

区分制体系将犯罪参与人区分规定为正犯与共犯(教唆犯、帮助犯),在行为性质和刑罚上给予实质性区别对待。

区分制体系的特色在于:(1) 构成要件行为实行者与参与者属于不同行为类型,由此将各参与人区分为正犯与共犯。刑法分则规定各正犯的行为类型,刑法总则规定共同正犯、教唆犯和帮助犯,为处罚参与人提供法律依据。(2) 正犯与共犯的不法程度具有层级之分,承认共犯从属性原理。(3) 对正犯与共犯适用轻重不同的处罚原则。正犯是共犯处刑的基准,共犯比照正犯之刑处罚或者减等处罚。在此意义上,正犯与共犯区分具有直接评价和衡量各参与人的刑事责任大小的功能。③ 区分制体系的典型是德国、瑞士、法国、西班牙、荷兰、日本、韩国和我国台湾地区等。

---

① 参见[日]高橋則夫:《共犯体系と共犯理論》,成文堂1988年版,第6页。
② 参见[日]高橋則夫:《共犯体系と共犯理論》,成文堂1988年版,第33—39页。
③ 参见钱叶六:《中国犯罪参与体系的性质及其特色——一个比较法的分析》,《法律科学》2013年第6期,第153页。钱叶六:《共犯论的基础及其展开》,中国政法大学出版社2014年版,第9页。

（二）犯罪参与体系的意义

1. 犯罪参与体系下的正犯概念

限制正犯和扩张正犯是区分制体系下对正犯内涵和参与人处罚范围的不同理解而产生的两个概念和理论。限制正犯理论认为以自己的身体动静直接实现构成要件的人是正犯，此外的参与人都是共犯。刑法对正犯以外的共犯进行处罚，是对处罚范围的扩大，即所谓的刑罚扩张事由（Beling、Hegler、团藤重光教授、平野龙一教授等）。根据正犯者的人数、相互之间意思联络的有无，正犯可分为单独正犯、同时正犯（同时犯）和共同正犯；根据行为是否以自己身体动静来实现构成要件，正犯又可分为直接正犯和间接正犯。限制正犯理论立足于构成要件行为来区分正犯与共犯，故它与客观的共犯理论联系在一起。扩张正犯理论认为任何对犯罪实现起条件作用的人，或者凡是引起了构成要件结果的人，都是正犯。但是，刑法例外地将教唆犯和帮助犯规定为共犯，即本来教唆犯和帮助犯也是正犯，但刑法将其规定为共犯，从而限制了对正犯的处罚范围，即所谓的刑罚限制事由（Eb. Schmidt、Mezger、宫本英修）。扩张正犯理论源自因果关系论中的条件说（等价说），认为正犯与共犯在客观上就因果的考察方法来说是等价的，只能寻求主观的区分标准，故扩张正犯理论与主观的共犯理论联系在一起。

早期刑法中对犯罪参与类型不加区分，原因是多方面的。例如，对共同犯罪的结构机制缺乏细致研讨，法学思想不发达，谈不上构成要件的观念，也由于刑罚权不受限制而不必深究犯罪参与类型。后来的区分制参与体系是人们认识能力提高的结果，符合了倡导法治、限制刑罚权的时代要求。由此首先产生了限制正犯理论，提倡共犯从属性，即共犯从属于正犯而成立等。其后为了解决当时的限制正犯理论无法将间接正犯纳入正犯的问题,提出了扩张正犯理论,这样就无特别必要论证间接正犯的正犯性了。在社会哲学思潮上,扩张正犯理论是对 19 世纪皆从自然科学的、实证主义的角度理解刑法概念的一种反动而出现的事物,是试图从价值和规范上把握法学概念的风潮的一种体现。[1] 扩张正犯理论主要由新派刑法学倡导(也有旧派学者采取此观点),并落实到有的国家刑法立法中。但是扩张正犯理论现在几乎没有支持者了,因为它忽视构成要件定型性,有害罪刑法定原则。事实上在教唆犯的处罚上,各国立法例中多与正犯相同,没有减轻,并非所谓的"缩小刑罚之原因",[2]因此在解释论上无法成立。日本学者泷川幸辰教授批评扩张正犯理论破坏了犯罪类型,在无视"犯人的大宪章的机能"这一点上是不妥当的。[3] 教唆犯和帮助犯在社会观念上是与正犯不同的类型,而扩张正犯理论认为它们的实质相同,这也是违反法感情的。[4] 即使在被认为是单一制体系的意大利,扩张正犯理论也无法被接受,它被指责为在精神上与自由民主的刑法制度完全相悖。意大利刑法制度是以罪刑法定原则为基础的,要求认定正犯必须以"限制的(正犯)概念"为指导,只有那些实施了具备构成要件行为的人,才属于法律规定的"正犯"。要处罚那些实施了非典型行为的行为人,就必须援引专门的即有关共同犯罪的法律规定。[5]

单一正犯不同于扩张正犯,它是单一制体系下的正犯概念。

---

[1] 参见[日]西原春夫:《犯罪实行行为論》,成文堂1998年版,第272页。
[2] 参见杨建华:《刑法总则之比较与检讨》(第三版),三民书局1998年版,第224页。
[3] 参见[日]泷川幸辰:《犯罪论序说》,王泰译,法律出版社2005年版,第138页。
[4] 参见张明楷:《外国刑法纲要》(第三版),法律出版社2020年版,第261页。
[5] 参见[意]杜里奥·帕多瓦尼:《意大利刑法学原理》(注评版),陈忠林译评,中国人民大学出版社2004年版,第280—281页。

单一正犯又称包括的正犯、统一的正犯或者排他的正犯,是指凡参与犯罪者都以正犯论处,各依其加功程度和性质而量刑,或者形式上承认共同正犯、教唆犯和帮助犯的区别,但作用仅止于量刑。例如,《奥地利联邦共和国刑法典》第 12 条"所有参与人均作为正犯对待"规定:"自己实施应受刑罚处罚的行为,或者通过他人实施应受刑罚处罚的行为,或者为应受刑罚处罚的行为的实施给予帮助的,均是正犯。"[①]关于单一正犯与扩张正犯的关系,我国台湾学者许玉秀教授有如下梳理:"本世纪(20 世纪,下同——引者注)之前,单一正犯概念和扩张正犯概念是同一回事,本世纪初期先出现单一行为人概念,扩张的正犯概念则是在 1929 年德国学者 Zimmerl 为了说明区分和不区分正犯与共犯两种观点才提出来的。区分的观点被他称为限制的正犯概念,不区分的观点则被称为扩张的正犯概念。单一的正犯概念因为受到立法例的支持,在法理上有了进一步的发展,已从形式的单一正犯概念发展出功能性的单一正犯概念;扩张的正犯概念一方面被单一的正犯概念所吸纳,另一方面被现行立法例上的限制正犯概念所排斥,因此变成只是理论史上的一个名词。这两个内涵相同的概念当中,一个(单一正犯概念)是立法政策上的概念,而另一个(扩张的正犯概念)是法理上、体系上的概念。"[②]正是由于单一正犯与扩张正犯的"亲密"关系,所以两者在学说思想上异曲同工。前述针对扩张正犯理论的批评几乎同样适用于单一制正犯理论。例如,张明楷教授批评单一正犯概念将因果关系的起点视为构成要件的实现,无限扩张了刑事可罚性的范围。根据这种观点,刑法分则所规定的行为

---

① 《奥地利联邦共和国刑法典》(2002 年修订),徐久生译,中国方正出版社 2004 年版,第 5 页。

② 许玉秀:《当代刑法思潮》,中国民主法制出版社 2005 年版,第 552—553 页。

原本就包括了教唆行为与帮助行为,因此,对于教唆行为与帮助行为可以直接根据分则的规定定罪量刑,对于教唆未遂与帮助未遂,也可以直接按照正犯未遂处罚。但是,这种结论难以令人赞成。另外,刑法分则规定了大量的真正身份犯,正犯只有具备相应的身份,才能构成犯罪。根据单一正犯概念,教唆者和帮助者也是正犯,那么,他们也必须具备相应的身份,否则就不能作为正犯来处罚,这明显不符合刑法规定和司法实践。①

2. 区分制下的限制正犯理论和共犯从属性

区分制体系揭示了犯罪参与的行为类型,限制正犯理论居于大陆法系刑法学通说地位。(1) 区分参与人是对其行为类型差异这一客观事实的反映。"正确的共犯观念始于正犯与共犯的区分。换言之,正犯与共犯的区分是共犯观念成熟的标志。"②尽管在有些犯罪参与中,参与人之间没有分工(此处"分工"指的是行为类型的实质差异,而不是指形式上的分工),例如我国刑法理论所说的简单共同犯罪中各行为人都是共同正犯的情况。其中,有的参与人有形式上的分工,只不过不存在类型上的差异(例如抢劫罪中,一人施暴,一人取财);有的无法区分形式上的分工(例如故意伤害罪中,共同施暴于他人)。但是,现实中犯罪参与现象要复杂得多,更多的情况是参与人之间存在分工因而行为类型有差异,即有的参与人实施构成要件行为,其他人则是促进(造意或帮助)其实行。这时,参与人在共同犯罪中的地位和作用显然是不同的,只有在区分制体系和限制正犯理论下,其罪责的根据和轻重才能得到更合理的说明。(2) 区分制体系和限制正犯理论具有强调法治国刑法的意义。限制正犯

---

① 参见张明楷:《刑法学》(第六版),法律出版社 2021 年版,第 508 页。
② 陈兴良:《共同犯罪论》(第三版),中国人民大学出版社 2017 年版,第 519 页。

理论早期与形式客观说密切结合在一起，主张唯有亲手实施犯罪构成要件行为的人才是正犯，由于它不能解释没有亲手实施犯罪的间接正犯和部分共同正犯，其后德日刑法学的正犯趋于实质化。实质的判断可能会导致在共同正犯与帮助犯以及间接正犯与教唆犯的区别上不那么直观明确。但诚如我国台湾学者许泽天教授所辨析的，此一灰色地带尚未严重到抵触法治国原则，至多只会造成法官对部分案例的行为人角色在正犯与共犯间摇摆不定。但若因此舍弃正犯与共犯之区分，并放弃共犯从属性原理，将会使共犯界限崩溃，使刑法对仅有遥远的因果贡献的行为人，透过正犯的名目加以制裁，这才是值得担忧的事情。因此，限制正犯的意义不是只在于将正犯局限在实施不法构成要件的行为人，更在于透过分则构成要件以拘束共犯的成立范围，避免执法者在无法确定行为人是正犯的情况下，就全部将其认定为共犯。① 区分制体系和限制正犯理论维护了构成要件的定型化机能，有利于保障法治国原则。

  区分制体系下的限制正犯理论坚持共犯从属性。由于区分正犯与共犯且认为共犯行为不同于正犯行为，共犯的犯罪性和可罚性低于正犯，因而共犯成立才有必要从属于正犯。意大利刑法学者帕多瓦尼指出，以共犯的行为类型为基础的刑法制度，即将共犯分为教唆犯、帮助犯和共同正犯，主要是德国的刑法制度，也包括1889 年意大利刑法典所采用的共犯制度，是共犯从属性说赖以产生并发展的前提。② 与此相对，机能的单一制体系和单一正犯理

---

  ① 参见许泽天：《共犯之处罚基础与从属性》，载《罪与刑——林山田教授六十岁生日祝贺论文集》，五南图书出版公司 1998 年版，第 87 页。
  ② 参见［意］杜里奥·帕多瓦尼：《意大利刑法学原理》（注评版），陈忠林译评，中国人民大学出版社 2004 年版，第 281 页。

论与区分制体系下的扩张正犯理论,倾向于共犯独立性说,而否定正犯与共犯的单一制(例如形式的单一制)可能会拒绝共犯性质的讨论。我国台湾学者林山田教授说,"不区分正犯与共犯的单一正犯概念,亦即各个参与者均独自为自己的行为与所造成的结果负责。在如此的概念下,自无所谓的从属他人的犯罪行为或刑事违法行为问题。"① 柯耀程教授也指出,共犯从属性原则在单一正犯体制下根本无适用之余地,盖既是所有行为主体在参与形式上均为等价,则不应再附属于其他行为主体,否则其行为主体等价的资格即受到质疑。② 支持单一制体系和单一正犯理论的黄荣坚教授认为,"所谓多数人参与犯罪,其刑事责任的认定,还是应该回归到犯罪的基本定义,针对个人行为做个别的判断。在犯罪构成的认定上,没有所谓的共同,也没有所谓的从属。"③ 在形式的单一制体系中,所有的犯罪都是一样的,甚至正犯和共犯的概念都不必存在,按照他的说法,所有的犯罪既是"直接犯罪",也可以说是"间接犯罪",导致根本没有"共犯"独立性或从属性的余地。而在机能的单一制体系中,尽管保留了正犯和共犯的概念,形式上将两者区分,也只不过是承认了事实构造上的差异,即有的犯罪是"直接犯罪"(直接正犯),有的犯罪是"间接犯罪"(包括间接正犯、教唆犯、帮助犯),有的犯罪是两者的混合体(共同正犯,既直接犯罪又相互利用),但在规范评价上都具有完全相同的性质,即"共犯"相当于"正犯",这就必然导致"共犯独立性"的观念。即使在区分制体系下,如果忽视了共犯和正犯的犯罪性和可罚性的差异,例如扩张正

---

① 林山田:《刑法通论(下册)》(增订十版),北京大学出版社 2012 年版,第 18 页。
② 参见柯耀程:《变动中的刑法思想》,中国政法大学出版社 2003 年版,第 185 页。
③ 黄荣坚:《基础刑法学(下)》(第三版),中国人民大学出版社 2009 年版,第 500 页。

犯理论,也可能产生共犯独立性的观点,这样的后果是导向单一正犯概念。

二、我国犯罪参与体系的争论

一般认为,我国《刑法》第 25 条规定共同犯罪的含义,第 26 条规定主犯,第 27 条规定从犯,第 28 条规定胁从犯,第 29 条规定教唆犯。刑法教科书关于共同犯罪的通行论述,遵循如下的顺序,即共同犯罪的概述、共同犯罪的形式、共同犯罪人的刑事责任、共同犯罪的特殊问题(停止形态等)。关于我国刑法的共犯立法体系或者犯罪参与体系,解释论上存在重大争议。

(一) 单一制体系的观点

一直以来,不断有学者撰文著书宣称我国共犯立法是单一制体系。不少学者认为,我国共同犯罪立法和理论与俄罗斯相近,即首先界定共同犯罪的含义,接着对共犯人进行分类,我国刑法主要是根据作用分为主犯、从犯、胁从犯,辅以根据分工规定的组织犯和教唆犯,最后规定相关处罚原则。因此,我国是与俄罗斯相似的单一制犯罪参与体系。①

刘明祥教授是形式的单一正犯体系说的代表。他认为,在我国刑法中,正犯即便未实行犯罪,共犯仍然有可能构成犯罪。就教唆犯而言,我国《刑法》第 29 条第 2 款明文规定,"如果被教唆的人没有犯被教唆的罪",对教唆犯也要定罪处罚。这就意味着共犯的

---

① 参见阎二鹏:《犯罪参与体系之比较研究与路径选择》,法律出版社 2014 年版,第 138—145 页。

定罪不具有从属于正犯的特性。同一犯罪事实的参与人是否构成犯罪,是根据主客观方面综合评价后认定的。并不以其他参与人构成犯罪作为对特定参与人定罪的理由,更不以其行为形态作为定罪的依据。对共同犯罪人的处罚,是根据其在共同犯罪中所起的作用大小而不是其参与形式的不同。共同犯罪人参与犯罪的行为形态对其所受刑罚处罚的轻重不起决定作用。我国《刑法》有关共同犯罪的规定中,并没有出现正犯(或实行犯)、共同正犯、帮助犯概念,也没有出现与区分制下正犯具有相同或相似含义的概念。我国《刑法》第 25 条表明,所有参与犯罪或为犯罪创造条件的人都可能成为共同犯罪人,并且成为共同犯罪人的条件都完全相同。不论行为人实施的是侵害法益的实行行为,还是教唆行为或帮助行为,只要其行为与侵害法益的结果之间有因果关系,或者说其行为是为侵害法益创造条件的,就有可能与他人构成共同犯罪,成为共同犯罪人。至于其参与的行为形态是实行行为(正犯行为)还是教唆行为或帮助行为,对其是否构成犯罪或能否成为犯罪人并不具有重要意义,因而无必要加以区分。① 该观点完全否定了犯罪参与类型划分的意义。黄明儒教授也倾向于认为我国刑法规定是形式的单一正犯体系。②

类似观点有,虽然我国刑法理论上区分实行犯、组织犯、教唆犯和帮助犯,但是刑法条文并没有关于实行犯、组织犯和帮助犯的明文规定,即便刑法对教唆作了规定,重点仍在于解决其在共同犯

---

① 参见刘明祥:《再论我国刑法采取的犯罪参与体系》,《法学评论》2021 年第 4 期,第 83—97 页。刘明祥:《论中国特色的犯罪参与体系》,《中国法学》2013 年第 6 期,第 118—119 页。
② 参见黄明儒:《二元的形式单一正犯体系之提倡》,《法学》2019 年第 7 期,第 100—101 页。黄明儒、王振华:《我国犯罪参与体系归属单一制的立法依据论》,《法学杂志》2017 年第 12 期,第 81—87 页。

罪中的作用问题,而不是形态问题。有学者说,我国刑法未使用"正犯"一词,正犯不是我国法定的参与犯类型。以法条规定教唆犯来论证我国使用了分工分类法,有说理不足之嫌。《刑法》第29条只是"造意者为首"的传统刑事文化的惯性而已。因此,我国采行的是统一正犯体系。①

张伟副教授倡导机能的统一正犯体系。他认为,我国共犯立法更亲近统一正犯体系,理由是:(1) 从整体框架看更侧重于不同犯罪参与者的刑罚裁量,以其在共同犯罪中所起作用的大小为标准,将共同犯罪人区分为主犯与从犯。而专门规定胁从犯与教唆犯,也主要是考虑到该类行为人参与犯罪的特殊性,有必要就其刑罚裁量根据不同的情形区别对待。(2) 我国刑法既没有明确区分正犯与共犯,也没有明文规定共犯之于正犯的从属性。相反,《刑法》第29条第2款有关教唆未遂的规定,明确无误地体现了教唆犯独立的不法和可罚性。(3) 我国刑法有关共同犯罪人刑罚裁量规则的设定基准并非参与形态,而是不同行为人在共同犯罪中所起的作用。(4) 司法实践倾向于单一正犯理论与统一正犯体系。②

江溯副教授是功能的单一正犯体系说的代表,其理由是:(1) 我国刑法延续的是以唐律为代表的传统共同犯罪立法模式,其核心是"共犯罪分首从"。(2) 我国刑法不存在作为二元参与体系之核心的"正犯"概念。(3) 即使承认我国刑法上存在

---

① 参见刘洪:《我国刑法共犯参与体系性质探讨——从统一正犯视野》,《政法学刊》2007年第4期,第18页。陈志刚:《限制正犯与扩张正犯的分野与暗合——兼论我国共犯立法模式的选择》,《理论学刊》2019年第5期,第108页。

② 参见张伟:《非典型正犯与犯罪参与体系研究》,中国法制出版社2021年版,第127—128页。张伟:《扩张的正犯概念与统一正犯体系》,《清华法学》2020年第5期,第45—58页。张伟:《间接正犯泛化与统一正犯体系的确立》,《法商研究》2018年第3期,第92页。

正犯与共犯的区分,也与二元体系下区分完全不同,因为在我国正犯与共犯的不法内涵是相等的,其不法程度的高低通过主从犯来解决。(4) 即使承认"正犯"概念,采取彻底的形式客观说也不会有任何问题,因为我国刑法上"正犯"跟量刑分离。① 他主张行为人(正犯)可以进一步划分为直接行为人(正犯)和间接行为人(正犯),后者可以进一步类型化为组织犯、教唆犯和帮助犯。

(二) 区分制体系的观点

很多学者明确主张我国共犯立法属于区分制体系。② 例如,张明楷教授提出,我国《刑法》分则条文规定的均是正犯,总则规定了教唆犯和帮助犯,这显然区分了正犯、教唆犯和帮助犯;《刑法》分则有不少教唆犯正犯化、帮助犯正犯化的规定,这正是区分制体系的产物,因为单一制体系下教唆犯和帮助犯原本是正犯,就不会有那样的规定;我国《刑法》没有对几种参与人规定等价的处罚原则,而是规定了差别对待的原则;若采取单一制体系,前提是认为《刑法》分则规定的行为均包括教唆行为和帮助行为,这必须有刑法的明文规定,否则就不符合罪刑法定原则,而我国《刑法》没有这样的规定。③

钱叶六教授认为,犯罪参与体系的区分关键是刑法有无区分正犯与共犯。我国《刑法》规定了教唆犯和组织犯,第 27 条包含了帮助犯,第 25 条可以解释为共同正犯。单一制的解释结论有悖我

---

① 参见江溯:《犯罪参与体系研究——以单一正犯体系为视角》,中国人民公安大学出版社 2010 年版,第 243—245 页。

② 参见周光权:《刑法总论》(第四版),中国人民大学出版社 2021 年版,第 335—337 页。

③ 参见张明楷:《刑法学》(第六版),法律出版社 2021 年版,第 508—509 页。

国刑法客观主义的倾向。①

王华伟博士认为,我国犯罪参与模式应当被定位为区分制体系。刑法虽然没有直接采用正犯和共犯的概念,但是完全可以从中解释出正犯、教唆犯、帮助犯和组织犯的犯罪参与类型。从属性原则对限缩处罚范围、维护罪刑法定具有重要意义,《刑法》第29条第2款规定并不违背从属性原则。作用分类法并不能成为采纳单一正犯体系的理由。②

(三) 偏离范畴的其他观点

有学者主张,"我国的共犯立法模式既不属于区分制也不属于单一制"。同时又认为,"在现行的立法框架下,用单一制与二元区分制的逻辑架构来解释现行刑法都是可行的。"③这种观点的态度比较暧昧。

也有学者讨论我国刑法的犯罪参与体系,并且使用区分制的名称,但不是遵循学界共识性的单一制和区分制的理论范畴和分析框架,而是对单一制、区分制提出了完全不同的界定标准,赋予其独特的内涵。例如,何庆仁教授提出,我国刑法采取的是共同归责意义上的区分制。共同犯罪人应当作为整体对构成要件的实现共同负责。在是否要负责这一点上,全体共同犯罪人不分彼此。只是在不法归责的轻重上,才划分出核心人物(主犯)和边缘人物

---

① 参见钱叶六:《中国犯罪参与体系的性质及其特色——一个比较法的分析》,《法律科学》2013年第6期,第154—156页。钱叶六:《共犯论的基础及其展开》,中国政法大学出版社2014年版,第14—18页。
② 参见王华伟:《中国犯罪参与模式之定位:应然与实然之间的二元区分体系》,《中国刑事法杂志》2015年第2期,第40—51页。
③ 阎二鹏:《共谋共同正犯理论中国化的障碍及其解释对策》,《中外法学》2014年第4期,第1101页、1103页。

（从犯）。在实然立场上，我国刑法区分了主犯、从犯、胁从犯和教唆犯，既不是形式的单一制，也不是机能的单一制，而是对共同过失犯罪采取单一制，对共同故意犯罪采取区分制。①

如前文所述，是否承认参与人（特别是正犯与共犯）行为类型的差异，并赋予其价值差异，是区分单一制体系与区分制体系的关键。在这一标准上，一国《刑法》的犯罪参与体系只能划分出非此即彼的两个子项。"既非单一制也非区分制"或"既可以是单一制也可以是区分制"的观点存在形式逻辑的矛盾。② 模糊不清的理论立场也不利于确立应有的正犯观念。另外，不遵循既定的单一制、区分制的理论范畴来解释我国的犯罪参与体系，却又借用这两个概念来描述犯罪参与体系，会造成理论混乱，其观点难被认同。

三、我国犯罪参与体系的理解

犯罪参与体系的优劣属于价值评价层面的刑法立法论问题，而一国《刑法》中犯罪参与体系的归属是个需要立足于共犯立法的刑法解释论问题。解释论需要立法论的引领，但不能以立法论理由直接作为解释论理由。犯罪参与体系的类型不是泾渭分明的，我国共犯立法尽管不同于德日刑法区分制体系的经典表述，但具有区分制体系的内核。

---

① 参见何庆仁：《归责视野下共同犯罪的区分制与单一制》，《法学研究》2016年第3期，第156页。何庆仁：《区分制与单一制：中国刑法的立场与抉择》，《中国社会科学院研究生院学报》2020年第4期，第42页。

② 参见兰迪：《犯罪参与体系：中国图景下的比较与选择》，《西北大学学报（哲学社会科学版）》2015年第2期，第125页。

(一) 我国《刑法》对参与人区分行为类型

1.《刑法》规定了作为狭义共犯的教唆犯

此即第29条之规定,教唆犯是根据分工(行为形态、行为类型)对参与人进行的规定,说明我国立法明确认可了参与人的地位对定罪和量刑的影响。

2.《刑法》规定了组织犯

第26条第1款规定"组织、领导犯罪集团进行犯罪活动的……是主犯",此种参与人被称为组织犯,《刑法》依据其行为类型所发挥的作用规定为主犯。第3款和第4款分别针对组织犯和其他主犯规定了相应的处罚原则。这说明了我国《刑法》重视参与人的行为类型差异,并以此确定相关的量刑原则。

3. 正犯和帮助犯是我国《刑法》总则规定的内容

正犯和帮助犯虽不是我国《刑法》明文规定的术语,《刑法》规定却包含了这两者的内容。如同《刑法》虽然没有规定犯罪构成一词,但事实上规定了犯罪构成的内容一样。具体而言,第26条主犯的规定包括实施犯罪构成要件行为的实行犯;第27条关于"在共同犯罪中起次要或者辅助作用的"从犯规定中,理论上一般认为,"次要作用"是指实施次要实行行为的次要行为犯,而"辅助作用"是指实施帮助行为的帮助犯。

4.《刑法》分则规定了正犯、教唆犯和帮助犯

《刑法》分则中的个罪构成要件均是对正犯的规定。《刑法》分则存在"共犯"表述,其中很多场合指教唆犯、帮助犯。[①] 例如,

---

① 我国司法解释中此类规定更加普遍。例如,2020年10月16日最高人民法院、最高人民检察院、公安部《办理跨境赌博犯罪案件若干问题的意见》第二部分规定:"(二) 明知他人实施开设赌场犯罪,为其提供场地、技术支持、资金、资金结算等(转下页)

《刑法》第 156 条规定:"与走私罪犯通谋,为其提供贷款、资金、帐号、发票、证明,或者为其提供运输、保管、邮寄或者其他方便的,以走私罪的共犯论处。"①第 198 条第 4 款规定:"保险事故的鉴定人、证明人、财产评估人故意提供虚假的证明文件,为他人诈骗提供条件的,以保险诈骗的共犯论处。"第 350 条第 2 款规定:"明知他人制造毒品而为其生产、买卖、运输前款规定的物品的,以制造毒品罪的共犯论处。"以上条文中的共犯指的是帮助犯。第 382 条第 3 款规定:"与前两款所列人员勾结,伙同贪污的,以共犯论处。"该款中的共犯包括了教唆犯、帮助犯。与这些"共犯"对应的当然是"正犯"。由此可见,我国《刑法》存在共犯与正犯的区分。

(二) 我国《刑法》中参与人犯罪性有差异

我国《刑法》规定的犯罪参与人的犯罪性存在差异,而并非等价。从犯和教唆犯的犯罪性从属于主犯。从犯的"次要作用"是比照主犯而言的,辅助作用当然是辅佐主犯;教唆犯并不

(接上页) 服务的,以开设赌场罪的共犯论处。"2019 年 10 月 20 日国家监察委员会、最高人民法院、最高人民检察院、公安部、司法部《关于在扫黑除恶专项斗争中分工负责、互相配合、互相制约严惩公职人员涉黑涉恶违法犯罪问题的通知》第 7 条规定:"非国家机关工作人员与国家机关工作人员共同包庇、纵容黑社会性质组织,且不属于该组织成员的,以包庇、纵容黑社会性质组织罪的共犯论处。"2015 年 5 月 29 日最高人民法院《关于审理掩饰、隐瞒犯罪所得、犯罪所得收益刑事案件适用法律若干问题的解释》第 5 条规定:"事前与盗窃、抢劫、诈骗、抢夺等犯罪分子通谋,掩饰、隐瞒犯罪所得及其产生的收益的,以盗窃、抢劫、诈骗、抢夺等犯罪的共犯论处。"2011 年 7 月 20 日最高人民法院、最高人民检察院《关于办理妨害武装部队制式服装、车辆号牌管理秩序等刑事案件具体应用法律若干问题的解释》第 5 条规定:"明知他人实施刑法第三百七十五条规定的犯罪行为,而为其生产、提供专用材料或者提供资金、账号、技术、生产经营场所等帮助的,以共犯论处。"

① 法条原文即"帐号"。

亲自动手犯罪,其犯罪性取决于被教唆人所引起的法益侵害。①

行为类型是影响作用认定的重要因素。对参与人进行处罚时,作用大小并非能够抽象地认定,行为类型差异是重要衡量因素。主犯根据我国《刑法》规定处罚较重,最主要的原因在于其从行为类型上看是主要的实行犯,即正犯。尽管现行《刑法》删除了1979年《刑法》"比照主犯"处罚的规定,但实际上除非主犯具有独立的刑罚从宽事由,一般来说处罚要重于其他共犯,否则就是量刑失衡。对此,已有司法解释表明过相应的政策立场。例如,2010年2月8日最高人民法院《关于贯彻宽严相济刑事政策的若干意见》第33条规定:"在共同犯罪案件中,对于主犯或首要分子检举、揭发同案地位、作用较次犯罪分子构成立功的,从轻或者减轻处罚应当从严掌握,如果从轻处罚可能导致全案量刑失衡的,一般不予从轻处罚;如果检举、揭发的是其他犯罪案件中罪行同样严重的犯罪分子,或者协助抓获的是同案中的其他主犯、首要分子的,原则上应予依法从轻或者减轻处罚。对于从犯或犯罪集团中的一般成员立功,特别是协助抓获主犯、首要分子的,应当充分体现政策,依法从轻、减轻或者免除处罚。"

(三) 区分制在我国有刑法学理基础

区分制犯罪参与体系和正犯概念在我国刑法学中具有充分的学理基础。我国刑法理论和实务普遍认同正犯与共犯分类。刑法理论探讨共犯人的类型时,都毫无遗漏地提到分工分

---

① 参见黎宏:《刑法学总论》(第二版),法律出版社2016年版,第255页。

类法,将共犯人分为正犯、教唆犯和帮助犯,普遍认同共同正犯的"部分实行全部责任"原则;①广泛承认社会生活中存在间接正犯的犯罪现象,刑法理论和司法实务均接受间接正犯的概念。②

我国刑法学重视正犯与实行犯、主犯的比较研究。实行犯不是我国刑法立法中的概念,而是刑法理论上的术语,学界均认同主犯、实行犯与大陆法系刑法中的正犯存在莫大关联。就实行犯与正犯的关系,我国通说将两者等同,③个别学者认为两者内涵相同,都是指实施刑法分则规定的犯罪构成要件行为的人,外延不尽相同。④ 就主犯与正犯的关系,我国有学者鉴于德日刑法学承认共谋共同正犯,其实务在一定程度上承认实施实行行为的从犯或者有故意的帮助的道具,望风行为现较多被认定为正犯等状况,提出了其正犯相当于主犯的观点。⑤ 在日本刑法学界,随着正犯的实质化,也有学者将日本刑法的正犯类比为我国刑法中的主犯。例如,西原春夫教授认为,将对犯罪的实现毋宁说扮演了比直接实行者更具决定性作用,或者与直接实行者具有相同价值作用的人,作为正犯来处罚的实务上的直观做法,学说上也必须予以尊

---

① 参见高铭暄、马克昌主编:《刑法学》(第九版),北京大学出版社、高等教育出版社2019年版,第166页、第168页。
② 参见高铭暄、马克昌主编:《刑法学》(第九版),北京大学出版社、高等教育出版社2019年版,第160页。付立庆:《间接正犯概念的必要性及其具体判断》,《社会科学辑刊》2020年第4期,第78—81页。武晓雯:《间接正犯概念的必要性》,《清华法学》2019年第3期,第88—96页。
③ 参见林维:《间接正犯研究》,中国政法大学出版社1998年版,第37页。陈家林:《共同正犯研究》,武汉大学出版社2004年版,第32页。叶良芳:《实行犯研究》,浙江大学出版社2008年版,第10页。王光明:《共同实行犯研究》,法律出版社2012年版,前言第6页。赵香如:《间接实行犯研究》,世界图书出版广东有限公司2013年版,第1页。
④ 参见朴宗根:《正犯论》,法律出版社2009年版,第38页。
⑤ 参见陈洪兵:《共犯论思考》,人民法院出版社2009年版,第248—250页。

重。① 精通中日刑法比较研究的金光旭教授认为,"归根到底,共同正犯与狭义共犯的区别,只能根据在犯罪中所发挥作用的重要性来判断。"中国刑法将作用大小作为区别主犯与从犯的标准,在此意义上,完全有可能把中国的"主犯"和日本的"共同正犯"放在一个平台上探讨。② 西田典之教授说道,"两国的共犯规定之间并无太大区别"。③ 既然我国刑法中的主犯与大陆法系刑法的正犯存在诸多同工之妙,就不能以我国刑法规定主从犯不同于正犯和共犯为由,断然得出我国刑法中的犯罪参与体系只能是单一制。

(四) 区分制在我国有刑法史基础

清末《大清新刑律》采用区分制,规定了正犯、教唆犯和帮助犯,旧中国《暂行新刑律》、1928 年《刑法》和 1935 年《刑法》都沿用了该立法规定。新中国刑法典起草过程中,也曾有多稿规定了正犯和狭义共犯。1950 年中央人民政府法制委员会制定的《中华人民共和国刑法大纲草案》,将共同犯罪人分为正犯、组织犯、教唆犯和帮助犯四类;1954 年《中华人民共和国刑法指导原则草案》(初稿)仍遵循这一分类体系,但将正犯改称为实行犯;1957 年全国人大常委会法律室草拟的《中华人民共和国刑法草案》(初稿)第 22 稿,对共同犯罪人实行三分法,即正犯、教唆犯和帮助犯;直到 1963 年全国人大常委会起草的《中华人民共和国刑法草案》(修正稿)第 33 稿,基本上统一了共同犯罪人的分类体系,将共同犯罪人

---

① 参见[日]西原春夫:《犯罪実行行為論》,成文堂 1998 年版,第 299 页。
② 参见金光旭:《日本刑法中的实行行为》,《中外法学》2008 年第 2 期,第 242 页、第 243 页。
③ [日]西田典之:《日本刑法的共犯基本问题》,王昭武译,载中国人民大学刑事法律科学研究中心编:《明德刑法学名家讲演录》(第一卷),北京大学出版社 2009 年版,第 82 页。

分为主犯、从犯、胁从犯和教唆犯,并最终被1979年《刑法》和1997年《刑法》采纳。这些都说明区分制体系与限制正犯理论曾经存在于我国的立法进程中,并不是与我国国情绝不能相容。

第二章

共同犯罪的形态和范围

我国《刑法》第25条第1款规定:"共同犯罪是指二人以上共同故意犯罪。"第2款规定:"二人以上共同过失犯罪,不以共同犯罪论处;应当负刑事责任的,按照他们所犯的罪分别处罚。"共同犯罪的含义和形态直接影响共同犯罪的成立条件以及共同正犯和狭义共犯的本质、共犯成立范围等问题。

一、不法且有责共同犯罪观及其批判

(一) 不法且有责共同犯罪观的总体表现

不法且有责共同犯罪观将共同犯罪理解为完整意义上的"犯罪"的共同,即二人以上实施了符合构成要件的违法且有责的行为。共同犯罪是一种犯罪形态。

不法且有责共同犯罪观的总体表现有:(1) 在共同犯罪的成立条件上,不仅要求二人以上共同实施客观不法行为,而且要求责任条件,即行为主体的责任能力和主观方面的有责性;(2) 在共同正犯的本质上,主张犯罪共同说;(3) 在狭义共犯的性质上,主张极端从属性说;(4) 理论上否定过失共同犯罪。

(二) 不法且有责共同犯罪观的具体观点

关于共同犯罪的成立条件,我国传统刑法理论的一贯主张是:(1) 主体要件是二人以上(自然人或单位)。"这里的二人以上不是泛指所有的人,而是必须符合犯罪主体条件的人,即必须是达到了刑事责任年龄、具有刑事责任能力的人。"①"一个达到刑事责任年龄的人和一个未达到刑事年龄的人,或者一个精神健全有刑事责任能力的人和一个由于精神障碍无刑事责任能力的人共同实施危害行为,不构成共同犯罪。一个有刑事责任能力的人,教唆或帮助一个幼年人或者精神病人,实施危害行为,不构成共同犯罪;教唆者或者帮助者作为实行犯罪处理,被教唆者或被帮助者不构成犯罪。这种情况在西方刑法理论上称为间接正犯,也就是间接实行犯。……例如,教唆未满14周岁的儿童盗窃,帮助患有严重精神病的青年强奸妇女等案件,均有发生。在这种情况下,行为人不过是把儿童或精神病患者当作犯罪的工具实施自己的犯罪,审判实践中对行为人依该罪的实行犯定罪判刑,而没有作为共同犯罪处理,是正确的。"②(2) 主观要件都是故意。"构成共同犯罪必须二人以上具有共同的犯罪故意。"③"实施犯罪时故意内容不同的,不构成共同犯罪。例如,甲、乙共同用木棍打击丙,甲是伤害的故意,乙是杀人的故意,结果由于乙打击丙的要害部位致丙死亡,由于没有共同的犯罪故意,不能按共同犯罪处理,只能按照各人的主客观情况分别定罪,即甲定故意伤害罪,乙定故意杀人罪。"④还有的认为,"如果实施犯罪时故意的内容不同,就背离了共同犯罪故意的本意,因而也不能构成共同犯罪。例如一人基于伤害的故意,另一人是基于杀人的故意,即使先后或同时对同一对象实施的,也

---

① 谢望原主编:《刑法学》(第二版),北京大学出版社2012年版,第148页。
② 高铭暄、马克昌主编:《刑法学》(第九版),北京大学出版社、高等教育出版社2019年版,第160页。
③ 高铭暄、马克昌主编:《刑法学》(第九版),北京大学出版社、高等教育出版社2019年版,第162页。
④ 高铭暄、马克昌主编:《刑法学》(第九版),北京大学出版社、高等教育出版社2019年版,第163页。

不能视为共同犯罪,只能按照各自的罪过和行为分别处理。"①综上可见,我国传统刑法理论是一种不法且有责的共同犯罪观念。

传统刑法理论将共同犯罪理解为二人以上"共同故意犯罪",要求"犯罪"的共同。究其原因有:方法论上受到辩证法影响,从而在看待刑法问题时强调主客观相统一;新中国创立刑法理论时,受到苏联刑法理论的影响;在刑法思想史上,受到古代刑律的影响,区分恶之轻重(故意、过失)与犯之首从,重视打击"造意者"、首要分子和主犯(例如唐律规定"以造意为首");②刑事立法实践上,是对新民主主义革命时期确立的"区别对待"斗争经验的总结传承。在立法者以及传统理论看来,共同犯罪比单独犯罪具有更严重的社会危害性,他们可以共同协商谋划,行为相互支持配合,作案能力和破坏性更大,而且作案后可以相互包庇、毁证灭迹、逃避侦查等。无刑事责任能力者、非出于故意者共同实施犯罪的危害程度和主观恶性都小得多,有必要与有责任能力者的共同故意犯罪区别对待。

(三) 不法且有责共同犯罪观的司法实践③

1. 要求共犯人达到刑事责任年龄、具备刑事责任能力的判决

【岳仕群故意杀人案】 被告人岳仕群与前夫生一女儿许某某(13岁),岳仕群和许某某合谋以投毒方式杀害岳仕群的现任丈夫

---

① 王作富主编:《刑法》,中国人民大学出版社 2000 年版,第 138 页。
② 参见魏东:《我国共犯论刑法知识的渊源考察与命题辨正》,《现代法学》2013年第 6 期,第 97—100 页。
③ 2021 年 3 月 1 日生效实施的《刑法修正案(十一)》下调了刑事责任年龄:"已满十二周岁不满十四周岁的人,犯故意杀人、故意伤害罪,致人死亡或者以特别残忍手段致人重伤造成严重残疾,情节恶劣,经最高人民检察院核准追诉的,应当负刑事责任。"(《刑法》第 17 条第 3 款)

许桂祥。2001年12月初,岳仕群在海安县雅周镇汽车站附近购买了两包毒鼠强藏于许某某处,伺机作案。同月13日19时许,一家人吃晚饭,许桂祥中途离桌到厨房,许某某问岳仕群是否在许桂祥碗中投放毒鼠强,岳仕群表示同意。许某某将两包毒鼠强当着岳仕群的面掺入许桂祥吃面条的碗内,并用筷子在碗内搅拌了几下。许桂祥返回后吃了掺毒的面条,出现抽搐、呕吐症状,在被送往医院抢救途中死亡。岳仕群的辩护人提出,"本案为共同犯罪,实施投毒行为是被告人之女许某某所为,被告人岳仕群在犯罪中不起主要作用。"南通市中级人民法院认为:"依照我国《刑法》第二十五条的规定,共同犯罪是指:'二人以上共同故意犯罪',犯罪主体都是达到刑事责任年龄的人。许某某不满十四周岁,未达到刑事责任年龄,故本案不构成共同犯罪。虽然实施投毒是岳仕群的女儿许某某所为,但许某某为不满十四周岁的未成年人,对事物尚缺乏辨别能力,她的行为取决于其母是否准许。岳仕群亲眼目睹其女儿投毒至被害人食用的面条中,此时岳仕群是希望毒死许桂祥结果的发生。因此,被告人岳仕群有杀人的犯罪故意,且在犯罪过程中起主要作用,许某某的行为应视为受被告人岳仕群指使、利用而实施的行为,故被告人岳仕群对本案应负全部刑事责任。"法院于2002年5月11日判决岳仕群犯故意杀人罪,判处死刑,缓期两年执行,剥夺政治权利终身。因许某某不满14周岁,公安机关依照《刑法》第17条第4款对许某某收容教养3年。[①] 本案中,被告人岳仕群购买毒鼠强,提供了投毒杀人的犯罪工具,许某某实施了投毒杀人行为。辩护人提出"本案为共同犯罪",是将共同犯罪理解为不法形态。但是,法院从我国《刑法》规定出发,以许某某未

---

① 参见最高人民法院中国应用法学研究所编:《人民法院案例选》2004年刑事专辑(总第47辑),人民法院出版社2005年版,第1—3页。

达到刑事责任年龄为由,否定二人成立共同犯罪,无疑采取了不法且有责的共同犯罪观。

【刘某教唆投毒杀人案】 被告人刘某因与丈夫被害人金某不和,离家出走。一天,其女(12周岁)前来刘某住处,刘某指使女儿用家中鼠药毒杀金某。其女回家后,将鼠药拌入金某的饭碗中,金某食用后中毒死亡。其女没有达到刑事责任年龄,不承担刑事责任。对被告人刘某的行为如何定罪处罚,有不同意见:一种意见认为,刘某授意本无犯意的未成年人投毒杀人,是典型的教唆杀人行为,根据《刑法》第29条"教唆不满18周岁的人犯罪的,从重处罚"的规定,对刘某应按教唆犯的有关规定来处理;另一种意见认为,刘某授意未成年人以投毒的方法杀人,属于故意向他人传授犯罪方法,同时由于被授意人未达到刑事责任年龄,不负刑事责任,因此对刘某应单独以传授犯罪方法罪论处。最高人民法院审判长会议经讨论认为,"根据刑法第二十五条的规定,共同犯罪是指'二人以上共同故意犯罪',即两个以上都达到刑事责任年龄,具有刑事责任能力的人共同故意犯罪。因此,构成教唆犯也必然要求教唆人和被教唆人都达到一定的刑事责任年龄,具备刑事责任能力。达到一定的刑事责任年龄,具备刑事责任能力的人,指使、利用未达到刑事责任年龄的人(如本案刘某的女儿)或精神病人实施某种犯罪行为,是不符合共同犯罪的特征的。因为在这种情况下,就指使者而言,实质上是在利用未达到刑事责任年龄的人或精神病人作为犯罪工具实施犯罪。就被指使者而言,由于其不具有独立的意志,或者缺乏辨别能力,实际上是教唆者的犯罪工具。有刑事责任能力的人指使、利用未达到刑事责任年龄的人或者精神病人实施犯罪,在刑法理论上称之为'间接正犯'或'间接的实行犯'。'间接正犯'不属于共同犯罪的范畴。因被指使、利用者不负刑事责任,其实施的犯罪行为应视为指使、利用者自己实施,故指使、利用者应对被指使、利用人所实施的犯罪承担全部责任,也就是说,对指使、利用未达到刑事责任年龄的人或精神病人犯罪的人,应按照被指使、利用者实行的行为定罪处罚。本案被告人刘某唆使不满十四周岁的人投毒杀人,由于被唆使人不具有刑事责任能力,因此唆使人与被唆使人不能形成共犯关系,被告人刘某非教唆犯,而是'间接正犯',故对刘某不能直接援引有关教唆犯的条款来处理,而应按其女实行的故意杀人行为定罪处刑。"① 以上观点采取了不法且有责的共同犯罪观,从我国《刑法》规定出发,立足于传统刑法理论的共同犯罪成立条件,要求共犯人具备责任条件。《刑法》还对教唆犯与间接正犯的界定作了简明的表述,认为被教唆人不具有刑事责任能力时,教唆人与被教唆人不构成共犯关系,教唆人成立间接正犯。

【王某盗窃摩托车案】 王某盗窃价值1.2万元的摩托车时碰巧工友关某路过,王某遂叫关某帮忙望风,关某未推辞并照盼咐在附近望风,王某将车顺利偷到手。案发后经司法精神病鉴定,王某于案发时正处于精神病状态,依照《刑法》规定不负刑事责任。在审查起诉中,检察人员对本案是否属于共同犯罪争议很大:一种意见认为不应认定为共同犯罪,因为共同犯罪要求共同实施危害社会的每个行为人都具有犯罪主体资格;另一种意见认为成立共犯,王某在盗窃行为中居主要地位,关某仅起次要、辅助的作用,盗窃行为实际上是王某一人完成,只有认定为共同犯罪才能对关某依照从犯规定追究责任。该案例来源于《人民检察》"检察信箱"栏目的司法人员来信,杂志"本刊学习问答组"的回复是,王某和关某

---

① 参见最高人民法院刑事审判第一庭、第二庭编:《刑事审判参考》2001年第5辑(总第16辑),法律出版社2001年版,第74—75页。

不构成共同犯罪,但并不能免除关某的刑事责任。理由是王某实施盗窃行为时处于精神病状态,不具有刑事责任能力,依法不承担刑事责任;王某对实施盗窃行为缺乏辨认和控制能力,不具有刑法意义上的犯罪故意,与关某不能形成共同犯罪故意。王某和关某不构成共同犯罪,但并不能免除关某的刑事责任,因为关某明知他人正在实施盗窃犯罪却予以帮助,该帮助行为显然具有社会危害性,且具备《刑法》规定的犯罪构成要件,因此应追究其刑事责任。① 上述回复中要求王某具有刑事责任能力才能构成共同犯罪,在观念上是将共同犯罪理解为不法且有责形态。值得注意的一点是,回复在说明关某刑事责任时,提到他明知王某"正在实施盗窃犯罪,却帮助犯罪",也就是间接地将王某的盗窃行为称为"犯罪行为",在此使用了客观意义上的犯罪概念。

2. 坚持(部分)犯罪共同说的判决

【高海明绑架、郭永杭非法拘禁案】 2000年3月下旬某日,被告人高海明经人介绍,认识了方韩通、方韩均、赵建荣、赵全康等人(均另案处理)。高海明让方韩通等人帮其向沈国良、史文明、高兴来追讨"损失费",并商定以关押被害人的方法索讨。4月16日晚,高海明与上述人员在绍兴市区一饭店再次商订作案计划。次日中午,高海明按计划以做生意为名,将与其并无经济纠纷的沈国良等三被害人骗至诸暨市,后伙同方韩通等人强行将三被害人带至由被告人郭永杭事先找好的三都镇山上某小屋内,后又转移至诸暨市五泄风景区及萧山市临浦镇等地关押。在此期间,高海明及赵建荣等人采用暴力、胁迫的方法,向二被害人共索得20.03万元。在三被害人被关押期间,郭永杭明知方韩通等人在为高海明

---

① 参见佚名:《主要行为人无刑事责任能力,能否认定共同犯罪?》,《人民检察》1997年第10期,第62页。

追讨生意上的损失费,仍为高海明等人送饭或看管三被害人。一审法院判决高海明犯绑架罪,郭永杭犯非法拘禁罪。法院认为,"被告人高海明以勒索钱财为目的,伙同他人使用暴力、胁迫方法绑架他人,其行为已构成绑架罪。被告人郭永杭在事前与高海明并不相识,事中在得知被告人高海明等人在追讨债务的情况下,仍对高所关押的人施行看管,其行为已构成非法拘禁罪。因被告人郭永杭主观上以帮他人索取债务为目的,而不明知被告人高海明是以勒索钱财为目的,其与高海明没有共同的犯罪故意,故两被告人不属共同犯罪。"二审法院完全采纳了一审法院的判决理由和结论,裁定驳回上诉,维持原判。① 在本案中,法院认定高海明是绑架故意,郭永杭是非法拘禁故意,"没有共同的犯罪故意,故两被告人不属共同犯罪",这显然采取了完全犯罪共同说。实际上采取此说的判决还有章浩与章娟绑架、王敏非法拘禁案。②

【蒋晓敏等故意杀人案】 2006年12月14日0时30分许,被告人董丹维在杭州市长生路西湖国贸中心的爵色酒吧,遇到已喝多酒的女同学黄如意。黄如意即改变准备回家的想法,表示自己汽车钥匙被准备送其回家的网友许侃拿走。董丹维即找到许侃欲要回黄如意的车钥匙,因许侃不肯,两人发生争执、推搡,被旁人劝开。之后董丹维回到自己在二楼的座位,许侃在走出酒吧大门后又回到董丹维的座位找董理论,两人发生扭打,许侃被保安劝出酒吧。董丹维自感吃亏,责怪同桌朋友不帮忙。与董丹维同桌的张健华等人到酒吧门口责问许侃为何打女人,

---

① 参见浙江省绍兴市越城区人民法院(2000)越刑初字第223号,浙江省绍兴市中级人民法院(2000)绍刑终字第263号。
② 参见最高人民法院刑事审判第一庭、第二庭编:《刑事审判参考》2002年第1辑(总第24辑),法律出版社2002年版,第105页。

董丹维也跟进至酒吧门口。此时,董丹维遇见刚到爵色酒吧的网友被告人蒋晓敏及蒋的朋友被告人胡梁,董即对蒋晓敏称许侃打她,要蒋帮她打回来。蒋晓敏即上前责问并推搡许侃,并与许侃发生扭打。胡梁也上前帮助扭打,并踢了许侃两脚。其间,蒋晓敏掏出随身携带的尖刀朝许侃的胸腹部连刺三刀,致许侃心脏破裂,急性大失血而死亡。一审法院认定三名被告人成立故意杀人罪。二审法院认为,"虽然董丹维、胡梁没有杀人的故意,也没有认识到蒋晓敏持刀刺人,但是董丹维指使蒋晓敏殴打被害人许侃,胡梁在蒋晓敏动手殴打许侃后,也上前帮助,此时三被告人主观上相互间显然有意思联络,有共同的对许侃实施暴力伤害的故意。在这过程中,蒋晓敏持刀朝许侃致命部位连刺3刀,致被害人许侃死亡,主观上放任了死亡后果发生,构成间接故意杀人罪。但是,蒋晓敏的间接故意杀人行为,无论从主观还是客观方面考察,均包含了伤害的故意和行为,据此,三被告人在故意伤害的限度内在主观和客观上是互相重合的,构成共同犯罪,董丹维、胡梁构成故意伤害罪。且在共同故意伤害犯罪中,董丹维唆使他人实施犯罪,系主犯,胡梁起次要作用,系从犯。但是,由于蒋晓敏另外还实施了超出三被告人故意伤害范围的杀人行为,故对蒋晓敏的行为应认定为故意杀人罪。"①在本案中,二审判决明确指出,"故意杀人行为,无论从主观还是客观方面考察,均包含了伤害的故意和行为,据此,三被告人在故意伤害的限度内在主观和客观上是互相重合的,构成共同犯罪"。这显然采取了部分犯罪共同说。实际上采取此说的判决还有李伟等故意

---

① 参见浙江省杭州市人民法院(2007)杭刑初字第76号,浙江省高级人民法院(2007)浙刑三终字第134号。

杀人、故意伤害案。①

(四) 不法且有责共同犯罪观的批判

我国传统刑法理论和司法实务会陷入无法自圆其说的逻辑困境。以前文的案例加以说明：(1) 在王某盗窃摩托车案中，最高司法机关否认关某和王某成立共同犯罪，仅凭"明知他人犯罪而帮助、帮助行为具有社会危害性、具备犯罪构成要件"就追究关某刑事责任，说理并不充分，事实上毫无道理，它动摇了构成要件的保障机能，不是从法益侵犯角度来认定犯罪。详言之，否认共同犯罪，对关某认定成立盗窃罪缺乏实质根据，因为关某实施的仅是望风行为，不具有盗窃罪的窃取财物的实行行为性；否认共同犯罪，也无法对关某仅追究"从犯"刑事责任提供根据，因为单个人犯罪中不存在主从犯的区分，当然就没有从犯的存在余地，由此导致量刑存在偏颇；否认共同犯罪，则王某只能作为单个人犯罪，由于实施的仅是望风行为，根据《刑法》分则规定，最多只能认定为盗窃罪的预备犯，但这显然与被害人财物已被窃取的事实不符，因而也有碍于对犯罪停止形态的准确认定。总之，不法且有责的共同犯罪立场，对犯罪参与人的定罪量刑等问题的处理甚不合理。(2) 在刘某教唆投毒杀人案中，司法机关认定行为人教唆 12 周岁的人实施投毒杀人犯罪的成立间接正犯，这不妥当。十几岁的少年尽管身心发展尚不健全，但不容否认的事实是，她已具有相当的认知和辨别能力，特别是对杀人这样最严重侵犯人身权利的行为，完全有违法性意识。从规范障碍的角度出发，对 12 周岁的人实施杀人的

---

① 参见北京市第二中级人民法院(2006)二中刑初字第 937 号，北京市高级人民法院(2006)高刑终字第 536 号。

单纯教唆行为排除了实行行为性,不能成立间接正犯。

传统刑法理论不是简单地限制共犯处罚范围的刑事政策理念问题,而是对共同犯罪现象的实体和本质特征未予深究。在传统理论的设例中(甲、乙共同用木棍打击丙,甲是伤害的故意,乙是杀人的故意,结果是乙打击丙的要害部位致丙死亡),并没有区分致丙死亡的其他情形,例如,由甲打击致死或由甲、乙哪一方打击致死不明,也没有进一步分析甲、乙的犯罪停止形态。这种简化的处理方式回避了有关共同正犯本质的学说争议之焦点。而且,表面上被认定为共同犯罪的情形减少了,但是刑罚权发动一点没有缩小。在教唆或帮助无责任能力人实施犯罪的时候,传统刑法理论否认其成立共同犯罪,但是,对教唆者或帮助者仍然会找出间接正犯或其他似是而非的理由,认定其成立单个人犯罪并追究刑事责任(例如岳仕群故意杀人案、刘某教唆投毒杀人案)。另外,由于我国传统刑法理论在共犯的性质上并未坚持从属性说,即使正犯未着手实行犯罪,也仍然认定教唆者、帮助者成立犯罪并处罚(所谓的独立教唆犯)。由此可见,我国表面上采取的是限制共同犯罪成立或处罚范围的刑事政策,实际上是将本应认定为共同犯罪而且能够合理处罚的情形,认定为纯粹的单独犯进行了处罚(教唆或帮助无责任能力人实施犯罪,可以根据限制从属性说妥善处理,但由于实质上采纳了极端从属性说,而通过间接正犯或其他理由定罪处罚),或者是将本不应成立犯罪的情形也认定为犯罪进行了处罚(教唆他人犯罪但他人未着手实行,根据实行从属性说不应处罚,但却以独立教唆犯或其他理由定罪处罚)。名义上共同犯罪的刑罚范围缩小了,但整个刑罚范围并没有缩小,反而在很多情况下是扩大了。

关于共同正犯的本质,刑法理论上存在犯罪共同说与行为共同说的争论。刘明祥教授从单一正犯体系说出发,认为我国《刑法》规定的共同犯罪不能用行为共同说解释,批评行为共同说的理论根据不可靠。① 有的学者明确支持完全犯罪共同说。② 实际上,这些学说是为了解决共同正犯的不法问题,为适用"部分实行全部责任"的原则提供依据。该原则中的"责任"是指客观归属意义上的责任,不是有责性要件的责任。后一种责任是个别的,不可能连带,只能分别判断。既然如此,责任就不存在"共同性"的问题。因此,即使行为人在物理上或客观上只实施了部分行为,但由于共同实行犯罪,使得其部分实行与不法结果之间具有物理的或者心理的因果性,因而要将全部结果归属于其行为。该原则中的"部分实行"既包括只实施了部分实行行为的情形,也包括实施了全部行为但没有直接造成结果的情形。③

完全犯罪共同说过于缩小共同犯罪的成立范围,使得很多情形的案件得不到妥当处理。例如,甲邀约乙为自己的盗窃行为望风,乙同意并按约定前往丙的住宅外望风,但甲在犯盗窃罪中,为窝藏赃物、抗拒抓捕或者毁灭罪证而当场使用暴力或者以暴力相威胁,乙却对此一无所知。显然,该例中甲的行为构成抢劫罪。按照完全犯罪共同说,甲和乙不成立共同犯罪。但如果否定甲和乙成立共同犯罪,则意味着对乙的单纯望风行为不能作为犯罪处理。为此,完全犯罪共同说受到(温和的)部分犯罪共同说的修正。

(温和的)部分犯罪共同说主张,二人以上虽然共同实施了不

---

① 参见刘明祥:《不能用行为共同说解释我国刑法中的共同犯罪》,《法律科学》2017年第1期,第61—66页。
② 参见王俊:《完全犯罪共同说的本土化证成》,《环球法律评论》2020年第5期,第128—131页。
③ 参见张明楷:《共犯的本质——"共同"的含义》,《政治与法律》2017年第4期,第7—8页。

同的犯罪,但当不同犯罪之间具有重合的性质时,则在重合的限度内成立共同犯罪。例如,甲以杀人的故意、乙以伤害的故意共同加害于丙时,在故意伤害罪的范围内成立共犯。但由于甲具有杀人的故意和行为,对甲应认定为故意杀人罪。再如,A 教唆 B 敲诈勒索他人财物而 B 实施了抢劫行为时,A、B 在重合的限度内即敲诈勒索罪的限度内成立共犯。但由于 B 具有抢劫的故意和行为,对 B 应认定为抢劫罪。

(温和的)部分犯罪共同说在解决重合限度之内的共同犯罪成立问题上,相对完全犯罪共同说具有更大的合理性,目前在日本是通说,在我国也可以说居于通说的地位。尽管如此,部分犯罪共同说也存在难以自圆其说的地方。例如,在 A 以杀人故意、B 以伤害故意,共同对 X 实施了暴力,导致 X 死亡。根据该说,A、B 在故意伤害致死的范围内成立共同正犯,但结果是对 A 认定为故意杀人罪。此种处理方式存在着针对 A 就 X 的死亡结果进行双重评价的嫌疑;而且,先肯定 A 的行为构成故意伤害致死罪,后又认定 A 的行为构成故意杀人罪,导致难以说明两者的罪数关系;尤其是在不能证明 A 的行为和 X 的死亡之间具有因果关系的场合,难以认定 A 的行为成立故意杀人既遂。因此,一方面将 X 的死亡结果归责于 A 的故意伤害致死的共同正犯行为,另一方面却在伤害致死之上认定其杀人的未遂或既遂,这难言妥当。山口厚教授批评道,部分犯罪共同说在对待 A 的过剩部分的罪责问题上,无非是当作单独犯处理,这导致共同正犯的范围不充分。他认为,没有实质的理由将共同正犯限定为"对特定犯罪的共同",应当肯定根据各人的责任就不同的犯罪成立共同正犯。① 部分犯罪共同说对过剩行

---

① 参见[日]山口厚:《問題探究 刑法総論》,有斐閣 1998 年版,第 268 页。

为人承担既遂结果的责任，一直视为理所当然的结论，却缺乏富有说服力的论证，可谓是其致命的缺陷。（构成要件的）行为共同说在此体现了优越性。根据该说，共犯是各人因共同的行为而实现了各自的犯罪，数人各自的行为只要客观上符合同一犯罪构成的实行行为，就能够评价为共同行为。共犯通过介入其他共犯者的行为而导致构成要件的结果，借由利用他人的方式扩张自己的因果性影响力的范围，所以应将共犯现象理解为"数人实施数罪"。在共同引起的法益侵害范围内，对应于共同者的故意，针对不同的犯罪（罪名）也可以成立共同正犯。在上述例子中，A 成立杀人罪的共同正犯，B 成立伤害致死罪的共同正犯，便是极其自然的结论了。但是，在 A 意图杀人、B 意图放火的场合，不能成立共犯，因为两者不存在构成要件行为的共同。需要说明的是，尽管部分犯罪共同说和构成要件行为共同说绝大多数情况下在具体问题的结论上看不出太大的差异，但是两说得出结论的基本原理和论证逻辑却是不同的。正因为如此，部分犯罪共同说受到了不少知名学者的批判。构成要件行为共同说逐渐成为有力说，该说为笔者所赞同。

犯罪共同说与行为共同说起先的实质分歧在于行为主义和行为人主义的对立、客观主义和主观主义的对立。但是，后来有不少学者站在客观主义立场采取行为共同说。例如，小野清一郎教授是客观主义刑法学者，但是赞同牧野英一教授坚持的行为共同说，称赞该说"在勘正了统治着西方近代学说的共犯观念的差误这个意义上，是远远超出西方刑法学水平的卓越见解"。他所说的"共犯观念的差误"，指的是当时通行的认为共犯是数个当事人或参与人实施一个犯罪即"数人一罪"的观点，小野教授认为这与刑法中的个人责任原理相矛盾，而行为共同说明确了共犯理论上的个人责任原理。① 如果说在原初的意义上,"犯罪共同说＝客观说""行为共同说＝主观说"具有很大的相关性,那么,如今随着构成要件行为共同说的兴起,上述公式已经存在重大疑问,难以成立了。行为共同说在承认"犯罪是行为"命题的范围内,并且承认构成要件行为的共同上,既是客观主义的刑法立场,又坚守了罪刑法定原则。前田雅英教授指出,对于行为共同说,"共同实行"犯罪是必要的。虽是共同关系,若不占据各自成立的犯罪类型的重要部分,则部分实行全部责任的效果不能被承认。②

我国刑法学可以采纳构成要件的行为共同说。国内学者的某些疑虑能够得到合理解释。(1) 有学者认为,《刑法》第 25 条采取了犯罪共同说立场,行为共同说没有法律依据。③ 笔者认为,完全可以将该规定解释为"共同"故意犯罪,而不是"共同故意"犯罪,也就是说立法只是排除了故意以外的共同犯罪,而不是行为共同说的障碍。(2) 有学者认为,行为共同说无法说明究竟是对何罪共同而成立共同正犯,另外该说坚持彻底的个人主义原则,排斥任何"集团"概念,与《刑法》第 26 条第 2 款犯罪集团的规定直接冲突。④ 笔者认为,共同犯罪是不法形态,只要违法的构成要件行为共同就可以成立共同犯罪,各行为人在此基础上分别成立不同的罪名也不受影响。行为共同说不需要回答针对何种"犯罪"共同,这只是犯罪共同说(含部分犯罪共同说)意图解决的问题,因为该说将共同犯罪理解为"数人一罪",但行为共同说则将共犯理解为"数人数罪",它本来就没有限

---

① 参见[日]小野清一郎:《犯罪构成要件理论》,王泰译,中国人民公安大学出版社 2004 年版,第 149 页。
② 参见[日]前田雅英:《刑法総論講義》(第六版),東京大学出版会 2015 年版,第 344 页。
③ 参见朴宗根:《正犯论》,法律出版社 2009 年版,第 216—217 页。
④ 参见陈家林:《共同正犯研究》,武汉大学出版社 2004 年版,第 76—77 页。

定共犯人必须犯"特定的一罪"。构成要件行为共同说坚持刑法上的个人责任原则,当然是排斥团体责任的,但并不表示它排斥"集团"概念。《刑法》规定的"犯罪集团"是一种特殊的共同犯罪,行为人最后要承担责任也必须是立足于自己所实施的行为对法益造成侵害或威胁的根据上。论者也不会认为我国《刑法》规定了犯罪集团,就意味着不再坚持个人责任原则。(3)有学者质疑,"行为共同说会导致共同犯罪的成立范围过宽"。[①] 诚然,构成要件行为共同说相比于完全犯罪共同说会扩大共同犯罪的成立和处罚范围(与部分犯罪共同说的结论没有太大差异),但它是立足于刑法客观主义的立场,以构成要件行为的共同为保障的,并不会导致违反罪刑法定原则的结果。况且,该说对共同正犯本质的阐释,为共同正犯适用"部分实行全部责任"原则提供了更妥适的依据。

完全犯罪共同说的重大缺陷说明极端从属性说不可取;行为共同说的接受是因果共犯论和限制从属性说的当然结论,佐证了限制从属性说的妥当性。"犯罪共同说"的论据虽未必一致,然而从共犯处罚根据论来看,逻辑上应与责任共犯论相联结,该说是将共犯处罚根据求之于共犯者相互共同负担责任。而行为共同说是主张共犯乃数人共同"行为"而实施各人之犯罪的见解(数人数罪),其特色在于,认为共犯亦就自己的犯罪"行为"担负罪责,共犯者相互的罪名同一性(罪名从属性)或共通的犯罪意思(故意)的存在并不成为成立共犯的绝对性要件。共犯并非借用他人可罚性或与他人共同负担责任而受处罚,而是各人为了自己的犯罪实现、借由利用他人的方式扩张自己的因果性影响力的范围。若从处罚根据论来看,行为共同说可谓主张共犯者(或共同正犯者)是因透过

[①] 付立庆:《刑法总论》,法律出版社 2020 年版,第 293 页。

正犯者(或其他共同正犯者)而惹起违法结果之故而受处罚,与因果共犯论相联结。① 山口厚教授指出,只要就共犯处罚根据采取因果共犯论(惹起说),就应当支持行为共同说。处罚共犯是因为共犯通过介入其他共犯者的行为而导致构成要件的结果,共犯具有固有的违法和责任,所以,应将共犯现象理解为"数人实施数罪"。共同正犯以介入共同者实现构成要件符合事实为必要,故关于构成要件符合事实的因果性的讨论具有重要意义。即在与自己的行为具有因果性和介入其他共同者的因果性而实现了构成要件符合事实的范围内,在共同者的责任限度内追究共同正犯的罪责。② 因果共犯论认为,行为人对与自己的行为具有因果性的结果承担罪责,这是基本原则,因而即便是通过他人的行为而与犯罪结果之间产生因果关系,也应对该结果承担罪责。也就是,因果关系在共犯人之间得到扩张,即便是由其他共犯人的行为所产生的结果,也如同由自己的行为所产生的结果那样,承担相同的责任。这也正是共犯论的意义之所在。③ 共犯的处罚根据在于,通过正犯惹起了符合构成要件的违法结果(法益侵害)。也就是,共犯行为也应该称为间接性法益侵害行为,由于共犯行为与正犯行为(实行行为)所实现的法益侵害或危险之间具有因果关系,因而在此限度内受到处罚。在此意义上可以说,共犯的因果性是共犯处罚的理论基础。④ 共犯仅是实现犯罪的一种方法类型,即为了实现自己的犯罪,通过利用他人而扩张自己行为的因果影响力的范围。共犯只要有共同的行为和因果关系即可,不以犯罪共同为必要。

---

① 参见[日]内藤谦:《犯罪共同说と行为共同说》,《法学教室》1990年第116号,第88—89页。
② 参见[日]山口厚:《刑法総論》(第三版),有斐閣2016年版,第317—318页。
③ 参见[日]西田典之:《刑法総論》,弘文堂2006年版,第318页。
④ 参见[日]西田典之:《刑法総論》,弘文堂2006年版,第319页。

即共犯虽有相同的违法构成要件,但责任是个别的,因而各参与者根据责任的不同,理应分别成立不同的犯罪。因此,即便是不同的罪名和构成要件,彼此仍可成立共犯。因果共犯论认为共犯的处罚根据在于与构成要件结果之间的因果性,限制从属性说认为共犯之间违法连带作用而责任个别作用,行为共同说正是因果共犯论和限制从属性说的理论归结。[①]

我国传统刑法理论认识到了各共犯人与危害结果之间的因果关系,指出各共犯人都与结果有因果关系,各共犯人是统一或共同的因果关系,有的学者探及了实行犯与其他共犯人在因果关系上的差异。可惜的是,没有深入共犯处罚根据的层面,对共犯因果关系作出更精细的理论阐述(物理的或心理的因果性、一次责任类型或二次责任类型),以此更合理地指导共犯成立条件(共犯从属性、共犯未遂等)。例如,有的教科书写道:"共同实施的犯罪是结果犯并发生危害结果时,每一共同犯罪人的行为与危害结果之间都存在因果关系。共同犯罪中的因果关系,是两个以上共同犯罪人的行为与危害结果之间的因果关系,与单独犯罪中一个人的行为与危害结果之间的因果关系相比有其特殊性。其特殊性在于:共同犯罪行为是围绕一个犯罪目标,互相配合,互为条件的犯罪活动整体,正是这个行为的整体导致了危害结果的发生。换言之,这个行为整体是危害结果发生的统一原因,而每个共同犯罪人的行为都是危害结果发生原因的一部分。所以对共同犯罪人的行为不应孤立地而应当统一地考察,不能只就某一共同犯罪人的行为是否现实地导致危害结果发生,来认定其行为与危害结果之间是否存在因果关系。这是考察共同犯罪中因果关系特点的共同性,不过,由于共同犯罪行为方式

---

① 参见[日]西田典之:《刑法総論》,弘文堂 2006 年版,第 373—374 页。

不同,共同犯罪行为与危害结果之间的因果关系也还有各自的特点。第一,在共同实行犯罪的场合,各共同犯罪人的行为共同指向同一犯罪事实,共同作用于同一危害结果,因而应将他们的实行行为作为统一整体来看,以确定其危害结果是否具有原因力。共同犯罪人的实行行为共同引起危害结果发生,固然他们的实行行为与危害结果之间均有因果关系。即使共同犯罪人中只有一人的实行行为引起危害结果发生,其他人的实行行为没有导致危害结果发生,也应认为他们的行为与危害结果之间存在因果关系。例如,甲、乙事前通谋开枪杀害丙,甲开枪未中,乙开枪中丙头部,致丙死亡。甲、乙的行为与丙的死亡之间均有因果关系,均应依故意杀人罪负刑事责任。第二,在共同犯罪人之间存在分工的场合,即在共同犯罪人之间有的组织犯罪,有的教唆犯罪,有的实行犯罪,有的帮助犯罪,组织犯、教唆犯与帮助犯(从犯)并未参与实施实行行为,共同犯罪行为与危害结果之间的因果关系表现为:组织行为、教唆行为引起实行犯的犯罪决意和实行行为,帮助行为加强实行犯的犯罪决意和利于实行犯的实行行为,实行行为直接导致危害结果的发生。组织行为、教唆行为、帮助行为和实行行为,作为共同犯罪行为的有机整体,都与危害结果之间存在因果关系。"①

二、不法形态共同犯罪观及其提倡

(一) 不法形态共同犯罪观的总体表现

不法形态共同犯罪观将共同犯罪理解为客观不法意义上的

---

① 高铭暄、马克昌主编:《刑法学》(第九版),北京大学出版社、高等教育出版社2019年版,第161页。

"犯罪"的共同,即二人以上实施了符合构成要件和违法的行为。共同犯罪只是一种不法形态。正因为如此,名之为共同"犯罪"可能显得不很严谨。为此,有学者主张理论和实务完全可以淡化"共同犯罪"概念。① 有学者主张采用犯罪参与的概念替换共同犯罪的概念。② 笔者暂且依据约定俗成的称谓,在犯罪参与的相同意义上使用共同犯罪的称谓。

不法形态共同犯罪观的总体表现有:(1) 在共同犯罪的成立条件上,要求二人以上共同实施客观不法行为,不要求责任条件;(2) 在共同正犯的本质上,主张构成要件行为共同说;(3) 在狭义共犯的性质上,最多要求限制从属性说;(4) 理论上能够肯定过失共同犯罪。

(二) 不法形态共同犯罪观的具体观点

张明楷教授主张共同犯罪是一种不法形态,共同犯罪的立法与理论只是解决不法层面的问题,而不解决责任层面的问题。他指出:"狭义正犯的实行行为及结果归属的判断不需要借助共犯理论。但是,对于正犯以外的参与者来说,就需要通过共同犯罪的立法与理论来解决其行为和结果归属问题。""从不法的层面来说,共同犯罪的立法和理论所解决的问题是,将不法事实归属于哪些参与人的行为。就具体案件而言,司法机关认定二人以上的行为是否成立共同犯罪,是为了解决二人以上行为的结果归属(客观归责)问题。亦即,只要认定成立共同犯罪,就要将法益侵害结果(包

---

① 参见张明楷:《共同犯罪的认定方法》,《法学研究》2014年第3期,第24页。
② 参见阎二鹏:《犯罪参与体系之比较研究与路径选择》,法律出版社2014年版,第7页。

括危险)归属于各参与者的行为(而不论各参与者是否具有责任)。"①张明楷教授在此前的文献中将共同犯罪表述为"违法形态"。他说:"在成立共同犯罪的前提下,即使查明法益侵害结果由其中一人直接造成,或者不能查明具体的法益侵害结果由谁的行为直接造成,也要肯定所有参与者的行为都是结果发生的原因。在二人以上参与实施的犯罪中,当甲的行为直接造成了法益侵害结果时,即使不考察其他人的行为,也能认定甲的行为是结果发生的原因,如果甲具有主观责任,则认定其行为构成犯罪。但是,对于没有直接造成法益侵害结果的参与者来说,就需要通过共同犯罪的立法与理论来解决其客观归责问题。""按照结果无价值论的观点,责任要素包括故意、过失、责任能力(含责任年龄)、违法性认识的可能性与期待可能性。在共同犯罪中,我们可以认定二人以上的行为,因为相互作用、相互补充,共同造成了法益侵害结果。但是,在二人以上共同实施某种法益侵害行为时,他们的故意、过失、责任能力等,既不可能完全相同,也不可能连带。故意、过失是一种心理状态,存在于行为人的内心,而每个人的内心不可能完全相同;责任能力的有无、行为人是否达到责任年龄,只能根据特定的行为人得出结论;违法性认识的可能性与期待可能性也是如此。"②

在解释论上,张明楷教授认为,《刑法》第 25 条第 1 款规定表面上是要求二人以上的故意相同,实际上只意味着将部分共犯参与形态限定在故意犯罪之内,没有否认共同犯罪是一种不法形态。倘若要在上述规定中加一个"在"字,就应当说"共同犯罪是指二人

---

① 张明楷:《刑法学》(第六版),法律出版社 2021 年版,第 495 页。
② 张明楷:《共同犯罪是违法形态》,《人民检察》2010 年第 13 期,第 7 页。

以上共同在故意犯罪",而不是说"共同犯罪是指二人以上共同故意在犯罪"。第 25 条第 2 款规定明显承认了共同过失犯罪的事实,只是对共同过失犯罪不按共同犯罪论处而已,也没有否认共同犯罪是一种不法形态。①

张明楷教授分析认为,我国传统刑法理论关于共同犯罪的成立条件或者说关于是否成立共同犯罪的认定方法,具有以下特点:一是不区分不法与责任,混合认定共同犯罪是否成立;二是不区分正犯与狭义共犯,整体认定共同犯罪是否成立;三是仅判断共犯人是否实施了共同的犯罪行为,而不分别考察共犯人的行为与结果之间是否具有因果性,抽象认定共同犯罪是否成立。② 他提出,"共同犯罪的认定应当以不法为重心(从不法到责任)、以正犯为中心(从正犯到共犯)、以因果性为核心(从物理因果性到心理因果性)。""首先要在不法层面认定正犯(包括共同正犯),确定了正犯之后,就必须将结果或者危险客观地归属于正犯行为;其次,判断哪些参与人的行为与正犯结果之间具有因果性,只要具有因果性,就可以肯定其为不法层面的共犯(在参与人的行为仅与正犯行为之间具有因果性时,则在未遂犯的不法层面成立共犯);再次,分别判断各参与人的责任(如责任年龄、故意的内容等),进而确定参与人触犯的罪名;最后,按照我国刑法关于主犯、从犯、胁从犯、教唆犯的处罚原则,分别给各参与人量刑。"③

张明楷教授论述共同犯罪中的"犯罪"是指违法层面意义上的犯罪,而不是完全意义上的包含违法和责任两个层面的犯罪。换言之,共同犯罪是指数人共同实施了刑法上的违法行为,而不是共

---

① 参见张明楷:《刑法学》(第六版),法律出版社 2021 年版,第 496 页。
② 参见张明楷:《共同犯罪的认定方法》,《法学研究》2014 年第 3 期,第 4 页。
③ 张明楷:《共同犯罪的认定方法》,《法学研究》2014 年第 3 期,第 24—25 页。

同实施特定的犯罪。共同犯罪是违法形态,而犯罪的实体是违法和责任,所以完全没有必要提出和回答"共同犯罪犯的是什么罪"这样的问题。因为"犯什么罪"不只是取决于违法,还取决于责任,而共同犯罪只解决违法问题。在二人成立共同犯罪时,对二人所认定的罪名可能并不相同。在处理共同犯罪案件时,应当首先从客观违法层面"连带地"判断是否成立共同犯罪,然后从主观责任层面"个别地"判断各参与人是否有责任以及具有何种责任。①"由于共同犯罪是违法形态,而责任能力是责任要素,不影响违法性的认定,所以,有责任能力者与无责任能力者,也可能成立共同犯罪。但最终谁是否承担刑事责任,则不是共同犯罪理论所要解决的问题,而是责任层面的问题。"②

关于共同正犯的本质,我国刑法学界对完全犯罪共同说展开批判并首倡部分犯罪共同说的是张明楷教授的《部分犯罪共同说之提倡》一文。③ 不过,从日本学者龟井源太郎教授的学术整理来判断,张明楷教授提倡的其实是温和的(或灵活的)部分犯罪共同说,而他对完全犯罪共同说所作的批判,许多举例属于强硬的(或严格的)部分犯罪共同说的主张和缺陷。张明楷教授后来转而支持行为共同说,认为由于共同犯罪是一种不法形态,所以对共同正犯应当采取行为共同说。共同正犯是指数人共同实施了符合客观构成要件的违法行为,而不要求数人具有相同的故意。或者说,各人以共同行为实施各人的犯罪时也成立共同正犯。换言之,在"行为"方面,不要求共同实施特定的犯罪,只要行为在客观构成要件

---

① 参见张明楷:《共同犯罪是违法形态》,《人民检察》2010 年第 13 期,第 8 页。
② 张明楷:《共同犯罪是违法形态》,《人民检察》2010 年第 13 期,第 9 页。
③ 参见张明楷:《部分犯罪共同说之提倡》,《清华大学学报(哲学社会科学版)》2001 年第 1 期,第 39—43 页。

上具有共同性就可以成立共同犯罪；在"意思联络"方面，也不要求数人必须具有共同实现犯罪的意思联络，只要就实施行为具有一般意义上的意思联络即可。而且，这种意思联络可能是片面的，亦即存在片面的共同正犯。从具体成立条件来说，只要二人以上有共同实行的意思以及共同实行的事实就可以肯定为共同正犯，并贯彻部分实行全部责任的原则。所谓共同实行的意思，是指二人以上的行为人有共同实施实行行为的意思。共同实行的意思并不等同于有共同的犯罪故意。例如，当甲向乙提议对丙实施暴力，乙同意并共同对丙实施暴力时，即使甲、乙的故意内容不同，也应认定二人有共同实行的意思。所谓共同实行的事实，是指二人以上的行为人共同实行了某种违法行为，各行为人的行为，分别来看或者作为整体来看，都具有发生侵害结果的现实危险性。[①]

（三）不法形态共同犯罪观的提倡

1. 不法形态共同犯罪观的合理性

不法形态共同犯罪观值得提倡。因果共犯论、限制从属性说和行为共同说等理论能够连贯一致，都是奠基于"共同犯罪是不法形态"这一共同犯罪的本体或本质特征的认识之上。我国台湾学者柯耀程教授指出，犯罪行为参与是犯罪行为论的一环，也就是确立行为的可罚性过程中的一个环节。假设将行为的评价架构简单区分为不法与罪责两个阶段，则犯罪参与形态应该在不法阶段即需确立。如果将参与形态在罪责阶段才加以区分，将使得共犯责任和共犯形式混为一谈，形成方法学上因果倒置的矛盾，使得罪责

[①] 参见张明楷：《共同犯罪是违法形态》，《人民检察》2010年第13期，第8页。

认定的基础全然不存。① 在我国大陆刑法学界，黎宏教授最早对部分犯罪共同说提出批评，明确支持行为共同说。他指出，共同犯罪原理"本来只是一个客观归责原则，目的是说明数人共同参与犯罪的场合，为何有的人只是实施了部分行为，却要对整个犯罪所引起的全部结果承担责任（共同正犯），有的人没有直接参与犯罪的实行，却要对实行犯所引起结果承担刑事责任（教唆犯、帮助犯）"。② "从数人共同参与同一犯罪，但最终却各自受罚的现象来看，可以说共同犯罪不过是行为人利用和他人一起行动的机会，实现自己犯罪目的的一种手段而已，与单打独斗的个人犯罪没有什么两样，共同犯罪的本质应当从数人共同行为"。③ 在共犯与单独犯的关系上，他认为两者的本质是一样的，共犯的成立也要求具备主客观两方面的内容，不同的是在客观方面比单独犯的要求低得多。"共同犯罪是确定共同参与人的行为客观上是不是成立共犯的标准或者原则，还不涉及共犯是不是要承担刑事责任的问题。"④ 确定某行为人是共犯，并不表明一定会承担刑事责任；是否承担刑事责任，还要判断其是否具有犯罪的故意或者过失，是否具有责任能力以及是否具备期待可能性等责任要素。如前文所述，张明楷教授对此作了简明而深刻的阐述。陈洪兵教授也表达了类似见解，认为共同犯罪是一种数人共同侵害法益的类型，成立共犯的基础是违法性的共同，而不是责任的共同。应在违法性意义上

---

① 参见柯耀程：《变动中的刑法思想》，中国政法大学出版社 2003 年版，第 172 页。
② 黎宏：《刑法总论问题思考》（第二版），中国人民大学出版社 2016 年版，第 420 页。
③ 黎宏：《共同犯罪行为共同说的合理性及其应用》，《法学》2012 年第 11 期，第 114 页。
④ 黎宏：《刑法总论问题思考》（第二版），中国人民大学出版社 2016 年版，第 421 页。

把握共犯的成立,将共犯的成立和处罚分开。传统理论要求共犯成立的主体条件是都具有刑事责任能力,这是在违法且有责意义上把握共犯,将共犯的成立和处罚混为一谈,不利于共犯的认定处理。①

根据大陆法系刑法学的"三阶层"犯罪构成体系,行为成立犯罪必须具有构成要件符合性、违法性和有责性。坚持不法形态共同犯罪观,行为具有了构成要件符合性和违法性这两个条件,并且具有共同性时,就可以成立共同犯罪。由于并没有脱离构成要件的框架来论共同犯罪,所以不法形态共同犯罪观并不违反罪刑法定原则。也由于没有脱离构成要件的框架,不法形态共同犯罪观不会导致无限地扩大共同犯罪的成立范围。例如,故意伤害罪和故意杀人罪、盗窃罪和抢劫罪等根据法定符合说,可以评价为存在构成要件的共同性(重合性),可以成立共同犯罪,但是在故意杀人罪和盗窃罪之间,由于完全不存在构成要件的共同,根本不可能被认定为共同犯罪。坚持不法形态共同犯罪观,也与行为成立犯罪需要具备犯罪构成要件不矛盾,因为共同犯罪原理是多人参与犯罪的客观归责方法,成立犯罪还要考虑主观责任,并不是说只要行为人之间成立共犯,就无须考虑责任直接认定为犯罪。

2. 不法形态共同犯罪观的具体理解

确立不法形态共同犯罪观,在共犯参与正犯的情形中,只要有一方的违法性被否定,就不成立共同犯罪,此时只能考虑单独犯的可罚性问题。根据限制从属性说,共犯从属于正犯的构成要件和违法,当正犯成立不法时,共犯不法原则上得以成立,此时共犯和正犯成立共同犯罪;在共犯由于存在违法相对性的例外情况(共犯

---

① 参见陈洪兵:《共犯论思考》,人民法院出版社 2009 年版,第 205—206 页、第 214 页。

具有违法阻却事由),而否定了共犯不法时,由于只存在正犯一人违法(即"无共犯的正犯"情形),则此二人不可能成立共同犯罪。因此,"一人共犯"(或一个人共同犯罪、一个共同犯罪人)的情况是不可能存在的。

确立不法形态共同犯罪观,共同犯罪中的"犯罪"仅指客观不法意义上的犯罪,而不是符合全部犯罪构成的同时具备不法和责任意义上的"完全的"犯罪。在参与人都违法因而成立共同犯罪的前提下,是否处罚则应个别地考虑其责任(责任具有个别性),这时可能出现只处罚其中一个参与人的情况。也就是说,"一人共犯"不可能存在,但完全可能只处罚"一个共犯人"。由此来说,共同犯罪的成立与共同犯罪人的处罚是两个分立的阶段。

确立不法形态共同犯罪观,认为共同犯罪是不法形态,与违法共犯论不是一回事。前者是将共同犯罪理解为数人参与犯罪的方法类型,探讨的是犯罪参与现象的本体或本质特征;而违法共犯论是关于共犯处罚根据的学说,如今在大陆法系刑法理论中,共犯处罚根据论的通说是因果共犯论。

共同犯罪是不法形态,二人以上成立共同犯罪与其是否具有故意或过失无关。但是,要求二人以上具有共同实施不法行为的意思联络(双向的或片面的)。连片面的意思联络都没有的情形不成立共同犯罪,而是同时犯。

3. 我国《刑法》可以贯彻不法形态共同犯罪观

我国《刑法》关于共同犯罪规定中的"犯罪"有相对化的可能,即理解为暂不考虑主观责任的客观不法行为,或者说客观化的"犯罪"概念,从而确立不法形态的共同犯罪。例如,第 25 条"共同故意犯罪"可以理解为共同故意实施客观不法行为,也可以把第 29 条"教唆他人犯罪""教唆不满十八周岁的人犯罪""被教唆的人没有犯被教唆的罪"中的"犯罪""罪",看作是既包括了被教唆人完全符合犯罪构成全部要件即构成犯罪的情况,也包括被教唆人符合犯罪客观要件,只是由于主观责任没有符合而不能被评价为完整意义上的犯罪。从我国《刑法》其他规定来看,这种相对化的犯罪概念是客观存在的。例如,第312条规定"明知犯罪所得",通说认同即使收购了无刑事责任能力人或未达到财产犯罪定罪起点的人的赃物,也能构成收购犯罪所得的赃物罪。类似规定还见于第20条第3款、第191条、第310条、第311条和第349条等。① 总之,我国《刑法》关于共同犯罪的规定,不能成为固守不法且有责共同犯罪观的理由,相反这里的共同犯罪可以解释为不法形态的共同犯罪。

大陆法系刑法的共犯解释论变迁给我们的启示是,共犯立法不是采取某种共同犯罪观念或共犯理论的硬性障碍。例如,日本1907年制定、1908年生效实施的现行刑法第61条"教唆他人使之实行犯罪"的规定百余年未改,但刑法学界将解释的重点由"犯罪"转向"使之实行",从而实现了极端从属性说向限制从属性说的学说嬗变。我国台湾地区"刑法"2005年修正后,第28条规定:"二人以上共同实行犯罪之行为者,皆为正犯。"在共同正犯本质上赞成行为共同说的学者针对该规定作如下解释,"所谓共同犯罪,是共同为不法行为的意思。条文所谓共同为犯罪行为之实行者皆为正犯,意思是说,共同为不法行为者,如果其自身对于其行为也具

---

① 参见付立庆:《犯罪概念的分层含义与阶层犯罪论体系的再宣扬——以"教唆不满十八周岁的人犯罪"的规范理解为切入》,《法学评论》2015年第2期,第105—111页。付立庆:《违法意义上犯罪概念的实践展开》,《清华法学》2017年第5期,第71—77页。

备有责性,那么就构成正犯。"①他们并没有拘泥于"犯罪"的字面含义,即犯罪是符合构成要件、违法且有责的行为的一般理解,而是因循了对共同犯罪现象本质的认识。

(四) 不法形态共同犯罪观的司法实践

在司法实践中,只有确立不法形态的共同犯罪观,才能使案件得到妥当处理,判决实现妥当说理。② 我国有刑事判决采纳了不法形态的共同犯罪观。

【陆晓华盗窃案】 2012年3月5日下午,被告人陆晓华经谢某某(未满16周岁)纠集,至苏州市清塘新村50幢某室,并根据谢某某的安排,由陆晓华望风,谢某某采用扳窗栅栏、钻窗入户的手段,窃得被害人吴某某夫妇11万元。盗窃得手后,陆晓华分得赃款6 000元。被告人陆晓华辩称自己在共同盗窃过程中,只是在旁望风,没有实施盗窃行为,且谢某某分给的钱只有6 000元,自己在整个犯罪中是从犯。辩护人的辩护意见有:陆晓华在共同盗窃犯罪过程中仅是在旁望风,起了辅助作用,应从轻或者减轻处罚;赃款由犯罪行为的主要实施者谢某某进行分配,陆晓华仅分得赃款6 000元,由此可以看出陆晓华处于从属地位;犯意由谢某某提出,陆晓华也是处于从属地位;等等。江苏省苏州市金阊区人民法院经审理认为:虽然同案人谢某某未达刑事责任年龄,但其已具备了关于盗窃罪的规范意识,并且在整个盗窃过程中处于绝对主导地位。之所以未将其作为犯罪人论处,只是从保护未成年人、

---

① 黄荣坚:《基础刑法学(下)》(第三版),中国人民大学出版社2009年版,第532页。
② 参见张开骏:《共犯的成立与归责——南京曾某教唆盗窃案的法理分析》,载陈兴良主编:《刑事法判解》(第16卷),人民法院出版社2016年版,第16—30页。

以利于其将来成长的角度而给予的刑事政策考量,故本案并不具有将被告人陆晓华认定为间接实行犯的条件。被告人陆晓华在谢某某的安排下帮助望风,在盗窃过程中起辅助作用,对其应当按照共同犯罪的从犯论处,予以从轻或者减轻处罚。法院以盗窃罪判处陆晓华有期徒刑7年,并处罚金7 000元。该判决已经发生法律效力。① 在本案中,检察院没有提到陆晓华与谢某某成立共同犯罪,也当然不会提出陆晓华只应承担帮助犯(从犯)的刑事责任。相反,法院认为谢某某具有规范障碍,从而否定陆晓华成立间接正犯,继而明确肯定了两人成立共同犯罪,陆晓华是帮助犯(从犯)。这尊重了两人在共同盗窃中的事实分担和作用大小的客观实际,也符合限制从属性说的法理。本判决采纳了不法形态共同犯罪观,值得肯定。

行为共同说是不法形态共同犯罪观的总体表现之一。检索中国裁判文书网,有两个刑事判决明确引用"行为共同说"的表述进行裁判说理,体现了实务界对行为共同说的响应和接受态度,这个实务态度和动向值得肯定。只可惜,这两个判决并不是行为共同说的适例。如下:

【杨某、张某故意毁坏财物案】 2016年8月14日12时40分许,被害人杨某1公司的员工驾驶金杯面包车沿途撕毁杨某公司张贴的小额贷广告,在三河市杨庄镇李各庄村东被杨某、张某等人截住。杨某1闻讯驾驶保时捷卡宴吉普车赶到现场,双方发生冲突。在杨某1驾车离开时,被告人张某持镐把、被告人杨某某持铁管追赶杨某1,二人将杨某1驾驶的保时捷卡宴吉普车砸坏。被告人杨某指使其公司员工张某、李某1、任某等人将杨某1公司的

---

① 参见江苏省苏州市金阊区人民法院(2012)金刑二初字第0105号。

金杯面包车砸坏。经鉴定,保时捷卡宴吉普车受损价值 52 650 元、金杯面包车受损价值 2 101 元。判决书中法院有如下裁判意见:张某的辩护人辩称被告人张某、杨某某不构成共同犯罪的意见,因二被告人共同的砸车行为属于共同犯罪中的"行为共同说",符合共同犯罪的法律规定,故对辩护人的该辩护意见,亦不予支持。法院判决被告人杨某、张某、杨某某犯故意毁坏财物罪,均判处免予刑事处罚。① 在本案中,根据法院审理查明的事实,被告人张某和杨某某无论根据完全犯罪共同说、部分犯罪共同说还是行为共同说,都成立故意毁坏财物罪的共同犯罪。

【李国强贩卖毒品案】 2016 年 10 月至 11 月期间,被告人李国强在广元市利州区老城多次帮助贩毒人员李立(另案处理)向吸毒人员亢某等人贩卖甲基苯丙胺共计 26.6 克,获取毒资 500 元。其中:2016 年 10 月的一天晚上,被告人李国强帮助李立在广元市利州区老城南街虹桥宾馆楼下向吸毒人员亢某贩卖冰毒 0.6 克。11 月上旬的一天下午,在广元市利州区老城南街超众网吧内再次向其贩卖冰毒 0.4 克。11 月 16 日下午,在广元市利州区老城南街虹桥宾馆楼下又一次向其贩卖冰毒 0.3 克,三次共获毒资 500 元。27 日 21 时许,被告人李国强帮助李立在广元市利州区老城格林豪泰酒店楼下准备去进行毒品交易途中被公安机关挡获,从其身上查获冰毒 25.3 克,扣押毒资 51 元和刀具一把、黑色 TCL 手机一部。判决书中法院有如下裁判意见:根据现有证据认定被告人李国强系帮助他人贩卖毒品,按"行为共同说"的共犯原理,认定其为从犯,依法应当对其从轻或者减轻处罚。判决被告人李国强犯贩卖毒品罪,判处有期徒刑 6 年,并处罚金 1 万元。② 其实,犯罪共

---

① 参见河北省三河市人民法院刑事判决书(2018)冀 1082 刑初 66 号。
② 参见四川省广元市利州区人民法院刑事判决书(2017)川 0802 刑初 402 号。

同说和行为共同说是围绕共同正犯的本质的学说,被告人李国强是帮助犯,其与贩毒人员李立(另案处理)成立共同犯罪,不应该运用行为共同说,而是运用共犯从属性原理来认定共犯成立。

三、片面共同犯罪的成立

(一) 片面共犯的范围分歧

确立不法形态共同犯罪观,共同犯罪是客观归责的方法或类型,客观不法与主观责任是不同的评价阶段,只要成立共同的客观不法,就可以成立共同犯罪。但不表示参与人连犯意疏通、联络也不需要,只不过不要求是相互的、双向的。仅一方具有共同犯意的现象,在刑法理论上称为片面共同犯罪,又称片面共犯(广义上的共犯)。它是指参与同一犯罪的人中,一方认识到自己是在和他人共同实施符合构成要件的违法行为,而另一方没有认识到他人和自己共同实施的情形。

关于片面共犯的成立范围,中外刑法理论观点莫衷一是。(1) 否认片面共犯概念,片面共犯不成立共同犯罪。① 例如,刘明祥教授从单一正犯体系的立场出发,认为片面共犯没有存在空间

---

① 参见[日]曾根威彦:《刑法の重要問題(総論)》(第二版),成文堂2005年,第320—321页。何秉松主编:《刑法教科书》(上卷),中国法制出版社2000年版,第440页。黄丽勤、周铭川:《共同犯罪研究》,法律出版社2011年版,第127—132页。肖中华:《片面犯与间接正犯观念之破与立》,《云南法学》2000年第3期,第50—51页。谢望原:《共同犯罪成立范围与共犯转化犯之共犯认定》,《国家检察官学院学报》2010年第4期,第82—83页。韩玲:《共同犯罪的罪过形式研究》,大连海事大学出版社2007年版,第154—157页。韩玲:《我国现行共犯制度下片面共犯的困境及反思》,《行政与法》2013年第1期,第107—108页。胡宗金:《利用行为视角下的片面共犯否定论》,载陈兴良主编:《刑事法评论》(第39卷),北京大学出版社2017年版,第62页。

或余地。他总结了我国刑法学中有关否定论的一些理由：① 我国《刑法》明文规定，共同犯罪是指二人以上共同故意犯罪，共同故意要求各行为人之间有双向的意思联络并形成相同的故意内容。但在片面共犯的场合，各行为人的故意和行为都是单方面的，与我国《刑法》规定的共同犯罪概念不符。② 片面共同犯罪本身是自相矛盾的概念，共同犯罪只有两个以上的人共犯某罪才能成立，而片面共同犯罪中实际上只有一方成立共犯，另一方是单独犯，这就意味着只有一人也可以成立共同犯罪，承认"一人的共同犯罪"是不可思议的。③ 如果承认片面共同犯罪，对这种共犯人处罚不仅在法律上无所适从、出现混乱，而且还可能导致处罚结果违背罪刑相适应原则。④ 片面共同犯罪实际上是利用他人的实行行为以实现自己的犯罪意图，应认定其独立构成犯罪。否认片面共同犯罪不会出现放纵犯罪的后果。① （2）承认所有的片面共犯。② 例如，张明楷教授从共犯处罚根据的因果共犯论出发，承认所有的片面共犯。③ 有学者在语义解释方法上，将《刑法》第25条第1款规定解释为"二人以上共同地故意地犯罪"，从而承认片面共犯。④ （3）只承认片面教唆犯和片面帮助犯。⑤ 例如，有学者认为，共同正犯之间的意思联络，即心理上的因果关系，是追究其"部

---

① 参见刘明祥：《单一正犯视角下的片面共犯问题》，《清华法学》2020年第5期，第35—36页、第38页。

② 参见［日］山口厚：《刑法総論》（第三版），有斐閣2016年，第366—368页。黎宏：《刑法学总论》（第二版），法律出版社2016年版，第281页、第291页、第298—299页。顾永景：《片面共犯性质及其意义》，《政法学刊》2010年第4期，第44—49页。

③ 参见张明楷：《刑法学》（第六版），法律出版社2021年版，第598—599页。

④ 参见李强：《片面犯肯定的语义解释根据》，《法律科学》2016年第2期，第56—58页。

⑤ 参见［日］前田雅英：《刑法総論講義》（第六版），東京大学出版会2015年，第343页、第373页、第382页。陈兴良：《共同犯罪论》（第三版），中国人民大学出版社2017年版，第103页。

分实行全部责任"的核心,据此片面共同正犯不能成立。但是,片面教唆犯和片面帮助犯可以成立。①(4)只承认片面正犯和片面帮助犯。由于教唆犯是使他人产生犯意,在被教唆人不知情的情况下,很难说是使他人产生犯意,故排除片面教唆犯。②(5)只承认片面帮助犯。③例如,有的教科书认为,是否承认片面共犯的关键在于如何理解共同犯罪的本质,从部分犯罪共同说的主张出发仅承认片面帮助犯。④周光权教授从共同正犯的"部分行为全部责任"归责原则出发,否认片面共同正犯;认为被教唆人难以直接感受到片面教唆的意思,不可能达到教唆犯的效果,否认片面教唆犯;即使正犯对片面帮助没有认识,该帮助行为也可以达到使正犯实行行为容易实施的效果,因此承认片面帮助犯。⑤

考察国外和我国台湾地区的刑法立法,存在片面共犯的立法例。例如,《泰国刑法典》第86条规定:"在他人犯罪前或者犯罪时,以任何方法帮助或者便利其犯罪的,即使他人不知道该帮助或者便利情况的,也是从犯,应当依该罪法定刑的三分之二处罚。"⑥此外,我国台湾地区"刑法"第30条第1款规定:"帮助他人实行犯罪行为者,为帮助犯。虽他人不知帮助之情者,亦同。"

---

① 参见郑泽善:《片面共犯部分否定说证成》,《政治与法律》2013年第9期,第94—96页。
② 参见陈洪兵:《共犯论思考》,人民法院出版社2009年版,第148页。
③ 参见高铭暄、马克昌主编:《刑法学》(第九版),北京大学出版社、高等教育出版社2019年版,第163页、第166页。
④ 参见冯军、肖中华主编:《刑法总论》(第三版),中国人民大学出版社2016年版,第328—329页。
⑤ 参见周光权:《刑法总论》(第四版),中国人民大学出版社2021年版,第348—349页、第365页、第370页。
⑥ 《泰国刑法典》,吴光侠译,中国人民公安大学出版社2004年版,第19页。

（二）片面共犯均可成立

不能停留在片面共犯的概念上，单纯对片面共犯的特征作表象讨论。片面共犯问题与共同犯罪的本质并没有直接的必然的联系。即使采纳（部分）犯罪共同说，要求共同犯罪的成立具备责任条件（"共同的故意"），但是不强调故意的双向沟通，也可能承认片面共犯；即使站在行为共同说的立场上，若注重限制共同犯罪的处罚范围，也可能否认片面共犯。当然，过于强调共同犯罪故意的主观条件，势必在情理上更难以接受片面共犯。另外，共同正犯的"部分实行全部责任"的处罚原则，也不是片面共同正犯的障碍。笔者认为，是否承认片面共犯，关键在于共犯处罚根据的探寻，以及正确认识共同犯罪的因果性。站在因果共犯论的立场上，片面共犯都可以被承认。否定论在共犯理论上站不住脚，不符合共同犯罪的现象，也不利于片面共犯的认定和处理。

在共同犯罪中，正犯行为直接引起结果，教唆行为和帮助行为通过正犯行为而引起结果。共同犯罪的因果关系包括物理的因果关系与心理的因果关系，前者是指物理地或客观上促进了犯罪的实行与结果的发生，后者是指引起犯意、强化犯意、激励犯行等从精神上、心理上促进犯罪的实行与结果的发生。只要肯定共同犯罪的物理的因果性，那么片面共犯也可以共同引起法益侵害，因而成立共同犯罪。而且，暗中教唆、帮助他人犯罪乃至片面共同实行的现象确实可能存在。如果只是强调共同犯罪的心理的因果性，即强调相互沟通、彼此联络所产生的心理上的影响，那么片面共犯似乎并不符合共同犯罪的特征。可是，既然是片面共犯，当然仅对知情的一方适用共同犯罪的处罚原则，对不知情的一方不适用共同犯罪的处罚原则。例如，甲明知乙将要入室抢劫丙的财物，便提前将丙殴打致昏造成重伤。乙进入丙家后发现丙昏迷,便窃取了财物。在这种情况下,由于乙并不知情,当然对乙不适用共同犯罪的规定,即乙不承担抢劫罪的责任,更不能对丙的重伤结果负责。但对甲应当适用共同犯罪的规定,即甲不仅应当对自己行为造成的重伤结果负责,而且应当对乙造成的财产损失结果负责,于是对甲认定为抢劫既遂,适用抢劫致人重伤的法定刑。

根据以上分析,在共同实行犯罪的场合,即使一方具有单方面的共同犯意而另一方没有,也不妨碍一方成立共同正犯,此即片面正犯,例如上述抢劫的例子。同样,即使共犯具有单方面的共同犯意而正犯没有,也不妨碍共犯的成立,也就是说片面教唆犯、片面帮助犯可以被承认。例如,甲明知乙在追杀丙,便暗中设置障碍物将丙绊倒,使乙顺利地杀害了丙,甲成立故意杀人罪的片面帮助犯。

我国《刑法》分则的相关条文认可了片面帮助犯。例如,《刑法》第198条第4款规定:"保险事故的鉴定人、证明人、财产评估人故意提供虚假的证明文件,为他人诈骗提供条件的,以保险诈骗的共犯论处。"据此,在没有与他人共谋而单方面地为他人诈骗保险金提供条件的,可以按照本款规定处理。再如,第350条第2款规定:"明知他人制造毒品而为其生产、买卖、运输前款规定的物品的,以制造毒品罪的共犯论处。"这意味着,只要己方有为他人制造毒品而提供原料或者配剂的故意,不管对方是否知情,均可以帮助犯论处。

(三)片面共犯的司法实践

我国司法实务已经认可了片面共犯理论,不少刑事判决承认片面帮助犯,而且均将其认定为从犯。

【尹丙和容留卖淫案】 被告人尹丙和的女朋友杨某在同案犯邱菊梅店里卖淫,尹丙和在路上看见警车巡逻或者民警巡逻时会打电话给邱菊梅提醒其小心点,其跟邱菊梅提过照顾下杨某,以抽空帮忙望风的形式报答邱菊梅,其没有专门在附近望风过,去玩或者接人时看到警察提醒过五六次。杨某的证言证实,其到邱菊梅店里卖淫,其男朋友尹丙和在附近转,在路口望风,有警察巡逻时尹丙和会过来说或者通过微信告诉关门;邱菊梅当庭陈述其没有让尹丙和望风等。法院认为,尹丙和的望风行为虽未与邱菊梅形成共谋,但被告人尹丙和明知他人容留卖淫而提供望风行为并形成默契,系他人容留卖淫犯罪的片面共犯,根据其参与行为及程度,可认定从犯,应当予以从轻处罚。于 2020 年 3 月 23 日判决尹丙和犯容留卖淫罪,判处有期徒刑 7 个月,缓刑 1 年 6 个月,并处罚金 5 千元(同案犯邱菊梅等人的判决内容略)。① 本案判决的直接理论根据是片面共犯。

【周艳贩卖毒品案】 2019 年 4 月 18 日,吸毒人员赵某共用 350 元分三次向被告人周艳购买毒品,周艳用 330 元向被告人石光灿购买毒品后给赵某;同日,吸毒人员吴某共用 400 元(实转 350 元)分两次向周艳购买毒品,周艳用 400 元向石光灿购买毒品后给吴某。详情如下:(1) 15 时许,赵某微信转账 150 元给周艳购买毒品,随后周艳向石光灿转账 130 元购买毒品;随后石光灿将毒品送到周艳的住处,周艳和赵某共同吸食一部分后,赵某将剩下的毒品带走。(2) 17 时许,赵某微信转账 125 元给周艳,并说明其中 100 元用于购买毒品,其余 25 元用于买菜一起吃饭,随后周艳向石光灿转账 100 元购买毒品,石光灿将毒品送到周艳的住处,周艳和赵某共同吸食一部分后,赵某将剩下的毒品带走。(3) 19

---

① 参见浙江省金华市婺城区人民法院刑事判决书(2019)浙 0702 刑初 322 号。

时许,吴某向周艳转账200元购买毒品,随后周艳向石光灿转账200元购买毒品,石光灿将毒品送到周艳家,并将毒品放在门缝处,由吴某自己到门缝处取走。(4) 20时许,赵某向周艳微信转账100元购买毒品,随后周艳向石光灿转账100元购买毒品,石光灿将毒品送到周艳家,周艳和赵某共同吸食一部分后,赵某将剩下的毒品带走,在楼下被民警抓获。(5) 22时许,吴某向周艳微信转账购买200元(实转150元)的毒品,周艳联系石光灿购买了200元毒品,石光灿将毒品送到周艳家门缝处,在下楼后被民警当场抓获。被告人周艳的辩护人辩称,周艳购买毒品没有倒卖获利,纯属代购,也没有发挥联络介绍作用,不宜定贩卖毒品罪。法院认为,"在本案中虽未能查明石光灿是否明知周艳为他人代购,但周艳明知石光灿贩卖毒品而帮助其销售,且从中获利20元,构成贩卖毒品罪的片面共犯"。于2019年11月4日判决两被告人犯贩卖毒品罪,判处石光灿有期徒刑3年,并处罚金5千元;判处周艳有期徒刑2年,并处罚金2千元。① 在本案中,法院认定被告人周艳"构成贩卖毒品罪的片面共犯"。

【韩铁仁故意毁坏财物案】 2016年9月16日,大旅捕1005号渔船在葫芦岛绥中附近海域进行拖网作业,因拖网作业可能会导致地笼网损坏,故李桂东(在逃)驾驶中川888号船、被告人韩铁仁驾驶辽绥渔35567号船、韩某2(另案处理)驾驶辽葫渔35537号船对大旅捕1005号渔船追赶围堵。其间,李桂东、韩铁仁、李桂海、张某4冬(已死亡)、高某(在逃)采取强行帮靠、撒石块,工具怼击等行为,造成大旅捕1005号渔船船体受损。经物价鉴定受损价值共计30 555元。被告人韩铁仁的辩护人提出,韩铁仁和其他被

---

① 参见四川省富顺县人民法院刑事判决书(2019)川0322刑初234号。

告人无共同犯罪的意思联络,而是在通过对讲机得到消息后的一种自发行为,不应按照共犯处理。法院认为:"被告人韩铁仁通过对讲机得知事件发生决定前往网地查看时并不具有共同犯罪的意思联络,此时其行为是孤立的、个别的,但当其到达事发海域,在看见李桂东从右侧帮靠被害人船只的情况下,试图从左侧帮靠被害人船只,并最终与该船只发生碰撞。就这一行为而言,虽事前与李桂东无明确的意思联络,但其主动参加到协助李桂东帮靠、毁坏船只的犯罪活动中,应当认定其为片面共犯,与李桂东构成共同犯罪。根据其在共同犯罪中的作用,认定其为作用较大的从犯。"于2019年1月24日判决韩铁仁犯故意毁坏财物罪,判处有期徒刑1年1个月,并处罚金5千元。① 在本案中,法院认定被告人韩铁仁成立故意毁坏财物罪的片面共犯。

【孙红菊代替考试案】 2017年6月7日,翼城中学全国高考理科17考场监考人员发现,考生"秦某"的相貌与准考证及身份证的照片不一致,考务组人员让秦某的班主任即被告人孙红菊进行确认,孙红菊站在桌子上通过考场后门上玻璃进行了辨认,在不能确定的情况下,孙红菊向考务组人员确认是秦某本人在考试。经查,当时秦某由他人冒名代替参加考试。一审法院认为,在国家组织的高考期间,在监考人员已发现考生相貌与身份证及准考证不符情况下,考务组让时任班主任孙红菊进行辨认,孙红菊本应仔细核对,在没有看清楚的情况下就确认是其班级的学生考试,放任了替考学生继续替考。在替考生实施犯罪过程中,孙红菊处于不知情的情况下片面地帮助了替考作弊,且起到了一定的作用,构成片面的帮助犯,应当以代替考试罪追究刑事责任。鉴于孙红菊主观

---

① 参见盘锦市大洼区人民法院刑事判决书(2018)辽1104刑初156号。

恶性较小,犯罪情节轻微,可免予刑事处罚。2018年7月13日,以孙红菊犯代替考试罪,免予刑事处罚。孙红菊上诉,请求改判无罪,理由是其错误辨认考生是有原因的:辨认时站在考场外面的桌子上,室内光线较暗,且隔着玻璃辨认,当时考生正在低头答题,其只看到侧面。当时距离4米多,其眼睛近视,双眼裸眼视力分别为0.3和0.4,当时辨认时感觉是我班学生,所以就说了是。认错人属于工作失误,并不构成犯罪。

二审法院经审理查明,孙红菊系翼城中学英语老师,自高二时接任理科445班班主任,秦某系该班学生。秦某于2016年7月请假一年(高三学年)到太原学习艺术,2017年6月回校准备参加高考。2017年高考期间,孙红菊作为带队老师在教室值班,以防班里学生发生意外。6月7日,翼城中学全国高考理科17考场监考人员发现,考生"秦某"的相貌与准考证及身份证的照片不一致,考务组人员便让秦某的班主任孙红菊进行确认,孙红菊站在桌子上通过考场后门上的玻璃进行了辨认,其看见该考生一直在低头做题,从侧面看该考生发型、衣着与秦某平时的打扮相像,大概辨认了一两分钟,其凭感觉判断该考生是秦某本人,在此情况下,孙红菊向巡视及考务组人员确认是秦某本人在考试。经查,当时秦某由他人冒名代替参加考试。法院认为,"原判认定孙红菊构成片面帮助犯。我国刑法未有片面帮助犯的规定,这只是我国刑法理论界存在的片面共犯观点的一种,片面的共犯包括片面的共同实行、片面的教唆和片面的帮助。片面共犯是指参与同一犯罪的人中,一方认识到自己是在和他人共同犯罪,而另一方没有认识到他人和自己实施共同犯罪。原判认定:在替考生实施犯罪过程中不知情的情况下,片面地帮助了替考作弊,且起到了一定的作用,构成片面的帮助犯。由此看来,原判是依据该刑法理论观点作出的认定。1、成立片面共犯,帮助犯首先要认识到他人实施或将要实施的行为是犯罪行为,认识到自己是在对他人的犯罪行为予以帮助。对帮助犯追究刑事责任的基础必须是其帮助行为与犯罪结果之间存在因果关系。2、原判认定孙红菊构成代替考试罪的片面帮助犯,只是认定替考生一方没有认识到他人和自己实施共同犯罪,而未对另一方是否认识到自己是在和替考生共同犯罪作出评判即认定孙红菊构成片面帮助犯,与片面共犯的理论不符。故原判认定错误,本院予以纠正。3、具体到本案,没有证据证明孙红菊知道替考生韩某在实施代替秦某考试的犯罪行为,亦无证据证明孙红菊的辨认行为是在对韩某的犯罪行为予以帮助。综上,在案证据尚不能证实孙红菊构成犯罪。"于 2018 年 10 月 24 日判决孙红菊无罪。①

本案涉及片面帮助犯问题,一审法院根据片面共犯理论判决被告人成立代替考试罪,表明了对片面共犯的承认。二审判决书详细介绍了片面共犯的概念和成立条件,以认定被告人成立片面帮助犯的证据不足为由,改判被告人无罪。该裁判说理其实也表明,二审法院并不否定片面共犯理论。

四、过失共同犯罪的范围

(一) 过失共同正犯与过失犯的共犯

1. 国外刑法立法和理论

国外刑法中存在认可过失共同犯罪甚至对过失犯的教唆犯或帮助犯的立法例。例如,《意大利刑法典》第 113 条规定:"在过失

---

① 参见山西省翼城县人民法院刑事判决书(2018)晋 1022 刑初 41 号,山西省临汾市中级人民法院刑事判决书(2018)晋 10 刑终 278 号。

犯罪中，当危害结果是由数人的合作造成时，对每人均处以为该犯罪规定的刑罚。对于指使他人在犯罪中合作的人，当具备第 111 条和第 112 条 3)项和 4)项规定的条件时，刑罚予以增加。"① 承认过失共同犯罪，也是意大利刑法理论的通说。② 韩国刑法第 34 条第(一)项规定："对于因某种行为不受处罚者或者按过失犯才处罚者，予以教唆或者帮助而使其犯罪行为发生结果的，依照教唆犯或者帮助犯处罚。"③ 韩国判例最初对过失犯的共同正犯采取否定的立场，之后韩国大法院转变立场，于 1962 年第一次立足行为共同说立场，认定了过失犯的共同正犯，并坚持至今。④ 过失共同正犯肯定论是韩国刑法学的通说。例如，金日秀、徐辅鹤教授赞同过失共同正犯，认为要具备三个条件才能成立过失共同正犯：客观的注意义务的共同(注意义务的同质性)；共同行为计划的实行(功能性行为的贡献)；为达成共同目标的行为共同的意识。⑤

在刑法理论上，犯罪共同说一般否定过失共同正犯，行为共同说容易肯定过失共同正犯，但这不是固定化的理论图式。在日本刑法学界，从犯罪共同说出发肯定过失共同正犯的学者增加了(例如大塚仁教授)。在犯罪共同说中，以"共同义务的共同违反"为根据，也可以承认过失的共同犯罪。所谓"共同义务的共同违反"，是指两人以上共同实施具有高度危险性的行为时，各自都负有共同

---

① 《最新意大利刑法典》，黄风译注，法律出版社 2007 年版，第 43—44 页。
② 参见[意]杜里奥·帕多瓦尼：《意大利刑法学原理》(注评版)，陈忠林译评，中国人民大学出版社 2004 年版，第 291—292 页。
③ 《韩国刑法典及单行刑法》，[韩]金永哲译，中国人民大学出版社 1996 年版，第 6 页。
④ 参见[韩]金日秀、徐辅鹤：《韩国刑法总论》，郑军男译，武汉大学出版社 2008 年版，第 584 页。
⑤ 参见[韩]金日秀、徐辅鹤：《韩国刑法总论》，郑军男译，武汉大学出版社 2008 年版，第 592—593 页。

防止结果发生的注意义务。当前通说和判例立场是承认过失犯的共同正犯,而否认过失教唆犯和过失帮助犯。① 德国刑法规定了故意共犯加功于故意正犯的情形,没有规定过失能否成为共同正犯。学说和判例争议较大,尚无定论(持否定说的有 Jescheck、Weigend)。德日刑法学界的目的行为论者,大多以存在"不注意的目的性行为的共同"为由,肯定过失共同正犯。

《俄罗斯联邦刑法典》第 32 条规定了共同犯罪的概念,即"两人以上故意共同参与实施犯罪,是共同犯罪。"②据此,俄罗斯刑法理论的通说认为,"共同犯罪只存在于故意犯罪之中。由于过失罪过形式中缺乏必要的意识和意志因素而不可能存在过失共同犯罪。"③"过失共同犯罪的观点不仅与立法结构相抵触,而且歪曲了共同犯罪的本质。过失罪过排除共同犯罪人对相互行为的知情,因而也就排除若干人行为之间的内在协调一致。"④

2. 我国刑法立法和理论

我国《刑法》第 25 条第 1 款明文规定了共同犯罪是共同"故意"犯罪。尽管第 2 款承认存在过失共同犯罪的现象,但立法上不将其认定为共同犯罪,而是当作单独犯处罚。⑤ 为此,我国刑法通

---

① 参见[日]西田典之:《日本刑法中的共犯规定》,金光旭译,载[日]西原春夫主编:《日本刑事法的重要问题》(第二卷),中国·法律出版社、日本国·成文堂 2000 年版,第 127 页。
② 《俄罗斯联邦刑法典》,黄道秀译,北京大学出版社 2008 年版,第 13 页。
③ [俄]伊诺加莫娃-海格主编:《俄罗斯联邦刑法(总论)》第二版(修订和增补版),黄芳等译,中国人民大学出版社 2010 年版,第 124—125 页。
④ [俄]库兹涅佐娃、佳日科娃主编:《俄罗斯刑法教程(总论)》(十卷·犯罪论),黄道秀译,中国法制出版社 2002 年版,第 393 页。
⑤ 有学者独辟蹊径,提出第 25 条中的"共同犯罪"应目的性限缩解释为区分制意义上的共同犯罪。第 2 款肯定了过失共同犯罪,只不过对其不区分正犯与共犯(即单一制),而第 1 款故意共同犯罪要区分正犯与共犯(即区分制)。参见何庆仁:《共同犯罪的立法极限——以我国刑法中的共同过失犯罪为中心》,《法学》2018 年第 8 期,第 89—91 页。

说认为,"二人以上共同过失犯罪,不构成共同犯罪。……共同犯罪的特点是二人以上通过共同的犯罪故意,使各人的行为形成一个共同的有机整体,因而具有更大的社会危害性。而共同过失犯罪,双方缺乏意思联络,不可能形成共同犯罪所要求的有机整体性。并且在共同过失犯罪中,不存在主犯、从犯、教唆犯的区分,只存在过失责任大小的差别,因而也不需要对他们以共同犯罪论处,而只根据各人的过失犯罪情况分别负刑事责任就可以了。"①谢望原教授主张犯罪共同说,认为在我国刑法规定的框架下,难以找到过失共同犯罪的承认空间。②

关于过失共同正犯,否定论是学界主流。刘明祥教授认为,我国刑法采取单一正犯体系,共同正犯概念没有存在空间。过失共同正犯肯定论和否定论都与我国刑法规定相冲突。采用单一正犯理论,能够合理处理共同过失犯罪案件。③周光权教授说:"站在犯罪共同说立场上的过失的共同正犯否定说更为符合我国现行刑法的规定。"④还有学者提出,承认过失共同正犯的理论和立法,有违现代刑法的谦抑思想与共同正犯的本质,会导致过失犯罪范围的不当扩张。无论是从过失共同正犯概念的正当性与必要性,还是从我国共犯立法体系和司法背景,都不宜肯定过失共同正犯。⑤

---

① 高铭暄、马克昌主编:《刑法学》(第九版),北京大学出版社、高等教育出版社2019年版,第162页。
② 参见谢望原:《共同犯罪成立范围与共犯转化犯之共犯认定》,《国家检察官学院学报》2010年第4期,第81页。
③ 参见刘明祥:《区分制理论解释共同过失犯罪之弊端及应然选择》,《中国法学》2017年第3期,第215—221页。
④ 周光权:《刑法总论》(第四版),中国人民大学出版社2021年版,第348页。
⑤ 参见陈珊珊:《过失共同正犯理论之质疑》,《法学评论》2013年第2期,第28—34页。

立法论上肯定过失共同正犯的不乏其人。① 例如,黎宏教授持行为共同说,认为理论上可以成立过失共同正犯。但受制于我国刑法规定,无法将参与人认定为过失共同正犯。② 张明楷教授持行为共同说,认为从立法论上承认过失共同正犯的观点具有合理性。(1)认定是否成立共同正犯的重要结局,在于是否适用部分实行全部责任的原则。故意犯与过失犯都有各自的实行行为,从现实上看二人以上既可能共同实施故意犯罪,也可能共同实施过失犯罪,既然对故意的共同正犯能够适用该原则,就没有理由否认对过失的共同正犯适用该原则。(2)之所以对共同正犯适用该原则,从客观上而言,是因为二人以上的行为共同引起法益侵害,而对是否"共同"引起了法益侵害只能进行客观的判断;从主观上来说,是因为二人以上具有意思联络,意思的联络不应当限定为犯罪故意的联络,只要就共同实施构成要件的不法行为具有一般意义的意思联络即可。因为一般意义的意思联络也完全能够起到相互促进、强化对方不履行结果回避义务的作用,从而使任何一方的行为与他方行为造成的结果具有因果性,因而任何一方对他方造成的结果,只要具有预见可能性,就必须承担责任。概言之,根据行为共同说应当承认过失共同正犯。(3)共同犯罪是不法形态。过失犯的构成要件是没有履行结果回避义务,即没有回避结果的发生。二人以上完全可能具有共同的结果回避义务,并且都没有回避结果的发生,因此完全可能在不法层面形成共同犯罪。在此基础上,如果二人以上均存在过失且具备其他责任要素,则均应对

---

① 参见郑泽善:《论过失共同正犯》,《政治与法律》2014 年第 11 期,第 11—13 页。罗世龙:《应然视角下过失共同正犯肯定论之提倡》,《河北法学》2021 年第 1 期,第 129—133 页。

② 参见黎宏:《"过失共同正犯"质疑》,《人民检察》2007 年第 14 期,第 23—28 页。段琦、黎宏:《过失共同正犯不必提倡》,《人民检察》2014 年第 7 期,第 8—11 页。

结果承担刑事责任。(4) 从司法实践看,也需要承认过失共同正犯。①

冯军教授在我国刑法学界首倡过失共同正犯,并且作了解释论的尝试。他认为否认过失共同犯罪的话,有些案件得不到妥当处理。从刑事政策的角度出发,承认过失共同犯罪是明智之举。他区分过失共同犯罪与共同过失犯罪这两个概念,前者是指二人以上负有防止结果发生的共同注意义务,由于全体行为人共同的不注意,以致发生结果的一种共同犯罪形态;后者是指二人以上的过失行为共同造成了一个结果,但是在各行为人之间不存在共同注意义务与违反共同注意义务的共同心情。他主张,对过失共同犯罪应以共同犯罪论处,但应限定于过失共同正犯,只有在直接参与实施造成结果的过失行为的行为人之间,才能成立过失共同犯罪。②

3. 立法论上承认过失共同正犯和对过失犯的教唆、帮助

我国刑法通说否认过失共同犯罪的理由并不充分。(1) 通说以故意犯的共同犯罪之原理及其犯罪构成为模型,审视过失共同正犯的构造及其构成要件符合性,据此得出否定意见,这种论证逻辑不能被接受。(2) 通说认为过失共同犯罪场合不存在主从犯的区分,亦无区分必要,只存在过失责任大小的差别,不需要对他们以共同犯罪论处,只根据各人的过失犯罪情况分别负刑事责任就可以了。笔者认为,主从犯的区分标准在于参与人在共同犯罪中所起的作用,目的在于准确量刑、实现罪责刑相

---

① 参见张明楷:《刑法学》(第六版),法律出版社 2021 年版,第 544 页。张明楷:《共同过失与共同犯罪》,《吉林大学社会科学学报》2003 年第 2 期,第 45 页。

② 参见冯军:《论过失共同犯罪》,载高铭暄等:《西原春夫先生古稀祝贺论文集》,中国·法律出版社、日本国·成文堂 1997 年版,第 164—172 页。

适应,这只是共同犯罪理论的任务之一。"刑法规定共同犯罪,不是仅仅为了解决量刑问题,更重要的是要解决定罪问题"。① 共同犯罪作为客观归责的一种类型,更重要的意义在于当二人以上共同造成结果,结果由谁造成无法查明的情况下,认定为共同犯罪即可将结果归责于各参与人,从而合理地认定犯罪成立。这一点对过失犯尤为重要,因为过失犯都是结果犯,若不能进行结果归责,就不成立犯罪,此时就无法实现根据各人情况分别负刑事责任。在二人以上共同犯罪,各自分担部分行为造成特定结果时,将共同结果都归责于各行为人,有时候既影响定罪也影响量刑。例如,甲、乙谋议共同盗窃,进入某大型超市后,二人各自在不同商品门类区行窃,单独来看,被盗财物数额都没有达到盗窃罪的追诉标准,但总额达到了追诉标准,此时,尽管各自的盗窃行为和财物结果及其因果关系是清楚明了的,倘若不成立共同犯罪就无法追究二人的刑事责任,而认定为共同犯罪就妥当地解决了二人成立盗窃罪的问题。另外,即使二人分工盗窃的财物数额都达到了追诉标准,以单独盗窃的财物数额还是以二人共同盗窃的总额来认定,对二人的量刑存在实际影响(尤其在涉案总额达到了加重法定刑的数额标准的情况下)。总之,共同犯罪理论的功能既包括定罪也包括量刑,并且认定犯罪成立相对于区分主从犯和量刑来说,是更为首要的任务。

笔者赞同在立法论上不仅可以承认过失共同正犯,而且可以承认对过失犯的教唆、帮助。理由如下:(1)教唆犯、帮助犯的性质或特征不足以否认对过失犯的教唆、帮助。就教唆犯而

---

① 周光权:《论正犯的观念》,《人民检察》2010年第7期,第6页。

言,将教唆理解为使他人产生犯罪故意,只不过是对现实情况的部分归纳,并不完全准确。教唆犯是教唆他人产生犯罪的决意,但不一定是故意犯罪的决意,致使他人产生了实施符合构成要件行为的意思就足够了。帮助犯相对来说就更容易理解了。(2) 与限制从属性的共犯性质一致。共犯的成立从属于正犯的符合构成要件且违法的行为,笔者坚持结果无价值论,无论正犯出于故意还是过失,都可具有实行行为性,只要正犯行为符合构成要件且违法,就完全具有了被从属的资格。(3) 从因果共犯论的共犯处罚根据来看,共犯是由于共犯行为与中介了正犯行为的法益侵害结果之间具有因果关系才被处罚,换言之,共犯通过参与正犯行为而间接地惹起了法益侵害结果。因此,共犯的处罚根据与正犯是否出于故意,没有必然联系。只要行为人不是恶意地利用他人的过失或无过失行为而被认定为间接正犯,就应该肯定共犯的成立。当帮助者认识到正犯违反注意义务,但为使结果容易发生却予以放任的场合,例如,汽车同乘者对困顿的驾驶者放任不管,致使撞上了行人,就能够肯定因果关系。从犯(帮助犯)只要"帮助正犯"就行了,而且可以包括片面帮助,因此对过失正犯的从犯(帮助犯)是可能的。[①] (4) 承认对过失犯的教唆、帮助的结局是,正犯是过失犯,而共犯可能是故意犯。例如,医生甲欲杀患者丙,向护士乙提供并告知是毒药,让其对丙使用,乙不注意而误听为治病良药,使用后致丙死亡。乙是过失犯罪,而甲成立故意杀人罪的教唆犯。笔者认为,以上情况和结论都没有问题。就某特定罪行进行意思联络,参与实施而言,正犯是一

---

① 参见[日]大塚仁:《犯罪論の基本問題》,有斐閣1982年版,第349页。[日]大塚仁:《刑法概説(総論)》(第四版),有斐閣2008年版,第323页。[日]大谷实:《刑法講義総論》(新版第三版),成文堂2009年版,第448页。

次责任类型,共犯是二次责任类型,共犯的犯罪性和可罚性一般低于正犯,但是犯罪参与中难免诸如上例的认识错误的特殊情形,尽管客观上共犯原则上从属于正犯不法,但两者主观上责任相差悬殊,共犯的总体罪责超过了正犯,也在情理之中。(5)虽然结果加重犯不足以作为判定过失犯的共犯的依据,因为结果加重犯的构造与过失犯的构造有差异,而且只要基本犯是故意,结果加重犯就是故意犯罪的罪名,此时教唆犯、帮助犯也成立故意犯罪。但是,绝大多数的结果加重犯中,正犯对加重结果是过失,因此,在教唆、帮助正犯实施了结果加重犯的场合,能够承认对过失犯的教唆、帮助这一犯罪实态。

有必要区分过失共同犯罪与过失犯的同时犯或者过失犯的竞合。例如,甲、乙一起打猎,都疏忽大意,误将他人当作猎物,同时开枪射击,其中一发子弹致人死亡,但无法查清是何人击中,这就属于过失共同正犯的情形。假如否认过失共同正犯,则疑罪从无,甲、乙均无罪,但这在情理法上不甚妥当,而承认过失共同正犯的话,则甲、乙均成立过失致人死亡罪。过失犯的同时犯或竞合的情况下,行为人之间不存在共同注意义务,也就谈不上"共同行为"导致危害结果发生,只不过是各自的行为各自都引起或者共同作用引起了结果发生,那就不能适用共同正犯的"部分实行全部责任"归责原则,只需要根据实际查明的各自行为与结果的因果关系,予以定罪或出罪即可。正是由于此时行为人之间关系松散,即便单独的因果关系无法查明而作无罪处理,在情理法上也容易接受。例如,甲开车不注意而撞到了丙,后面开车的乙同样不注意,再次碾压了丙,最终丙不治身亡,甲、乙属于过失犯的竞合。(1)如果查明甲、乙的行为与丙的死亡结果都有因果关系,例如他们的撞击行为都很剧烈,导致丙死亡的危险性都很高,则属于多因一果的情形,甲、乙各自成立交通肇事罪(或者过失致人死亡罪)。(2)如果查明甲撞击了丙的头部,乙仅仅轧到了丙的脚,丙的致命原因是颅内出血,且当场毙命,那么只有甲成立相应的过失犯罪,乙无罪。(3)如果查明一人撞击导致了致命伤,另一人的撞击伤害无足轻重,但不能查明致命伤由甲、乙中何人实施,则根据疑罪从无原则,甲、乙均作无罪处理。

（二）过失的共犯

是否承认过失的共犯(即基于过失的教唆犯、帮助犯),中外刑法学界均有争议。一般来说,犯罪共同说的立场否认过失共犯,而在行为共同说的立场上过失共犯有存在余地。

在日本刑法学界,(1)少数人持肯定说。例如,西田典之教授认为,既然承认结果加重犯的共犯(在此场合,共犯不仅与加重结果之间存在因果关系,还必须存在过失),就没有理由否认过失的教唆犯、帮助犯。① (2)否定说可以说是通说。大塚仁教授、大谷实教授等持否定说。大谷实教授阐述了否认过失教唆的理由：在将教唆理解为让他人产生实行特定的犯罪的决意时,就不存在过失教唆的可能；过失教唆没有使被教唆人产生实施犯罪的决意的定型性,引起正犯的危险也很微弱；惩罚过失必须有特别的规定,将过失教唆当作教唆犯处罚应该理解为不被允许。② 山口厚教授认为,承认对结果加重犯的教唆、帮助与出于过失的教唆、帮助的可罚性是两回事。要求共犯对加重结果存在过失,只是从责任主义的见地出发,对教唆、帮助所特别附加的限定而已；即使承认对结果加重犯

---

① 参见[日]西田典之：《刑法総論》,弘文堂2006年版,第357页。
② 参见[日]大谷实：《刑法講義総論》(新版第三版),成文堂2009年版,第440页。

的教唆、帮助,也不意味着肯定出于过失的教唆、帮助的一般处罚规定。过失的教唆、帮助因为缺乏处罚规定而不可罚。①

在我国刑法学界,由于"共同故意犯罪"这一刑法规定,尽管现实中存在过失的教唆、帮助的情形,却鲜有承认过失的教唆犯、帮助犯的见解。② 例如,张明楷教授认为,"过失的帮助在事实上是可能的,但与过失的教唆一样,过失帮助他人实行犯罪的,不成立帮助犯。"③因为,"从语义上看,教唆、帮助都是一种有意识的行为,教唆是使他人产生实施特定犯罪的决意的行为,帮助是有意识地促成他人犯罪的行为,正因为如此,我们才能肯定:'教唆犯、帮助犯通过止犯的行为引起法益侵害,进而受刑罚处罚';刑法分则规定的过失犯仅限于实行行为,将过失教唆、帮助作为共犯处罚,会与刑法总则第 15 条例外处罚过失犯的规定相抵触。"④黎宏教授也持否定说,认为帮助行为本身社会危害性较小,属于共犯的例外处罚情形,相比之下过失帮助就更是例外的例外,很难说达到了应受刑罚处罚的程度。⑤ 教唆从语义上说,是"诱导唆使或怂恿指使(别人做坏事)",必然要求行为人对自己的行为性质有认识,即有"故意"。因此,过失使他人产生犯罪意图的行为,不可能包括在教唆犯的犯罪类型之内。⑥ 冯军教授认为:"在教唆行为、帮助行为与危害结果的发生之间本来就只具有间接性,如果这种带有间接性的教唆行为、帮助行为是源于行为人的过失,那么,其可罚性就

---

① 参见[日]山口厚:《刑法總論》(第三版),有斐閣 2016 年版,第 381—382 页。
② 参见郑泽善:《论过失共同正犯》,《政治与法律》2014 年第 11 期,第 10—11 页。
③ 张明楷:《刑法学》(第六版),法律出版社 2021 年版,第 564 页。
④ 张明楷:《共同过失与共同犯罪》,《吉林大学社会科学学报》2003 年第 2 期,第 45 页。
⑤ 参见黎宏:《刑法学总论》(第二版),法律出版社 2016 年版,第 290 页。
⑥ 参见黎宏:《刑法学总论》(第二版),法律出版社 2016 年版,第 298 页。

成为问题。从刑法谦抑主义出发,应该认为过失的教唆行为和帮助行为不具有可罚性。"①

笔者不主张成立过失的共犯。(1)从实质可罚性来看,共犯本来就是犯罪性和可罚性轻于正犯的"二次责任"类型,而且刑法以处罚故意犯为原则,以处罚过失犯为例外,因此,不处罚过失的共犯,符合限制共犯处罚范围和贯彻谦抑性的刑法精神。(2)从法律根据来看,刑法分则规定以单独正犯的类型为原则(最广义的共犯即必要共同犯罪的情形除外),处罚单独的过失犯以刑法分则有明文规定为限。如果要扩张处罚过失的共犯,只能求之于刑法总则的共同犯罪规定,然而我国《刑法》第 25 条规定否认了过失共同犯罪。因此,处罚过失的共犯,在我国缺乏法律根据。(3)从行为特点来看,教唆犯尤其不同于帮助犯。在现实生活中,过失地引起他人实施某种行为的情况或许是存在的,但是,教唆犯的概念是使没有某种犯意的人产生该犯意进而实施犯罪,这决定了难以存在过失的教唆犯。

在结果加重犯的场合,至少山口厚教授对西田典之教授的反驳是可以成立的。以德国的理论状况为例,德国有学者认为只有当教唆人对加重结果的产生具有过失时才对此等结果负责,②但是德国刑法规定和理论都否认过失共犯。这说明教唆人对加重结果具有过失,并不能作为承认过失共犯的依据。再如,俄罗斯刑法理论否认过失共同犯罪,认为在结果加重犯的场合,各共同犯罪人只限于对共同故意范围内产生的犯罪结果承担刑事责任,加重结

---

① 冯军:《刑法问题的规范理解》,北京大学出版社 2009 年版,第 349 页。
② 参见[德]汉斯·海因里希·耶塞克、托马斯·魏根特:《德国刑法教科书》(总论),徐久生译,中国法制出版社 2001 年版,第 836 页。

果由实行犯单独承担刑事责任。①

处罚对结果加重犯的教唆、帮助,不能推导出对过失的教唆犯、帮助犯的承认。正犯是结果加重犯时,其罪过通常是基本犯故意加上加重结果故意或过失。当正犯对加重结果是过失时,加重结果只是客观要件要素,很难被评价为独立的过失犯罪,它实际上也并未改变基本犯的犯罪性质。例如,故意伤害发生了致人死亡结果,仍然成立故意伤害罪。通常情况下,参与人教唆、帮助正犯犯罪的,对正犯实施故意犯罪而可能发生的加重结果,有时存在未必的故意,正犯实际造成了加重结果时,应该被含摄地评价到教唆、帮助故意中;有时参与人对加重结果不存在故意,但具有认识可能性和存在过失,这超出了教唆、帮助故意,但是,教唆者、帮助者应对加重结果的客观不法承担责任,这是责任主义原则的体现。另外,如果教唆的故意内容明确限定为基本犯,例如,教唆只造成伤害而不要致人死亡时,一旦发生了死亡的加重结果,尽管正犯要承担全部责任,但教唆者只应承担基本犯的罪责。总而言之,结果加重犯的场合不存在过失教唆、帮助的问题。

(三)过失共同犯罪的司法实践

无论刑法是否规定、理论是否承认过失共同犯罪,过失共同犯罪的事实或者现象在中外都是存在的。考察我国的司法实务,有司法解释规定了过失犯罪的共犯。承认过失共同犯罪的判决并非鲜见。不少判决书认定被告人成立过失犯罪和共同犯罪,并且区

---

① 参见[俄]伊诺加莫娃-海格主编:《俄罗斯联邦刑法(总论)》第二版(修订和增补版),黄芳等译,中国人民大学出版社 2010 年版,第 131 页。

分主从犯。① 可以说对过失共同犯罪的认可相当直接明了。有的判决书回避共同犯罪问题,却运用过失共同犯罪的法理,将行为人以过失犯的单独犯定罪处罚。当然,有判决书否认过失共同犯罪。

1. 规定过失犯罪共犯的司法解释

我国有司法解释承认对过失犯的教唆。2000 年 11 月 10 日最高人民法院《关于审理交通肇事刑事案件具体应用法律若干问题的解释》第 5 条第 2 款规定:"交通肇事后,单位主管人员、机动车辆所有人、承包人或者乘车人指使肇事人逃逸,致使被害人因得不到救助而死亡的,以交通肇事罪的共犯论处。"交通肇事罪是过失犯罪,因而该款规定的是对过失犯的教唆。如果把《刑法》第 25 条视为共同犯罪的原则性规定,那么上述对过失犯的教唆的司法解释确实与其相违。但是司法解释的例外规定,正是妥善处理共同犯罪案件的实践需求,也更符合共同犯罪现象的本来面目,因而可以说,承认对过失犯的教唆是对共同犯罪的正确揭示。② 另外需要注意,上述司法解释第 7 条规定:"单位主管人员、机动车辆所有人或者机动车辆承包人指使、强令他人违章驾驶造成重大交通事故,具有本解释第二条规定情形之一的,以交通肇事罪定罪处罚。"一般认为,该条规定的不是过失共同犯罪,单位主管人员、机动车辆所有人或者机动车辆承包人可以根据监督过失理论被认定为交通肇事罪。

2. 明确承认过失犯的共同犯罪的判决

在我国司法实务中,明确肯定过失犯的共同犯罪的案例和判

---

① 例如,"王平安、廖四军、蒋国兵、吴神广失火案",湖北省崇阳县人民法院刑事判决书(2018)鄂 1223 刑初 398 号。
② 有学者维护共同故意犯罪的立场,对该款司法解释规定作了另辟蹊径的解释,认为这是对肇事人故意不救助被害人(故意不作为)的教唆。

决有：设置电网致人死亡的过失以危险方法危害公共安全案，祭祖烧纸引发火灾的失火案，施工中的过失损坏广播电视设施案，施工中的过失损坏军事通信案。

【牛启海、任忠松过失以危险方法危害公共安全案】 2016年12月19日下午，被告人牛启海、任忠松二人商量，决定设置电网猎捕野生动物卖钱。21日上午，牛启海与任忠松在巫山县某某乡某某村X组刘照平家旁边一荒僻小路附近（小地名：乔家垭河）拉设了电网。为避免误伤行人，牛启海与任忠松将小路附近的电线刻意抬高至自认为行人触碰不到的高度。当日17时30分左右，被害人冯某从"黄草坡"回某某村X组家中，其途经刘照平家附近时被牛启海、任忠松拉设的电网击倒致死。经重庆市公安局物证鉴定中心鉴定，冯某系电击死亡。法院认为："被告人牛启海、任忠松未经有关部门批准擅自私设电网，过失危害公共安全，致一人触电死亡，其行为已构成过失以危险方法危害公共安全罪，且系共同犯罪。"法院于2017年5月8日判决牛启海、任忠松犯过失以危险方法危害公共安全罪，分别判处有期徒刑2年6个月和2年。① 判决书明确承认过失的共同犯罪。

【解德顺等人过失以危险方法危害公共安全案】 2015年7月24日，被告人谭祖全、解德顺、张玉奎、龙世亮、董维贵（其中谭祖全、董维贵各持一支火药枪，张玉奎携带捕猎工具电猫）驾车到石阡县河坝场乡河坝村某村民组，并将电猫铺设在该组村民经常放牧、做农活的后山桐子林（地名）处捕猎野猪。次日4时许，谭祖全等人上山查看电猫捕猎情况时，发现该组村民被害人陶某1在电猫附近死亡，谭祖全、张玉奎、龙世亮、董维贵将尸体藏匿于附近

---

① 参见重庆市巫山县人民法院刑事附带民事判决书(2017)渝0237刑初82号。

一灌木丛中后逃离现场。经鉴定,被害人陶某1系电击死亡。一审法院认为:"被告人谭祖全、董维贵持火药枪,被告人张玉奎携带捕猎工具电猫,与被告人解德顺、龙世亮在石某县域范围内私自电杀野猪,将捕猎工具电猫铺设在村民经常活动的地方,使相关公共区域处于危险状态,过失致被害人陶某1死亡,其行为已构成过失以危险方法危害公共安全罪,依法应追究刑事责任。谭祖全、解德顺、张玉奎、龙世亮、董维贵在共同犯罪中积极主动,均系主犯。"法院依照《刑法》第115条、第25条第1款、第26条第1款及第4款等,判决五被告人犯过失以危险方法危害公共安全罪,判处有期徒刑3年到4年6个月不等。判决后五被告人均提起上诉。二审法院认为,上诉人解德顺、谭祖全、张玉奎、龙世亮、董维贵在村民经常活动的地方使用高压电捕猎工具捕猎野猪,且未设置安全警示标志和人员看守,导致被害人陶某1上山触电身亡,其行为触犯了《刑法》第115条,均构成过失以危害方法危害公共安全罪。"原判以解德顺、谭祖全、龙世亮、董维贵在共同犯罪中均积极主动,认定解德顺四人均系主犯并无不当"。于2016年7月26日裁定驳回上诉,维持原判。① 在本案中,一、二审法院均认定五被告人成立过失犯罪,且成立共同犯罪,且均被认定为主犯。可见,法院明确承认过失共同犯罪。

【张学传、张学宝失火案】 2020年3月20日13时许,被告人张学传、张学宝和张某(另案处理)在东顾山林场的祖坟祭祀烧纸时,因疏忽大意不慎失火,造成林场森林火灾,三人在扑救未果后逃离现场。经庐江县自然资源和规划局鉴定,东顾山有林森林火灾过火林地总面积7.1公顷,其中无立木林地0.8公顷、有立木林

---

① 参见贵州省石阡县人民法院刑事判决书(2016)黔0623刑初8号,贵州省铜仁市中级人民法院刑事裁定书(2016)黔06刑终91号。

地 6.3 公顷。经庐江县价格认证中心鉴定,东顾山林场森林火灾林木损失价格为 189 821 元。法院认为:"被告人张学传、张学宝因疏忽大意,过失造成森林火灾,情节较轻,其行为已构成失火罪,且系共同犯罪。"于 2020 年 9 月 28 日依照《刑法》第 115 条、第 25 条第 1 款等,判决张学传、张学宝犯失火罪。判处张学传有期徒刑 1 年,缓刑 2 年;判处张学宝有期徒刑 10 个月,缓刑 1 年。① 判决书明确承认过失犯的共同犯罪。本案被告人属于过失共同正犯。

【杨超过失损坏广播电视设施案】 2013 年 11 月 16 日,在正在建设的蓟县开发区金鹏铝材工地内,被告人杨超驾驶挖掘机为该厂挖掘填埋自来水管道的沟渠,赵先刚负责沟渠的深浅及方向等。当日下午 4 时许,河北琛达通信工程有限公司雇佣的巡查员杨某某发现施工后便告知正在施工的杨超、赵先刚附近有光缆,并在其认为有光缆的地方插上彩旗,要求赵先刚在挖到彩旗的地方用人工挖,别用挖掘机挖,防止挖断光缆。2013 年 11 月 17 日上午 8 时许,杨超、赵先刚继续施工,当挖到彩旗附近时,杨超与赵先刚挖到石头等物,二人认为光缆不应埋在石头下面,杨超便在赵先刚的指挥下继续使用挖掘机施工,后将石头下面的光缆挖断,造成属于附带民事诉讼原告人所有,用于传送中央电视台、东北三省电视台等多套节目信号的光缆中断 3 小时 14 分。一审法院判决杨超犯过失损坏广播电视设施罪,判处有期徒刑 3 年 6 个月。二审法院认为,上诉人杨超在施工过程中误认为在石头下面不可能埋有光缆而继续施工,致使传输光缆中断,危害了公共安全,其行为构成过失损坏广播电视设施罪。"综合本案的具体情节及上诉人杨超在共同犯罪中的作用,且其

---

① 参见安徽省庐江县人民法院刑事判决书(2020)皖 0124 刑初 375 号。

系自首,依法可减轻处罚。"于 2015 年 6 月 5 日判决杨超犯过失损坏广播电视设施罪,判处有期徒刑 2 年。① 本案中,被告人杨超成立过失犯罪,二审判决书提到"上诉人杨超在共同犯罪中的作用",尽管一笔带过,但可见其承认过失共同犯罪,这一点值得关注。本案被告人杨超与当事人赵先刚尽管分工略有差异,即杨超负责驾驶挖掘机挖沟,赵先刚负责沟渠的深浅和方向等,但是他们都负有检查地下光缆和审慎作业的共同注意义务。杨超不能只顾驾驶挖掘机进行挖沟作业,当然要注意沟渠情况,在这一点上与赵先刚是完全相同的,而赵先刚察看沟渠的深浅和方向时,也应随时提醒杨超的挖沟作业。因此,被告人杨超与当事人赵先刚成立过失共同犯罪。

【李建平、李志艺过失损坏军事通信案】 2020 年 3 月 31 日,被告人李志艺在漳浦县前亭镇田中央村现场指挥施工队安装电线杆,被告人李建平负责指挥挖掘机进行施工。李建平、李志艺在指挥安装第四根电线杆时,在明知现场安插军用标识,且附近群众亦提示周围存在军用通信电缆的情况下,施工时不慎将军用通信电缆挖断,影响部队的正常通信工作。经鉴定,被损坏的电缆线价值为 31 516 元。法院认为:"被告人李建平、李志艺过失损坏军事通信设施,造成严重后果,其行为均已构成过失损坏军事通信罪,属共同犯罪。"法院于 2020 年 12 月 28 日依照《刑法》第 369 条第 2 款、第 25 条第 1 款等,判决李建平、李志艺犯过失损坏军事通信罪,均判处有期徒刑 8 个月,缓刑 1 年。② 本案中,被告人李建平、李志艺都成立过失犯罪,判决书指明"属共同犯罪",可见法院承认

---

① 参见天津市蓟县人民法院刑事附带民事判决书(2014)蓟刑初字第 0342 号,天津市第一中级人民法院刑事附带民事判决书(2015)一中刑终字第 0104 号。
② 参见福建省漳浦县人民法院刑事判决书(2020)闽 0623 刑初 502 号。

过失共同犯罪。判决书说"李建平、李志艺在指挥安装第四根电线杆时",但遗憾的是,没有详细载明二人如何指挥之行为。从判决书查明的"被告人李志艺在漳浦县前亭镇田中央村现场指挥施工队安装电线杆,被告人李建平负责指挥挖掘机进行施工"来看,二人的职责分工明显不同,难以认定具有共同注意义务,而且都属于监督过失。据此笔者认为,本案的两被告人属于过失犯的竞合情形,根据各自的监督过失行为仍可成立过失损坏军事通信罪,但不成立过失共同犯罪。

3. 回避共同犯罪但运用过失共同犯罪法理的判决

【雷德奇、孔建华射击致人死亡案】 1994年5月2日下午3时许,在重庆九龙坡区某招待所度假的雷德奇、孔建华相约至阳台上,选中离阳台8.5米左右处一个树干上的废瓷瓶为目标比赛枪法,谁输了谁拿出一包香烟。两人轮流各射击子弹3发(JW—20型半自动运动步枪),均未打中瓷瓶。其中一发子弹穿过树林和花溪河上空,飞向距阳台约133米远的公路人行道电杆附近,恰逢行人龙晓黎途经该处,中弹身亡。重庆市九龙坡区人民检察院以雷德奇、孔建华犯以在旅游区射击的危险方法致人死亡罪提起公诉。一审重庆市九龙坡区人民法院于1994年8月26日判决雷德奇、孔建华犯以在旅游区开枪射击的危险方法致人死亡罪,均判处有期徒刑4年。法院认为,雷德奇、孔建华应当预见在旅游区开枪射击可能危害公共安全,因射击瓷瓶玩乐时疏忽大意而未能预见,造成龙晓黎中弹死亡的结果,其行为均构成以在旅游区开枪射击的危险方法致人死亡罪。二审重庆市中级人民法院于1995年1月14日裁定驳回上诉,维持原判。

本案在审理过程中,对如何认定两被告人的行为有三种意见。(1)认为两被告人持小口径运动步枪在旅游区比赛射击技术,应当预见随时都可能有行人经过其射击前方,发生击伤击死他人的危害后果,但两被告人只顾比赛枪法,因疏忽大意而没有预见,以致造成他人中弹身亡的严重后果,其行为均构成过失杀人罪。(2)认为两被告人在旅游区比试枪法,明知自己的行为可能击中前方树林中的游客或者公路上的行人,造成他人死伤的后果,但为了比试枪法高低而赢得一包香烟,对这种危害后果持放任态度,终于发生了他人中弹死亡的后果,其行为均构成(间接)故意杀人罪。(3)认为两被告人在旅游区持枪比赛射击,应当预见到其行为危害公共安全,即危及不特定多数人的生命财产安全,但他们只顾射击取乐,疏忽大意,未能预见到其行为的严重后果,以致造成他人中弹死亡,其行为均构成以在旅游区开枪射击的危险方法致人死亡罪。

一、二审法院采纳了上述第三种意见。理由是:(1)两被告人的行为不构成间接故意杀人罪。两被告人在旅游区比试枪法,不是已经预见到可能发生击中他人的后果而放任其发生,而是由于比赛心切,一时疏忽,对其行为可能造成的后果应当预见而没有预见,最终发生了龙晓黎中弹身亡的严重后果。(2)两被告人的行为也不属于过失杀人罪。并非所有因过失致人死亡的行为都应定过失杀人罪,法律有特别规定的依特别规定。我国《刑法》规定的其他犯罪中,有些犯罪就属于过失致人死亡的情况,例如,过失危害公共安全致人死亡、交通肇事致人死亡、重大责任事故致人死亡等。如果仅就行为人的主观意愿和行为后果来说,这些情况完全符合过失杀人罪的构成要件,但由于犯罪主体的特定性、犯罪环境的特定性或者犯罪手段的特殊性,尤其是犯罪所侵犯客体的重要性,《刑法》就分别规定了其他罪名,不再适用过失杀人罪。所以,《刑法》第133条(本案判决书援引法条都是1979年《刑法》,下同——引者注)规定:"本法另有规定的,依照规定。"就本案而言,两被告人的行为虽然也符合过失致人死亡的情况,但由于所侵犯的客体不是特定人的生命权利,而是不特定多数人的生命安全即公共安全,第106条第2款对此另有特别规定,按照特别法优于普通法的原则,对两被告人的行为应依照该项条款定罪,不应定过失杀人罪。(3) 两被告人的行为应定以在旅游区开枪射击的危险方法致人死亡罪。第106条规定:"放火、决水、爆炸、投毒或者以其他危险方法致人重伤、死亡或者致公私财产遭受重大损失的,处十年以上有期徒刑、无期徒刑或者死刑。""过失犯前款罪的,处七年以下有期徒刑或者拘役。"所谓"其他危险方法"是指失火、决水、爆炸、投毒以外的并与之相当的危险方法。以其他危险方法危害公共安全致人死亡的,应定以其他危险方法致人死亡罪。本案两被告人持枪在旅游区进行射击比赛,是一种危害公共安全的危险行为,应当预见到可能造成他人中弹身亡的后果,但因为他们一心想比试枪法高低,疏忽大意,竟对这种后果未能预见,以致发生了行人龙晓黎中弹死亡的严重后果,两被告人的行为完全符合以其他危险方法致人死亡罪的构成要件。在审判实践中,对用其他危险方法危害公共安全的犯罪,是根据犯罪分子使用的具体危险方法确定其罪名,因此本案两被告人的行为应定"以在旅游区开枪射击的危险方法致人死亡罪"。[①]

关于本案,笔者评析如下:(1) 判决回避了本案最核心的法律问题,即发生了被害人中弹身亡的结果,却不能查清是两被告人中何人的开枪射击行为所导致的情况下,是否能够对两被告人进行结果归责以及如何归责。因为,过失犯都是结果犯,要求行为与

[①] 参见最高人民法院中国应用法学研究所编:《人民法院案例选·刑事卷(1992—1999年合订本)》(上),中国法制出版社2000年版,第48—51页。

结果之间具有因果关系。当结果归责成为问题时,直接影响到犯罪成立。(2)判决认定为过失犯罪,既然被害人死亡结果与两被告人行为的因果关系无法查明,如果否认共同犯罪,则只能都认定无罪,不追究两被告人的刑事责任;反之,承认过失共同犯罪,两被告人才能被追究刑事责任。判决没有提到过失共同犯罪问题,但是判决结果在逻辑上显然是肯定论。(3)关于本案的罪名。本案不成立危害公共安全罪,因为该行为只可能造成不特定个人伤亡,却不具有造成不特定多数人伤亡的可能性,没有危害"公共安全"。即使认定为危害公共安全罪,罪名也只能是"(过失)以危险方法危害公共安全罪",而不是"根据犯罪分子使用的具体危险方法确定其罪名",这是罪刑法定原则的起码要求。

4. 否认过失共同犯罪的判决

在我国司法实务中,明确否认过失共同犯罪的案例和判决有:危房出租致人死亡的过失以危险方法危害公共安全案,设置电网致人死亡的过失以危险方法危害公共安全案,耕地烧荒引发火灾的失火案。

【郑公明过失以危险方法危害公共安全案】 2004 年,郑昌其(于 2019 年 12 月 12 日去世)私自雇人在福建省福州市仓山区福州盖山叶下建筑装潢材料厂建宿舍楼,并于 2011 年至 2013 年期间局部扩建并多次增层为五层混合结构。郑昌其召集小儿子即被告人郑公明负责招租、收取租金、水电费等楼房日常管理。2018 年,租户陆续向郑昌其和郑公明反映楼房墙壁出现裂缝、透光等问题,但二人未予以重视,未采取有效修缮措施。2019 年 2 月 16 日 5 时许,上述楼房倒塌,造成被害人巫某 1、吴某 1、陈某 1 死亡,被害人郭某 1、邱某 1 等人受伤以及楼内财产、周边铁皮房被压埋的严重后果。法院认为:"被告人郑公明明知涉案楼房属违章建筑,仍予以对外出租,且在楼房出现质量问题后,未采取有效措施,该行为危害了不特定多数人的生命、健康,使重大公私财产的安全遭受严重威胁,该楼房在租赁期间倒塌,造成三名租户死亡及多名租户受伤的后果,但是被告人郑公明对该事故的发生,主观上既不希望,也不放任,属于过于自信的过失,故被告人郑公明的行为已构成过失以危险方法危害公共安全罪。"判决书对辩护意见作了详细回应和裁判说理:辩护人提出本案的"危险方法"是指违章搭建,但实施违章搭建的人并非郑公明,郑公明也并未对违章搭建行为提供任何帮助,郑公明代为收取房租的行为,是一般代理行为,不是危害行为,与危害结果亦无因果关系,不应承担刑事责任。经查,郑公明明知涉案楼房系违章建筑,存在安全隐患,仍对外发布招租广告,日常管理粗糙,不重视租户反映的房屋质量问题,处置方式随意,这一系列行为危害了不特定多数人的生命、健康,使重大公私财产的安全遭受严重威胁,涉案楼房在租赁过程中发生倒塌造成租户人员伤亡的严重后果,该后果与郑昌其违章搭建,郑公明招租、楼房日常管理均有因果关系,属多因一果,与郑公明的前述行为存在刑法上的因果关系,因此辩护人提出的该辩护意见与查明的事实及法律规定不符,不予采纳。辩护人提出郑公明即使构成共同犯罪,也应认定为从犯。经查,本案属于过失犯罪,根据《刑法》第 25 条规定"二人以上共同过失犯罪,不以共同犯罪论处",故本案不属于共同犯罪,亦不存在主从犯问题,因此辩护人提出的该辩护意见于法无据,不予采纳。于 2020 年 5 月 8 日判决郑公明犯过失以危险方法危害公共安全罪,判处有期徒刑 3 年 6 个月。[①] 判决书指出本案"属多因一果",成立共同犯罪且是从犯的

[①] 参见福建省福州市仓山区人民法院刑事判决书(2019)闽 0104 刑初 643 号。

辩护意见与《刑法》第 25 条规定不符。可见,法院否定本案成立过失共同犯罪,而是认定为过失犯的竞合关系。笔者认为,本案判决有理有据。郑昌其违章搭建与郑公明招租、楼房日常管理属于不同的过失行为,两人的注意义务不同,不成立过失共同犯罪。本案属于过失犯的竞合情形,也可以对被告人郑公明定罪处罚。

【冯荣政、杨炳海过失以危险方法危害公共安全案】 2019 年 8 月,被告人杨炳海见隆安县屏山乡群力村那钟屯附近有野生动物出没,便萌生用电流设备抓捕野生动物的想法,后其通过其朋友赵某以网购方式购买变压器(型号不详)和远程控制器(型号不详),并自行购买了蓄电池(陆威牌 12V-350A)。杨炳海与被告人冯荣政通过在屏山乡群力村那钟屯附近的"磨春"(地名)木薯地四周铺设铜线和电线,接上变压器和蓄电池。后二人通过操控变压器加大蓄电池输出高压电流的方式,多次在该处捕获老鼠、野猪等动物。11 月 4 日 19 时许,杨炳海、冯荣政来到屏山乡群力村那钟屯附近的"磨春"(地名)木薯地铺设高压电捕猎设备。接通高压电源后,冯荣政在距离木薯地几百米处守候,杨炳海则返回自家吃饭。当天 17 时许,被害人卢某 1 等人来到隆安县屏山乡群力村那钟屯一带捕鼠。20 时许,被害人卢某 1 路过"磨春"(地名)木薯地时,触碰到杨炳海、冯荣政铺设的高压电流装置,立即被高压电流击中倒地。不久屏山卫生院医务人员赶到现场对卢某 1 进行施救,经现场确认被害人卢某 1 已无生命体征。法院认为,"被告人杨炳海、冯荣政在他人种植的木薯地上,私设高压电线捕获野猪、老鼠等动物,该场所属于开放的公共场所,其行为足以危及多数不特定人的生命和健康安全,因二被告人的过失行为致一人死亡,其行为构成过失以危险方法危害公共安全罪。"被告人冯荣政的辩护人提出,冯荣政在共同犯罪过程中所起的作用相对较小,是从犯。

法院认为,依照《刑法》第 25 条第 2 款的有关规定,二人以上共同过失犯罪,不以共同犯罪论处;应当负刑事责任的,按照他们所犯的罪分别处罚。故对冯荣政是从犯的辩护意见不予采纳。于 2020 年 6 月 28 日判决杨炳海、冯荣政犯过失以危险方法危害公共安全罪,均判处有期徒刑 3 年 9 个月。① 在本案中,辩护人提出了成立过失共同犯罪且是从犯的辩护意见,但法院以《刑法》第 25 条第 2 款为根据,否认了过失共同犯罪。笔者认为,尽管本案否认过失共同犯罪也能以过失犯的单独犯定罪处罚,但是从行为性质来看,两被告人共同铺设高压电流装置,实施了共同的过失行为,负有共同的注意义务,并且共同违反了该注意义务,导致一名被害人被电击死亡的结果,符合过失共同正犯。

【徐康、胡燕明过失以危险方法危害公共安全案】 2016 年 9 月 4 日晚 6 时许,被告人徐康、胡燕明在衢州市柯城区沟溪乡五十都村"大蓬桥头"附近的农田处架设由徐康提供的电网设备捕杀野猪,并接通电源在附近蹲守。当晚 8 时 50 分许,被害人余某 1 途径该电网区域时,不慎触电,后经医院抢救无效于当日死亡。经鉴定,被害人余某 1 系电击死亡。胡燕明的辩护人提出,提议及电网设备的提供均系被告人徐康,胡燕明是从犯。法院认为:"被告人徐康、胡燕明私设通电设备,致一人电击死亡,其行为均已构成过失以危险方法危害公共安全罪。公诉机关指控罪名成立。本案不属共同犯罪,胡燕明的辩护人提出胡燕明系从犯的辩护意见,与法律规定不符,不予采纳。"于 2017 年 11 月 10 日判决徐康犯过失以危险方法危害公共安全罪,判处有期徒刑 3 年,缓刑 3 年 6 个月;胡燕明犯过失以危险方法危害公共安全罪,判处有期徒刑 3 年,缓

---

① 参见广西壮族自治区隆安县人民法院刑事判决书(2020)桂 0123 刑初 44 号。

刑3年。① 判决书否定了过失的共同犯罪。笔者认为,尽管本案不认定为过失共同犯罪也能以过失犯的竞合情形进行定罪处罚,但是从行为性质来看,两被告人共同架设电网设备,实施了共同的过失行为,负有共同的注意义务,并且共同违反了该注意义务,导致一名被害人被电击死亡的结果,符合过失共同正犯。法院尽管否定了过失共同犯罪以及被告人胡燕明是从犯的辩护意见,但对其裁量的缓刑期限比被告人徐康少6个月,应该是认定胡燕明发挥次要作用,这与从犯地位暗合。

【王会峰、石爱辉失火案】 2018年10月某日,王会峰雇佣被告人石爱辉等人在其所租种地上清理瓜托等垃圾并焚烧掩埋。10月7日7时许,王会峰又雇佣石爱辉及3名女工再次到其所租种地上清理垃圾,并给了石爱辉一个黄色塑料气体打火机,指使其将捡拾的瓜托等垃圾堆积在地上焚烧处理。王会峰安排完后返回达来呼布镇。当日上午,石爱辉将捡拾的瓜托等垃圾堆积在地里水井旁焚烧处理。13时至14时期间,石爱辉将捡拾的瓜托等垃圾堆积在地边焚烧处理过程中,不慎引燃了周围的杂草及柽柳,虽然试图用柽柳棍拍打灭火但无法控制火势,遂电话告知王会峰地上发生火灾。王会峰得知后嘱咐弟弟王某报火警,并让铲车赶往现场后自己驾车前往救火。林地过火面积为670.83亩,火灾直接经济损失为2 684 700元。石爱辉的辩护人提出:"石爱辉系受雇于被告人王会峰,是按王会峰的授意焚烧垃圾,引发火灾,其在整个共同过失犯罪中,属于受指挥、受支配状态,处于从属地位。"法院认为,"辩护人提出石爱辉系受雇于王会峰,其在整个共同过失犯罪中处于从属地位的意见,根据法律规定,因本案不以共同犯罪论

---

① 参见浙江省衢州市柯城区人民法院刑事判决书(2017)浙0802刑初281号。

处,不宜比照区分主从,故,本院不予采信。"涉案火灾是因二被告人共同过失行为引发,虽然不构成共同犯罪,但根据《刑法》第25条第2款规定,王会峰、石爱辉的行为已分别构成失火罪。于2019年6月27日判决王会峰、石爱辉犯失火罪,分别判处有期徒刑3年和3年6个月。① 本案实际上是王会峰过失地教唆石爱辉犯了失火罪,即对过失犯的过失教唆。但是,法院以《刑法》第25条规定为根据,明确否认了过失共同犯罪,对两被告人以过失犯的单独犯予以定罪处罚。否认过失共同犯罪,各自以单独犯处理的话,被告人石爱辉作为亲手实施点火焚烧垃圾的人,其构成要件符合性很容易认定。对指使焚烧垃圾的被告人王会峰来说,要认定为失火罪的单独犯,或许只有从监督过失上寻求理论根据这一条途径。

---

① 参见内蒙古自治区额济纳旗人民法院刑事判决书(2019)内2923刑初15号。

第三章

共犯人的类型和关系

共犯人的类型、含义、相互关系及其处罚原则,是共犯论的核心内容。这些内容不仅富有很强的理论性,而且极具实践意义。

一、共犯人的类型和意义

(一) 共犯人分类标准和共犯人类型

在刑法理论上,共犯人的类型大致有分工(行为类型)和作用(贡献程度)两种分类标准。(1) 按照分工标准,共犯人主要分为共同正犯、教唆犯和从犯(即帮助犯)。共同正犯是共同实施刑法分则具体犯罪构成要件行为的人,教唆犯是教唆正犯实施犯罪的人,帮助犯是帮助正犯实施犯罪的人。德国、日本等大陆法系刑法通常采用分工标准。(2) 按照作用标准,共犯人主要分为主犯与从犯。主犯是对共同犯罪的实施和完成发挥了主要作用的人,从犯是发挥了次要作用的人。传统理论认为,我国刑法采用"作用为主、兼顾分工"标准,规定了主犯、从犯、胁从犯和教唆犯。[①] 除了上述列出的基本的共犯人类型,各国刑法中还可见到其他的共犯人类型。例如,俄罗斯、蒙古和我国刑法规定了组织犯,蒙古刑法还规定了雇佣犯(第35条第1款:共犯分为雇佣犯、组织犯、教唆犯、实行犯和帮助犯)。刑法对例外的共犯人类型作出规定,起到了明确化

---

① 参见高铭暄、马克昌主编:《刑法学》(第九版),北京大学出版社、高等教育出版社2019年版,第169页。

作用,有利于加深对这些共犯人的认识,有利于司法实践。

(二) 共犯人分类及行为类型的意义

行为刑法和构成要件的法治国意蕴,决定了区分正犯和狭义共犯具有重要意义。罪刑法定是近代刑法的基石,无论是单个人犯罪还是共同犯罪,让行为主体承担刑事责任,都必须符合罪刑法定原则。罪刑法定原则在犯罪成立理论的体现上,首要的是行为符合构成要件。刑法理论认为,只有正犯的行为符合基本构成要件,狭义共犯只是符合了修正的构成要件。"任何一个(共同)犯罪都必须有正犯。这是因为刑法分则规定的构成要件行为就是正犯行为,如果没有正犯,就没有符合构成要件的行为,这样当然不可能构成犯罪。"① 正犯行为对认定犯罪性质具有决定性意义。共犯从属性是广受认可的共犯论原理,刑法以处罚既遂犯为原则,以处罚未遂犯为例外,只有正犯着手实行才可能成立可罚的未遂,只有正犯达到了可罚的未遂阶段,狭义共犯才有定罪科刑的余地。由此可见,刑法规定正犯和狭义共犯,对共同犯罪的成立和定罪意义重大。另一方面,公正、灵活的刑罚裁量,决定了区分主犯与从犯具有重要意义。罪刑均衡(罪刑相适应)是近代刑法的一项重要原则。刑法明确规定量刑的原则和依据,是罪刑法定原则的要求,与责任主义原则也紧密相关。对共犯人裁量公正的刑罚,才能最终实现刑法针对共同犯罪的惩治机能和预防目的。共犯人的行为承担固然对其作用大小和责任轻重具有较大的影响,因而,直接依据正犯和狭义共犯类型所规定的处罚原则,具有相当的合理成分。但是,共同犯罪现象

---

① 张明楷:《共犯人关系的再思考》,《法学研究》2020 年第 1 期,第 143 页。

复杂多样。依据作用大小对共犯人区分为主从犯,并规定相应的处罚原则,更能灵活地、圆满地完成量刑任务。由此可见,刑法规定主犯和从犯,对共犯人的量刑意义重大。

我国刑法理论的共识是,"上述两种标准的分类各有利弊","分工分类法较为清楚地反映了各共同犯罪人在共同犯罪中的实际分工和彼此间联系的方式,便于清晰地把握共同犯罪的性质,从而合理地解决共同犯罪的定罪问题;但是,据此却无法揭示各共同犯罪人在共同犯罪中所起的作用,从而不利于准确确定各自的刑事责任。""作用分类法较为明确地反映了各共同犯罪人在共同犯罪中所起作用的大小,便于对共同犯罪人准确地裁量刑罚,恰当解决其刑事责任问题;但其缺陷是不能全面反映各共同犯罪人在共同犯罪中的分工和相互间的联系方式,不利于对此罪与彼罪的区分。"[①]共同犯罪案件的处理,定罪在前,量刑在后。明确谁的行为符合刑法分则具体犯罪构成要件及其罪名性质,至关重要。不按照分工分类法对正犯与狭义共犯进行规定,存在明显不足。[②] 为此,陈兴良教授曾提出共犯人的立法方案,专条规定共同犯罪的定罪和量刑。共同犯罪的定罪条文规定实行犯、组织犯、教唆犯和帮助犯的概念和意义,共同犯罪的量刑条文规定主犯和从犯的概念和处罚原则。[③] 笔者认为该方案具有合理性。我国刑法有必要规

[①] 冯军、肖中华主编:《刑法总论》(第三版),中国人民大学出版社2016年版,第340页。另参见谢望原主编:《刑法学》(第二版),北京大学出版社2012年版,第157页。赵秉志主编:《刑法新教程》,中国人民大学出版社2001年版,第247页。高铭暄、马克昌主编:《刑法学》(第九版),北京大学出版社、高等教育出版社2019年版,第168页。付立庆:《刑法总论》,中国人民大学出版社2020年版,第286页。

[②] 参见陈兴良主编:《刑法总论精释》(第二版),人民法院出版社2011年版,第535页。周光权:《刑法总论》(第四版),中国人民大学出版社2021年版,第374页。周光权:《论正犯的观念》,《人民检察》2010年第7期,第8页。

[③] 参见陈兴良:《共同犯罪论》(第三版),中国人民大学出版社2017年版,第540页。

定正犯和帮助犯,这有利于共同犯罪成立和犯罪性质的认定,对贯彻罪刑法定原则也具有重要意义。

二、我国《刑法》中的共犯人类型

(一) 我国刑法理论通说

刑法通说认为,(1) 主犯是指"组织、领导犯罪集团进行犯罪活动的或者在共同犯罪中起主要作用的"犯罪分子(《刑法》第 26 条第 1 款,以下括注条款均指我国《刑法》相关规定)。刑法理论上,将"组织、领导犯罪集团进行犯罪活动的"的"首要分子"称为组织犯。犯罪集团中首要分子以外的骨干分子,以及聚众犯罪和任意共同犯罪中起主要作用的人,属于该款"在共同犯罪中起主要作用的"犯罪分子,即普通的主犯。[①] 例如,起主要作用的实行犯。[②] (2) 从犯是指"在共同犯罪中起次要或者辅助作用的"犯罪分子(第 27 条第 1 款)。通说认为,起"次要作用"的是实施构成要件行为、作用较主犯小的次要实行犯;起"辅助作用"的是实施帮助行为的帮助犯。帮助犯不是实施构成要件行为,而是为共同犯罪的实行提供方便、创造条件。[③] 一般认为,实行犯既可能是主犯,

---

[①] 参见高铭暄、马克昌主编:《刑法学》(第九版),北京大学出版社、高等教育出版社 2019 年版,第 169 页。赵秉志主编:《刑法总论》(第三版),中国人民大学出版社 2016 年版,第 248 页。陈兴良:《共同犯罪论》(第三版),中国人民大学出版社 2017 年版,第 172 页。

[②] 参见高铭暄、马克昌主编:《刑法学》(第九版),北京大学出版社、高等教育出版社 2019 年版,第 169 页。冯军、肖中华主编:《刑法总论》(第三版),中国人民大学出版社 2016 年版,第 342 页。

[③] 参见高铭暄、马克昌主编:《刑法学》(第九版),北京大学出版社、高等教育出版社 2019 年版,第 171 页。

也可能是从犯;帮助犯只能是从犯,而不可能是主犯。①（3）胁从犯是指"被胁迫参加犯罪的"犯罪分子（第 28 条）。（4）教唆犯是指故意唆使他人实行犯罪的犯罪分子。不同案件中教唆犯的作用有大有小,"按照他在共同犯罪中所起的作用",既可能成立主犯,也可能成立从犯。当教唆犯认定为主犯时,"应当按照其所参与的或者组织、指挥的全部犯罪处罚"（第 26 条第 4 款）;认定为从犯时,"应当从轻、减轻处罚或者免除处罚"（第 27 条第 2 款）。我国刑法学有重视主观恶性的传统,《唐律疏议·名例律》规定:"诸共犯罪者,以造意为首"。理论通说和实务见解是,教唆犯在共同犯罪中通常起主要作用,应认定为主犯,在少数情况下起的作用是次要的,可以认定为从犯。②

我国《刑法》主要以作用标准下的共犯人类型为依据规定处罚原则,兼顾犯罪行为和情节作了处罚规定（组织、教唆行为和受胁迫、教唆对象等情节）。因此,共犯人的处罚规定既有明确性,又有灵活性,能适应现实中共同犯罪的不同情况。具体而言:（1）根据行为类型规定教唆犯,"应当按照他在共同犯罪中所起的作用处罚"（第 29 条第 1 款）,不同案件中教唆犯的作用有大有小,作用大就认定为主犯,"应当按照其所参与的或者组织、指挥的全部犯罪处罚"（第 26 条第 4 款）;作用小就认定为从犯,"应当从轻、减轻处罚或者免除处罚"（第 27 条第 2 款）。（2）对于正犯,同样根据作

---

① 参见曲新久主编:《刑法学》（第五版）,中国政法大学出版社 2016 年版,第 161 页。陈兴良:《共同犯罪论》（第三版）,中国人民大学出版社 2017 年版,第 197 页。吴光侠:《主犯论》,中国人民公安大学出版社 2007 年版,第 212 页。

② 参见高铭暄、马克昌主编:《刑法学》（第九版）,北京大学出版社、高等教育出版社 2019 年版,第 175 页。赵秉志主编:《刑法总论》（第三版）,中国人民大学出版社 2016 年版,第 252 页。刘明祥:《再论我国刑法采取的犯罪参与体系》,《法学评论》2021 年第 4 期,第 86 页。黄祥青:《主从犯认定中的事实整理与价值考量》,《法律适用》2011 年第 12 期,第 49 页。

用大小区别认定为主从犯,然后处罚。换言之,不因为是正犯,就一定认定为主犯,判处最重的刑罚,也可能被认定为从犯,判处相对较轻的刑罚。(3) 帮助犯通常被认定为从犯,例外情况下也可以认定为主犯,从而判处轻重该当的刑罚。(4) 如果共犯人具有"被胁迫参加犯罪的"情节,"应当按照他的犯罪情节减轻处罚或者免除处罚"(第 28 条)。

  由上可见,在我国共犯立法中,正犯与共犯在量刑时不是僵硬地赋予重罚和轻罚,教唆犯不是一律依照正犯处罚,帮助犯也不是一律相对正犯减轻处罚,而是依据他们各自在共同犯罪中的作用大小,适用相应的处罚原则。正是在这一最重要的背景下,刑法学界的主流见解是,我国刑法学的正犯认定,没有造成量刑不当的刑法规定方面的顾虑,没有必要迁就量刑而过度实质化。[①] 有学者主张,我国刑法学的正犯可以采取形式客观说。[②] 鉴于早期的纯粹的形式客观说确实存在缺陷,[③] 如果对该学说作出修正后仍沿用"形式客观说"之名,则难免会遭到误解,为此,笔者提出对形式客观说作出修正的"规范客观说"表述,即正犯行为超越直观的构成要件行为,代之以规范性理解的实行行为。[④] 详言之,正犯认定

  [①] 参见张伟:《我国犯罪参与体系下正犯概念不宜实质化——基于中、日、德刑法的比较研究》,《中国刑事法杂志》2013 年第 10 期,第 23—32 页。
  [②] 参见刘凌梅:《帮助犯研究》,武汉大学出版社 2003 年版,第 205 页。陈家林:《共同正犯研究》,武汉大学出版社 2004 年版,第 25 页。冯军、肖中华主编:《刑法总论》(第三版),中国人民大学出版社 2016 年版,第 322 页。
  [③] 我国有学者仍坚持早期的形式客观说,参见阎二鹏:《共犯教义学中的德日经验与中国现实——正犯与主犯教义学功能厘清下的思考》,《法律科学》2017 年第 5 期,第 181—182 页。
  [④] 有的学者提出了类似的学术见解,但称谓不同。有的称为"实行行为说",参见钱叶六:《双层区分制下正犯与共犯的区分》,《法学研究》2012 年第 1 期,第 134 页。有的称为"规范的实行行为说",参见马聪:《论正犯与共犯区分之中国选择》,《山东社会科学》2018 年第 3 期,第 175 页。笔者最早发表该观点时将其称为"规范的形式客观说",参见张开骏:《区分制犯罪参与体系与"规范的形式客观说"正犯标准》,《法学家》2013 年第 4 期,第 65—67 页。

应坚持实行行为的标准,但不是拘泥于早期的纯粹的形式客观说,即自己亲手实施构成要件行为的才是实行行为(形式的实行行为),而是对实行行为作规范性理解(规范的实行行为)。假手于人实施构成要件行为时,如果被利用者对利用人意图实现的犯罪不具有规范障碍,那么利用行为就能够被评价为实行行为,实施了利用行为的利用者就具有实行行为性,从而成立正犯(间接正犯)。也就是说,亲自实施构成要件行为(形式的实行行为)的人,以及实施了对不具有规范障碍者的构成要件行为的利用行为(规范的实行行为)的人,都成立正犯。共同正犯则是共同实施这类实行行为的人,每个正犯者要求全部或者分担地实施了实行行为;换言之,成立共同正犯,客观上要求每个正犯者亲自(全部或者分担地)实施了构成要件行为,或者利用不具有规范障碍者实施了构成要件行为,而不承认利用实行正犯、实质上具有支配性的共谋正犯。因此,否认共谋共同正犯可谓是我国共犯立法和正犯理论的自然归结。①

在我国刑法学中,对正犯认定采用规范的实行行为标准,除了立法背景外,还具有充分的论理依据。(1)这是纯粹的形式客观说之外的最具明确性的标准。"规范客观说"立足于构成要件行为,具有客观性、定型性和法定性,"在以构成要件为主轴的犯罪论中,应该从实现构成要件符合事实的见地出发,来讨论正犯与共犯的区别。"②客观上亲自实现构成要件该当行为之人恒属正犯,这

---

① 参见陈家林:《共同正犯研究》,武汉大学出版社 2004 年版,第 147—148 页。陈洪兵:《共犯论思考》,人民法院出版社 2009 年版,第 151 页。钱叶六:《共犯论的基础及其展开》,中国政法大学出版社 2014 年版,第 20 页、第 48 页。阎二鹏:《共谋共同正犯理论中国化的障碍及其解释对策》,《中外法学》2014 年第 4 期,第 1100—1105 页。

② [日]大谷实:《刑法講義総論》(新版第四版),成文堂 2012 年版,第 398 页。

是不争之论。①（2）有利于维护和运用共犯从属性原理，解决共犯的犯罪成立问题。采用规范的实行行为的正犯认定标准时，实行行为不限于亲手实施构成要件行为，还包括了间接正犯的利用行为。可以说我国刑法学的正犯判断也融入了规范性和价值性的内容，但不像德日刑法学的正犯那样过度实质化。这避免了正犯过度实质化导致的学说繁杂、理论缺陷和认定模糊。②

（二）主犯为（共同）正犯、从犯为帮助犯等解释论及其辨析

周光权教授将我国《刑法》中的主犯解释成正犯，将从犯解释成帮助犯，将胁从犯解释成情节较轻的帮助犯（被胁迫的帮助犯）。③ 张明楷教授认为，《刑法》第 26 条不是关于正犯的规定，而是关于共同正犯的规定，只不过对共同正犯按正犯处罚。因为正犯直接根据《刑法》分则定罪处罚即可，不需要《刑法》总则规定，仅需对自己实施的符合构成要件的不法事实负责，而不是对其"参与的"全部犯罪负责。第 26 条规定按主犯处罚的参与人实际上都是共同正犯，该条规定的处罚原则明显贯彻了"部分行为全部责任"的原理。④

以上解释论一面世，便在我国刑法学界引发争议和质疑。⑤ 笔者深有同感的是，研究借鉴大陆法系共犯立法和理论当

---

① 参见林山田：《刑法通论（下册）》（增订九版），台大法学院图书部经销 2005 年版，第 27 页。
② 参见张开骏：《共谋共同正犯理论的反思》，《中国法学》2018 年第 6 期，第 291 页。
③ 参见周光权：《刑法总论》（第四版），中国人民大学出版社 2021 年版，第 336 页。
④ 参见张明楷：《刑法学》（第六版），法律出版社 2021 年版，第 521 页。张明楷：《共犯人关系的再思考》，《法学研究》2020 年第 1 期，第 148—150 页。
⑤ 参见丁胜明：《共同犯罪中的区分制立法模式批判——以正犯、实行犯、主犯的关系为视角》，《中国刑事法杂志》2013 年第 2 期，第 47 页。

然有意义,这一点毋庸置疑。但是,将其立法和理论设定为我国共犯规定的解释论目标,在导向上值得商榷,而且将我国《刑法》规定的主犯与从犯、胁从犯对应解释成(共同)正犯与帮助犯,在解释路径上未必行得通。我国和德日的共犯立法表述存在不容忽视的差异,我国立法者对作用和分工这两种共犯人分类标准一直有明确的认识,在制定 1979 年《刑法》和 1997 年《刑法》时,并非以主犯和从犯条文来规定(共同)正犯和共犯的类型,这是不争的事实。① 关于这几组概念的关系,笔者辨析如下:

1. 正犯与实行犯的关系

两者都是根据分工标准产生的共犯人类型,在定罪功能上具有相同性。日本刑法学早期采用形式的正犯概念,即在犯罪参与中实施了符合构成要件行为的人是正犯,此时正犯与实行犯可以说是等同的。随着日本刑法学的正犯实质化倾向,尽管实行犯与正犯的绝大部分具有重合性,但已经不能完全等同,也没有包含关系。例如,有的共谋共同正犯没有实行行为,不是实行犯,却被认定为正犯;反过来,实施了构成要件行为的参与人是实行犯,有的裁判例却将其认定为帮助犯。

与此相对,我国刑法通说将两者等同(实行犯＝正犯),认定两者为一个事物的两种不同称谓。② 例如,认为"正犯可以在实行犯的意义上来理解",③将间接正犯称为间接实行犯,④将共同正犯称

---

① 参见高铭暄:《中华人民共和国刑法的孕育诞生和发展完善》,北京大学出版社 2012 年版,第 28—32 页、第 209 页。
② 参见林维:《间接正犯研究》,中国政法大学出版社 1998 年版,第 37 页。陈家林:《共同正犯研究》,武汉大学出版社 2004 年版,第 32 页。叶良芳:《实行犯研究》,浙江大学出版社 2008 年版,第 10 页。
③ 付立庆:《刑法总论》,中国人民大学出版社 2020 年版,第 297 页。
④ 参见赵香如:《间接实行犯研究》,世界图书出版广东有限公司 2013 年版,第 1 页。阮齐林:《刑法》,中国人民大学出版社 2013 年版,第 79 页。

为共同实行犯。① 有的说"在刑法理论上，单独实行犯又称为单独正犯"，"共同实行犯又称为共同正犯"。② 如前文所述，我国刑法学的正犯采取规范的实行行为认定标准，亲自实施构成要件行为（形式的实行行为）的人，以及实施了对不具有规范障碍者构成要件行为的利用行为（规范的实行行为）的人，都成立正犯。共同正犯是共同实施这类实行行为的人，每个正犯者要求全部或分担地实施了实行行为。我国刑法学限于直接正犯、间接正犯和实行共同正犯的范围，来理解和使用正犯概念。因此，在"规范客观说"立场上（规范的实行行为的正犯认定标准），正犯与实行犯是等同的。但是，如果以中外刑法理论上的主观说（目的说、利益说等）的正犯认定标准作比较，这样的正犯与实行犯的内涵和外延就完全不同。如果以"实质客观说"（重要作用说、犯罪事实支配理论等）或者"主客观折中说"的正犯认定标准作比较，实行犯比这些正犯的范围要小一些，例如该正犯概念包含共谋共同正犯，而实行犯并不包含共谋共同正犯。

　　日本刑法学的正犯同时是犯罪参与人的刑罚基准，正是由于被刑法赋予了"一身二任"的使命，导致了正犯的实质化。而我国刑法学的正犯与处罚不直接对应，包括正犯在内的犯罪参与人的刑罚轻重，由刑法根据作用标准规定的主从犯来完成。另外，日本刑法学的正犯概念不限于犯罪参与领域。根据正犯者的单复数、相互之间有无意思联络，可将正犯分为单独正犯、同时正犯（同时犯）和共同正犯。③换言之，正犯通常是在犯罪参与的语境下使用，但也可能指单个人实施犯罪的情形（单独正犯），很多论著在构成

---

① 参见王光明：《共同实行犯研究》，法律出版社 2012 年版，前言第 6 页。
② 陈兴良：《共同犯罪论》（第三版），中国人民大学出版社 2017 年版，第 78 页。
③ 参见［日］大塚仁：《刑法概説（総論）》（第四版），有斐閣 2008 年版，第 277 页。

要件论的实行行为下探讨间接正犯问题,①或者将"正犯性"作为构成要件要素,在构成要件论中讨论"正犯性"问题。② 而在我国刑法学中,尽管在犯罪停止形态领域有实行(实行行为)和预备(预备行为)之分,但是作为犯罪停止形态,只有既遂犯、未遂犯、中止犯和预备犯的称谓,却没有实行犯的称谓。实行犯是与教唆犯、帮助犯相对应的共犯人类型,在犯罪参与以外的领域不讨论和使用实行犯的称谓。可见,日本的正犯和我国的实行犯也存在使用语境的差异。

2. 正犯与主犯的关系

作为犯罪参与人的刑罚基准,正犯和主犯具有相通的一面。但是,他们属于不同分类标准下的共犯人类型,两者具有异质性。③ 正犯与共犯相对应,主犯与从犯相对应,正犯与主犯尽管有交叉关系,却无法等同或对应起来。④ 周光权教授曾说:"在正犯者之间也可以进行主从犯的区分,某些起次要作用的正犯,可以是从犯;反过来,不是正犯的人,也可以是主犯,例如有的教唆犯就可以成为主犯。不能将正犯一律作为主犯看待,也不能认为所有的主犯都是正犯。"⑤不过,随着正犯的实质化倾向,正犯与主犯也有了比较的可能。

中日两国均有学者将正犯与主犯相类比。日本学界在正犯认定标准上强调重要作用的学者容易持此见解。有的认为,"正犯"

---

① 参见[日]大塚仁:《刑法概説(総論)》(第四版),有斐閣 2008 年版,第 158—164 页。
② 参见[日]山口厚:《刑法総論》(第三版),有斐閣 2016 年版,第 36 页、第 67—74 页。
③ 参见刘明祥:《主犯正犯化质疑》,《法学研究》2013 年第 5 期,第 116—117 页。
④ 参见郑泽善:《正犯与共犯之区别》,《时代法学》2014 年第 5 期,第 55 页。吴光侠:《主犯论》,中国人民公安大学出版社 2007 年版,第 79—80 页。
⑤ 周光权:《论正犯的观念》,《人民检察》2010 年第 7 期,第 6 页。

这一"名称"不只是表示形式的行为框架,还包含是犯罪的"主犯"这一实质性评价。不能无视该评价机能。① "两国的共犯规定之间并无太大区别"。② "归根到底,共同正犯与狭义共犯的区别,只能根据在犯罪中所发挥作用的重要性来判断。"③ 中国刑法将作用大小作为区别主犯与从犯的标准,在此意义上,完全有可能把"主犯"与"共同正犯"放在一个平台上加以探讨。④ 与此同时,我国有学者认为,日本的正犯概念可谓是我国的主犯概念,我国《刑法》规定的主犯就是正犯。⑤ 日本承认共谋共同正犯,有裁判例将望风行为人认定为正犯,也有裁判例承认实施实行行为的帮助犯,鉴于此种状况,日本的正犯概念相当于我国的主犯概念。⑥ 实质的正犯概念目前是日本刑法学的主流,有的学说(例如重要作用说)以及裁判例重视犯罪参与人所发挥的作用,在这一点上,日本的正犯概念有向我国的主犯概念接近的一面。⑦ 德国刑法中正犯认定的通说是犯罪事实支配理论,其正犯概念也有演变为主犯概念的趋势。⑧ 对此,我国学界有"正犯的主犯化"的提法。⑨ 杨金彪副教授更是直接提出,"我国刑法学上所谓的分工分类法与作用分类法并

---

① 参见[日]平野龍一:《刑法 総論Ⅱ》,有斐閣 1975 年版,第 400 页。
② [日]西田典之:《日本刑法的共犯基本问题》,王昭武译,载中国人民大学刑事法律科学研究中心编:《明德刑法学名家讲演录》(第一卷),北京大学出版社 2009 年版,第 82 页。
③ 金光旭:《日本刑法中的实行行为》,《中外法学》2008 年第 2 期,第 242 页。
④ 参见金光旭:《日本刑法中的实行行为》,《中外法学》2008 年第 2 期,第 243 页。
⑤ 参见周光权:《刑法总论》(第四版),中国人民大学出版社 2021 年版,第 336 页。
⑥ 参见陈洪兵:《共犯论思考》,人民法院出版社 2009 年版,第 248—250 页。
⑦ 参见陈家林:《共同正犯研究》,武汉大学出版社 2004 年版,第 24—25 页。
⑧ 参见郑泽善:《正犯与共犯之区别》,《时代法学》2014 年第 5 期,第 55 页。
⑨ 参见钱叶六:《双层区分制下正犯与共犯的区分》,《法学研究》2012 年第 1 期,第 127 页。胡宗金:《"正犯主犯化":趋势、原因及启示》,《法学论坛》2020 年第 1 期,第 91—92 页。

无本质不同,二者完全可以同一起来。如果说有不同,也只是历史用语习惯的不同。换言之,大陆法系习惯上称正犯、帮助犯、教唆犯,我国刑事立法习惯上称主犯、从犯、教唆犯而已。事实上,日本刑事立法和刑法学上帮助犯也习惯称为从犯。如果用图式化的表达方式,可以得出以下的结论:正犯＝主犯,帮助犯＝从犯(还包括胁从犯),即我国刑法规定了正犯(主犯)、帮助犯(从犯)、教唆犯三种共犯形态及共犯人类型。"①

笔者认为,正犯与共犯区分的最大意义在于犯罪成立和性质的认定,正犯是实现构成要件的人,其行为决定了是否符合刑法分则具体犯罪构成要件,而且共犯在成立上从属于正犯实行。但是,为了实现对共犯人合理量刑,就对正犯的认定标准进行实质化判断,重新界定正犯与共犯的区别标准,无疑是量刑反制定罪,这样的思考逻辑存在问题。既然日本刑法根据分工(行为类型)规定了共同正犯、教唆犯和帮助犯,那么,司法实务以量刑需要来指导正犯与共犯区分,以及刑法理论建构相关的正犯学说时,当然都必须立足于刑法对其行为规定,如果无视立法规定,有关裁判例和学说就曲解了立法之意,乃至有违背罪刑法定原则之嫌。张明楷教授评价道,"从刑法理论与审判实践看,德国、日本首先从作用大小(是否起支配作用)区分出正犯与共犯,正犯是起重要作用的参与人,共犯是起非重要作用的参与人;其次在共犯中,只是根据行为方式(形式标准)区分教唆犯与帮助犯,虽然将教唆犯归入狭义共犯,但对教唆犯仍然科处正犯的刑罚,这多少显得名不副实。"②就此来看,我国刑法关于犯罪参与形态及其处罚原则的规定,相比德

---

① 杨金彪:《分工分类与作用分类的同一——重新划分共犯类型的尝试》,《环球法律评论》2010年第4期,第56页。
② 张明楷:《共犯人关系的再思考》,《法学研究》2020年第1期,第152页。

日刑法规定具有优越性。

　　日本判例早就承认了共谋共同正犯,但是将实施非构成要件行为的参与人认定为共同正犯,理论上转变和接受存在一个渐进过程。与此相对,在我国刑法中,将实施教唆或组织等行为的参与人认定为主犯,却是相当自然(很容易被接受)的事情。例如,在具体犯罪中,将教唆犯和正犯都认定为主犯;将教唆犯认定为主犯,将正犯认定为从犯,也是完全可能的。我国刑法自古有重视主观恶性的传统,《唐律疏议·名例律》规定:"诸共犯罪者,以造意为首";《唐律疏议·盗贼律》规定:"造意者,虽不行,仍为首。"

　　即便日本的正犯概念有向我国的主犯概念接近的一面,但是反过来,主犯概念不存在向正犯概念接近的问题,也没有这样的必要。因为,正犯概念的主要功能是认定犯罪成立和性质,狭义共犯成立犯罪对正犯具有从属性,而主犯概念的功能在于量刑,从犯对主犯没有犯罪成立的从属性问题。① 我国刑法理论上存在正犯(实行犯)概念,能够承担认定犯罪性质的功能。

　　综上,日本的正犯概念同时是犯罪参与人的刑罚基准,正是由于被刑法赋予了"一身二任"的使命,使其具有了向主犯概念接近的可能性,而我国刑法对主犯概念有明文规定,理论上存在正犯(实行犯)概念,使得主犯概念的任务单一,没必要向正犯概念靠近。

　　值得一提的是,我国有司法解释规定,不同身份犯者的共同犯罪依据主犯认定犯罪性质。2000年6月30日最高人民法院《关于审理贪污、职务侵占案件如何认定共同犯罪几个问题的解释》第

---

① 从犯对主犯只有概念或者论理上的从属性,即从犯是相对主犯而言的,无主犯,则无从犯可言。有主犯、无从犯的共同犯罪是存在的,没有主犯、只有从犯的共同犯罪是不存在的。

3 条规定:"公司、企业或者其他单位中,不具有国家工作人员身份的人与国家工作人员勾结,分别利用各自的职务便利,共同将本单位财物非法占为己有的,按照主犯的犯罪性质定罪。"2003 年 11 月 13 日最高人民法院《全国法院审理经济犯罪案件工作座谈会纪要》重申了以上规定:"对于在公司、企业或者其他单位中,非国家工作人员与国家工作人员勾结,分别利用各自的职务便利,共同将本单位财物非法占有的,应当尽量区分主从犯,按照主犯的犯罪性质定罪。司法实践中,如果根据案件的实际情况,各共同犯罪人在共同犯罪中的地位、作用相当,难以区分主从犯的,可以贪污罪定罪处罚。"在我国《刑法》中,非国家工作人员利用职务便利侵占单位财物的,是职务侵占罪(第 271 条);国家工作人员利用职务便利侵占单位财物的,是贪污罪(第 383 条)。① 上述司法解释在学界引发了争议。有的学者予以支持,例如黎宏教授认为,"将主犯作为共同犯罪的定性标准,是有道理的。"同时认为,"就决定共同犯罪性质的主犯而言,必须作限定解释。……具体来说,就是亲自动手实施犯罪构成要件行为,或者在规范上可以看作亲自动手实施了犯罪构成要件行为的人。"②实际上,黎宏教授将司法解释中的主犯,限制解释为了认定为主犯的正犯。固然正犯可以决定行为性质,从而使得该观点具有合理性的一面,但是如果共犯人是分别触犯不同罪名的正犯(例如贪污罪、职务侵占罪),那么该由哪一个正犯来确定共同犯罪的性质,对以上观点来说仍然是未解难题。另

---

① 职务侵占罪的法定刑是"数额较大的,处五年以下有期徒刑或者拘役;数额巨大的,处五年以上有期徒刑,可以并处没收财产"(第 271 条);贪污罪的法定刑依据不同的数额或情节,分为三档,从"拘役并处罚金"至"死刑并处没收财产"存在巨大幅度,同时还有"可以从轻、减轻或者免除处罚"和"终身监禁"的特别规定(第 383 条)。

② 黎宏:《刑法学总论》(第二版),法律出版社 2016 年版,第 287—288 页。

一方面,不少学者对司法解释提出批判。① 主张是构成要件行为而不应是主犯决定犯罪的成立及其性质,主犯是确定了应承担刑事责任以后的量刑问题。在共犯人是分别触犯不同罪名的正犯场合,通过想象竞合犯原理加以解决。详言之,"对于在公司、企业或者其他单位中,非国家工作人员与国家工作人员勾结,分别利用各自的职务便利,共同将本单位财物非法占有的",应根据行为共同说,非国家工作人员成立职务侵占罪的共同正犯,同时是贪污罪的共犯;国家工作人员成立贪污罪的共同正犯,同时是职务侵占罪的共犯。因此,两方行为人各自成立该两罪的想象竞合犯,根据具体案情中行为人所触犯的该两罪的刑罚轻重,依照从一重处罚的原则,然后分别定罪处罚。

3. 从犯称谓以及与帮助犯的关系

我国和德日大陆法系国家的刑法中都存在从犯的法定概念,但含义不同。我国刑法的从犯是根据作用标准划分的共犯人类型,指的是"在共同犯罪中起次要或者辅助作用的"共犯人,与主犯相对应,正犯、教唆犯或帮助犯都可能是从犯。德国、日本等国刑法的从犯是根据分工标准划分出的共犯人类型,指的是"帮助正犯的"共犯人,又称"帮助犯",与正犯、教唆犯相对应。

(三) 从犯的其他解释论及其辨析

1. 次要作用、辅助作用的新解释

关于我国《刑法》第 27 条从犯规定中的次要作用、辅助作用,我国刑法学界近年来出现了新的解释论。

关于"次要作用",钱叶六教授认为,根据第 29 条第 1 款的规

---

① 参见谢望原主编:《刑法学》(第二版),北京大学出版社 2012 年版,第 162 页。

定,教唆犯可因其作用而被认定为主犯或从犯,那么,被认定为从犯的教唆犯理应被第 27 条所涵摄。因此,第 27 条中起"次要作用"的人,包括了起次要作用的实行犯和教唆犯(起次要作用的人＝次要实行犯＋教唆犯)。①

关于"辅助作用",刘明祥教授提出,第 27 条中起"辅助作用"者,除了帮助犯之外,也不排除有实行犯或教唆犯在共同犯罪中发挥的仅是辅佐作用的情形。② 我国刑法通说将"次要作用"与(次要)实行行为对应,将"辅助作用"与帮助行为对应,是为了从法条用语上论证刑法规定包含了实行犯和帮助犯,因为这两个根据分工标准划分的共犯人类型,在理论上是被广泛认可的。但是,这样的简单对应的解释论,产生了难以涵摄教唆犯的矛盾。既然理论上一直认为教唆犯也可能是从犯,那么第 27 条关于从犯的规定,当然在逻辑上包含了教唆犯。通说将第 27 条解释成只包含了次要实行犯和帮助犯,是存在问题的。于是,钱叶六教授扩大"次要作用"的外延(即包括次要实行犯和教唆犯),维持"辅助作用"仅指帮助犯的外延。而刘明祥教授则是将"辅助作用"的外延扩大到包含实行犯和教唆犯在内。既然这样,"次要作用"和"辅助作用"的外延相同,都可能包含实行犯、教唆犯和帮助犯。至于"次要作用"与"辅助作用"是什么关系,刘明祥教授没有进一步解释。

在汉语言文义上,"次要"的意思是"重要性较差的";"辅助"的

---

① 参见钱叶六:《共犯论的基础及其展开》,中国政法大学出版社 2014 年版,第 67 页。另参见付立庆:《刑法总论》,中国人民大学出版社 2020 年版,第 323 页。陈家林:《共同正犯研究》,武汉大学出版社 2004 年版,第 95 页。冯军、肖中华主编:《刑法总论》(第三版),中国人民大学出版社 2016 年版,第 343 页。黎宏:《刑法学总论》(第二版),法律出版社 2016 年版,第 289 页。

② 参见刘明祥:《我国大陆不宜采取共犯从属性说》,载林维主编:《共犯论研究》,北京大学出版社 2014 年版,第 275 页。

意思是"从旁帮助""辅助性的;非主要的"。① 从词义上来看,在实行行为和帮助行为之间,"辅助"好像更接近帮助行为,但是对两个实行犯而言,一个实行犯分担关键性的、主要的实行行为,另一个实行犯从旁帮助,分担辅助性的、非主要的实行行为,也完全说得通,符合汉语言文义。例如,在共同抢劫罪中,甲实施暴力和取财的行为,乙实施胁迫行为。尽管乙的胁迫行为也是抢劫罪的实行行为,但说他"从旁帮助",在汉语言文义上是说得通的。有学者就认为,"不仅在共同犯罪中实施帮助行为者(帮助犯)可能只是起辅助作用,而且实施实行行为者(正犯)也完全可能只是起辅助作用。"②问题的关键在于,刑法规定的是"次要作用""辅助作用",而不是"次要(实行)行为""辅助行为",也就是说,本条是依据作用对共犯人所作的规定,而不是依据行为类型的规定。因此,将"次要作用""辅助作用"强硬地与特定行为类型的共犯人对应起来,不仅没必要,而且是错误的。依笔者来看,第27条中的"次要作用""辅助作用"尽管在作用的大小或程度上有些差别,即前者大于后者,但是,其实没必要过于追究它们与共犯人行为类型的对应关系。无论是发挥"次要作用"还是"辅助作用",共犯人类型都可能是实行犯、教唆犯或帮助犯。刑法同时规定"次要作用""辅助作用",只是对从犯所发挥作用表述得更加周全一点而已。总之,第29条只是对从犯作用的规定,完全没有规定行为,因此不能认为规定了次要实行犯和帮助犯。实施了次要行为的实行犯(或帮助犯)如果作用较小,应当认定为从犯的,也只是符合或适用本条的问题,但不

---

① 参见中国社会科学院语言研究所词典编辑室编:《现代汉语词典》(第七版),商务印书馆2016年版,第216页、第403页。
② 刘明祥:《再论我国刑法采取的犯罪参与体系》,《法学评论》2021年第4期,第85页。

能说本条规定的是次要实行犯(或帮助犯)。同理,实行犯如果作用较大,应当认定为主犯的,也只是符合或适用"在共同犯罪中起主要作用的"规定(第 26 条第 1 款),但不能说该款规定的是实行犯。

2. 从犯包括共谋共同正犯的观点

周光权教授认为,我国《刑法》第 27 条规定的在共同犯罪中起次要作用的人是从犯,起次要作用的人包括了大多数共谋共同正犯。[①] 笔者认为,这种观点存在疑问。暂且不论共谋共同正犯概念本身不能被承认,单从该概念的产生背景来看,它是正犯过度实质化的逻辑产物,现实需求是解决在共同犯罪中没有分担实施构成要件行为却发挥了重要作用或者说对犯罪完成作出了重要贡献的参与人的责任问题,目的是对其判处公正的刑罚(正犯之刑)。既然如此,将共谋共同正犯的大多数认定为从犯并适用相应的处罚原则("应当从轻、减轻处罚或者免除处罚"),就违背了共谋共同正犯的概念和处罚原则的初衷。换言之,如果承认共谋共同正犯概念,那么具有逻辑一致性的结论应该是,他应被认定为主犯。

(四) 胁从犯的其他解释论及其辨析

胁从犯是我国刑法理论中特有的概念。始见于新民主主义革命时期,由来于"胁从不问"的刑事政策。刑法通说认为,胁从犯是与主犯、从犯相并列的一种共犯人类型(独立共犯人说)。它指的是受到了胁迫(即精神强制),但没有完全丧失意志自由,在共同犯罪中作用较小、罪行较轻的共犯人。强调"作用较小"是为了刑罚协调,因为刑法规定胁从犯的处罚轻于从犯。如果

---

① 周光权:《刑法总论》(第四版),中国人民大学出版社 2021 年版,第 375 页。

开始是被胁迫参加犯罪的,后来发生变化,积极主动地实施犯罪,起主要或次要作用的,应认定为主犯或从犯。另外,身体完全受强制、完全丧失意志自由的或者符合紧急避险条件的,不成立犯罪,不是胁从犯。① 例如,出租车司机被持枪劫持,被迫送歹徒到某银行抢劫的,司机不构成抢劫罪的胁从犯。再如,飞机驾驶员遭到武装劫持,不得已将飞机开往指定地点的,驾驶员不成立劫持航空器罪的胁从犯。②

以上对胁从犯理解和定位的通说,面临一些质疑观点。其共同点是,否认《刑法》第 28 条规定的是与主犯、从犯处于并列关系的共犯人类型(非独立共犯人类型)。具体观点上又有差异。(1)一种观点认可胁从犯是一种共犯人类型,但与从犯不是并列关系,而是被包含关系,即胁从犯是从犯的下位概念、属于特殊的从犯(特殊从犯论)。③ 特殊之处就在于,胁从犯具有"被胁迫"的情节。处罚时适用第 28 条"应当……减轻处罚或者免除处罚"的特殊规定即可。例如,刘明祥教授认为,通说将胁从犯定位为与主犯、从犯相并列的一种独立的共犯人,与我国《刑法》采取的划分主从犯的标准不符,且有内在逻辑矛盾;把"被胁迫参加犯罪"视为法定量刑情节,同样不能合理解释该条规定,而且还会造成处罚的不均衡。应该视胁从犯为一种特殊类型的从犯,这样能够有效弥补通说及其他学说的解释缺陷。胁从犯除了应具备从犯的成立要件

---

① 有人认为《刑法》第 28 条规定违反了"法不强人所难"的原则,主张废除第 28 条。参见李欣:《胁从犯存废论》,《北方法学》2014 年第 3 期,第 53—55 页。这误解了该条规定,没有在解释论上区分该条规定与不成立犯罪情形。
② 参见王作富:《中国刑法研究》,中国人民大学出版社 1988 年版,第 257 页。
③ 参见吴光侠:《主犯论》,中国人民公安大学出版社 2007 年版,第 34—35 页。邓定永:《论胁从犯在共犯人分类中的归属》,《云南大学学报(法学版)》2010 年第 5 期,第 47 页。

之外,还应具备"被胁迫参加犯罪"这一特有要件。①(2) 另一种观点否认第 28 条规定的是一种共犯人类型,而只是法定量刑情节(量刑情节说),②即对有的共犯人具有"被胁迫参加犯罪的"情节所作的规定,而非对共犯人作用的直接规定。具有该情节的共犯人可以视犯罪情形,根据作用大小而认定为主犯或从犯。例如,钱叶六教授将胁从犯解释为"责任减免事由"或"应予宽恕的事由"。"被胁迫"表示行为人参加犯罪的被动性和主观上的非自愿性,并不必然表明作用的大小。他既可能是主犯,也可能是从犯。根据受胁迫程度及其作用大小,处罚时决定是减轻处罚还是免除处罚。③

笔者赞成量刑情节说。(1) 从《刑法》第 28 条的法条表述来看,它既不是关于行为类型的规定,也不是关于作用大小的规定。因此,将其解释为一种法定量刑情节,而不是独立的共犯人类型,符合法条文意。(2)《刑法》第 26 条明确使用了"主犯"一词,第 27 条明确使用了"从犯"一词,据此可以肯定主犯和从犯是共犯人类型。虽然"胁从犯"是传统刑法理论和实务中一直使用的术语,但 1979 年《刑法》和 1997 年《刑法》均未使用"胁从犯"一词。与《刑法》对主犯、从犯等的规定对照来看,认为第 28 条是对"胁从犯"的规定,显得依据不足。(3) 从逻辑上说,作用有大小之分,由此划分的共犯人仅有主犯与从犯之分,难有胁从犯的逻辑地位。据此分析,胁从犯的"犯"就不是共犯人的意思,而是犯罪情节的意思。

---

① 参见刘明祥:《论胁从犯及其被胁迫的要素》,《当代法学》2020 年第 4 期,第 96—100 页。
② 参见赵微:《论胁从犯不是法定的独立共犯人》,《中国刑事法杂志》2005 年第 2 期,第 23—28 页。任海涛:《论胁从犯之应然理论定位》,《西南交通大学学报(社会科学版)》2011 年第 4 期,第 124 页。
③ 参见钱叶六:《共犯论的基础及其展开》,中国政法大学出版社 2014 年版,第 70 页。

为了准确表达,不应该使用"胁从犯"概念,而应该使用"被胁迫的情节"。它使共犯人的非难可能性降低,是影响责任的量刑情节。从行为方式来看,具有被胁迫情节的共犯人既可能是实行犯,也可能是教唆犯(在连锁教唆的情况下)或帮助犯。例如陈兴良教授认为,"教唆犯在共同犯罪中起胁从作用,虽然是极其个别的现象,但也不排除有此可能。因此,断然否定教唆犯可能成立胁从犯未必妥当。"①黎宏教授提出,"教唆犯在个别特殊情况下,也可能是胁从犯,应以胁从犯论处。"②

关于共犯人被胁迫情节的法条适用,笔者认为,不管具有该情节的共犯人被认定为主犯还是从犯,在处罚时应同时适用《刑法》第 26 条或第 27 条的处罚规定以及第 28 条被胁迫情节的处罚规定。亦即,如果是被胁迫分担了主要实行行为的,应同时适用第 26 条主犯的处罚规定和第 28 条被胁迫情节的处罚规定;如果是被胁迫分担了次要实行行为或非实行行为的(帮助或教唆),应同时适用第 27 条从犯的处罚规定和第 28 条被胁迫情节的处罚规定。尽管被胁迫参加犯罪的共犯人,主观上具有不情愿实施犯罪的特征,但是,如果在犯罪过程中转变为积极主动地参与,也就是说被胁迫情节消失了,当然就不得适用该条,不应再享有该条减免刑罚的"优惠",直接依照主犯或从犯认定处罚即可。

综上所述,共犯人行为类型受到中国刑法理论重视,而刑法立法和司法实务更重视共犯人的作用,以指导共犯人的合理量刑。有关从犯、胁从犯等的新解释论,重新审视了我国刑法规定的共犯人类型,有利于避免分工与作用不同标准下共犯人类型的僵化对应关系,更合理地将实施相关的犯罪参与行为的共犯人认定为主

---

① 陈兴良:《共同犯罪论》(第三版),中国人民大学出版社 2017 年版,第 242 页。
② 黎宏:《刑法学总论》(第二版),法律出版社 2016 年版,第 299 页。

从犯,并正确地适用有关犯罪情节。

(五)《刑法》第 25 条第 1 款为共同正犯的解释论及其辨析

我国刑法通说认为《刑法》第 25 条规定的是共同犯罪的概念。但是,张明楷教授等个别学者提出第 25 条第 1 款为共同正犯的解释论。① 钱叶六教授认为,刑法无须就共同犯罪概念作出规定,大陆法系国家刑法都只规定"二人以上共同实施(实行)犯罪"皆为正犯;第 1 款是共同正犯可以从第 2 款提示性规定中证成,第 2 款规定中"按照他们所犯的罪分别处罚",无非是按照过失正犯(单独正犯)处罚。②

笔者认为,以上共同正犯的解释论很难被认同。③(1) 第 25 条是共同犯罪的概念及其成立条件的规定向来为学界公认。法条表述"共同犯罪是指……",这完全是概念的规定方式,规定的是共同犯罪的概念,以及由此限定的成立条件。而将第 1 款解释为共同正犯,与法条表述方式差异较大。(2) 该观点认为第 1 款规定的是共同正犯,但是该款没有规定相应的处罚原则,因此该观点无法自圆其说。(3) 将第 1 款解释为共同正犯没有司法实践的实益。该解释论可能是为了处罚共同正犯有法律依据。但是,共犯问题的处理并非都需要法律条文的明确化规定,完全可以结合共犯理论加以解决。例如,《刑法》并没有明文规定承继共犯、共犯与身份等问题,但不妨碍相关共犯问题的解决。

---

① 参见张明楷:《共同犯罪的认定方法》,《法学研究》2014 年第 3 期,第 12 页。
② 参见钱叶六·《共犯论的基础及其展开》,中国政法大学出版社 2014 年版,第 84 页。钱叶六:《我国犯罪构成体系的阶层化及共同犯罪的认定》,《法商研究》2015 年第 2 期,第 152 页。
③ 参见刘明祥:《单一正犯视角下的共同正犯问题》,《中外法学》2019 年第 1 期,第 112 页。王华伟:《中国犯罪参与模式之定位:应然与实然之间的二元区分体系》,《中国刑事法杂志》2015 年第 2 期,第 43 页。

三、(共同)正犯、教唆犯和帮助犯的区分

(一) (共同)正犯、教唆犯和帮助犯的规范含义

在共同犯罪或者犯罪参与领域,笔者在相同意义上使用实行犯与正犯概念。关于正犯的认定标准,中外刑法理论和实务中有主观说、客观说和折中说。客观说分为形式客观说和实质客观说,后者又有重要作用说、行为支配说、犯罪事实支配理论等。如前所述,笔者坚持"规范客观说",即正犯认定坚持规范的实行行为标准。假手于人实施构成要件行为时,如果被利用者对利用人意图实现的犯罪不具有规范障碍,那么利用行为就能够被评价为实行行为,实施了利用行为的利用者就具有实行行为性,从而成立正犯(间接正犯)。也就是说,亲自实施构成要件行为的人,以及实施了对不具有规范障碍者的构成要件行为的利用行为的人,都成立正犯。共同正犯则是共同实施这类实行行为的人,每个正犯者要求全部或者分担地实施了实行行为;换言之,成立共同正犯,客观上要求每个正犯者亲自(全部或者分担地)实施了构成要件行为,或者利用不具有规范障碍者实施了构成要件行为。

教唆犯是指使没有犯罪决意的人产生犯罪决意进而实施犯罪的参与人(根据不法形态共同犯罪观,严格地说不是"犯罪决意"而是实施不法的意思)。帮助犯是指实施帮助行为进而使正犯行为容易进行的参与人。教唆犯和帮助犯作为狭义共犯,实施的都是规范的实行行为以外的行为。

通常情况下,正犯、教唆犯和帮助犯容易区分,比较复杂的是共同正犯与有形帮助犯、教唆犯与无形帮助犯、教唆犯与间接正犯

的区分。教唆犯与间接正犯的区分在共同犯罪的形态和范围部分已作阐述,以下讨论前两个问题。

(二) 共同正犯与有形帮助犯的区分

帮助犯的帮助行为既可以是有形的,也可以是无形的。前者是指提供犯罪工具、犯罪场所等物质性的帮助行为,后者是指精神上的帮助行为,例如提供建议、强化犯意等。帮助行为既可以是作为,也可以是不作为。帮助行为可以在实行行为之前实施(所谓预备的帮助犯或事前的帮助犯),也可以与实行行为同时实施(伴随的帮助犯或事中的帮助犯),还可以在正犯者实行了一部分犯罪后实施帮助行为(承继的帮助犯或事中的帮助犯)。

举例来说:(1) 在抢劫案中,暴力、胁迫行为和强取财物行为,都属于抢劫罪的构成要件行为,分工实施的参与人成立抢劫罪的共同正犯。(2) 在强奸案中,实施奸淫行为的当然是正犯,在一人实施奸淫行为时,另一人实施摁压被害女性手脚等行为的,应认定为强奸罪共同正犯。但是,如果另一人堵住房门不让被害女性逃跑的,应认定为强奸罪的帮助犯。(3) 甲、乙共谋实施盗窃,甲在门外望风,乙入户盗窃的,乙无疑是盗窃罪的正犯。关于甲的参与人类型,不同学说会得出不同结论,[1]笔者主张甲成立帮助犯。(4) 甲、乙共谋虚假诉法,甲伪造证据并提供给乙,乙以原告身份提起民事诉讼并出庭参与诉讼。在该例中,乙是虚假诉讼罪的正犯,甲是有形帮助犯。再如,甲写了用于敲诈勒索的信件,乙将信件交给被害人实施敲诈勒索的,乙是敲诈勒索罪的正犯,甲是有形

---

[1] 例如,有的学说认定为帮助犯;有的学说认定为共同正犯;有的学说认定为共谋共同正犯;有的学说区分情形认定为帮助犯或共同正犯。参见张明楷:《刑法学》(第六版),法律出版社 2021 年版,第 571 页。

帮助犯。如果采取重要作用说,则以上两例的甲都被认定为共同正犯,①但是这种观点于理论没有必要性,于实务没有实益,故笔者不予认同。

（三）教唆犯与无形帮助犯的区分

两者的基本区别是,是否使他人产生实施符合构成要件的违法行为的意思。（1）以下情形成立教唆犯：正犯已决意实施此罪,教唆正犯实施彼罪的；正犯起初决定实施犯罪,但是后来放弃犯意时,教唆行为重新激起正犯的犯罪决意的。（2）以下情形成立帮助犯：正犯已有实施意思,教唆行为使正犯的实施意思得以加强,成立心理上的帮助犯；正犯已经决定实施犯罪,只是心存一丝疑虑时,对之进行教唆的；正犯欲盗窃某人的此财物,教唆正犯盗窃此人的彼财物；对已有实行意思的正犯的行为方式（犯罪时间、地点、工具）的指示,一般仅成立帮助犯。

四、主犯和从犯的认定

（一）共犯人作用的认定标准

我国共犯论需要解决的一个问题是将作用大小的认定标准（或者判断依据）加以明确化、规范化,即何为主要作用、何为次要或者辅助作用,从而避免司法机关在认定主从犯时的随意。在作用大小的认定上,刑法通说认为应综合考虑共犯人在共同犯罪中所处的地位、参与程度、犯罪情节以及对造成危害结果的作用等各

---

① 参见张明楷：《刑法学》（第六版）,法律出版社2021年版,第506页、第520页。

方面因素。① 黎宏教授具体分析了起因、地位、参与程度、罪行大小和利益分配情况下的主从犯认定。(1) 起因。最先提出犯罪的起意者是主犯,跟随附和的是从犯。(2) 在共同犯罪中所处的地位。居于主导、支配地位的是主犯,处于从属、被支配地位的是从犯。(3) 参与程度。参与了整个犯罪的始终且行为积极主动的是主犯,只参与了一部分犯罪活动且缺乏积极主动精神的是从犯。(4) 罪行的大小。行为人在犯罪的形成、实行到完成的各个环节中,特别是对危害结果发生所起的作用,作用大的是主犯,作用小的是从犯。(5) 利益分配情况。犯罪所得分配多的是主犯,分配少的从犯。② 司法人员也是采取综合考量的策略,包括行为类型的分担(实行、教唆或者帮助)、犯罪意思和计划的提出、犯意的强烈程度、具体任务的多寡和重要性、是否有犯罪未遂或者中止情节、犯罪后分赃多寡等。与上不同的是,个别学者提出了简洁扼要的认定标准,"行为人的行为对危害结果具有实质性支配力的,属于起主要作用。"共同实行犯一般属于起主要作用,但各人的支配力相差较大时,支配力大的起主要作用;参与共谋而未实行的,共谋的内容对犯罪具有实质性影响时,共谋者起主要作用;教唆犯原则上起主要作用。③

关于主从犯的理解和适用,笔者有如下几点看法:(1) 主从犯的认定,不是共犯人最终宣告刑的唯一依据。尽管《刑法》将共犯人分为主从犯,并规定了轻重不同的处罚原则,但是基于在报应刑制约下考虑预防刑的并和主义刑罚理论,即使共犯人被认定为

---

① 参见高铭暄、马克昌主编:《刑法学》(第九版),北京大学出版社、高等教育出版社 2019 年版,第 171 页。
② 参见黎宏:《刑法学总论》(第二版),法律出版社 2016 年版,第 289 页。
③ 参见曲新久主编:《刑法学》(第五版),中国政法大学出版社 2016 年版,第 159 页。

主从犯,量刑时还要考虑其是否存在自首、坦白、立功、累犯等法定量刑情节,或者认罪悔罪、积极赔偿等酌定量刑情节。正如有的教科书所述,"考查各共同犯罪人的人身危险程度和犯罪后的态度,实行区别对待。具备从重或者从轻、减轻、免除处罚情节的,予以从重或者从轻、减轻、免除处罚。因而各共同犯罪人即使都是主犯,量刑也会不同,甚至主犯的处罚可能比从犯的处罚还轻。"①当然,在相同的法定或者酌定量刑情节的情况下,主从犯的认定直接影响共犯人宣告刑的轻重。(2)考量共犯人作用大小的时点,不应限于犯罪既遂之前,而应包括犯罪行为完成的阶段,以及后续的撤离犯罪现场、毁灭犯罪证据等有助于犯罪完成和妨碍查获的犯罪活动过程。很多犯罪行为在法规范的既遂时点之后仍继续着,法益侵害也就持续着甚至进一步扩大。因此,仅从不法和责任层面上认定主从犯,认为教唆犯是狭义共犯,责任从属于不法、不能超越不法,进而教唆犯只能认定为从犯等观点,②是不全面的。该观点将对共犯人刑事责任轻重的考察(侧重点是他们在共同犯罪中的作用大小),误解为对他们(与不法相对应的)责任轻重的考察,因而存在偏颇。但是笔者认为,犯罪后分赃多少、获利多少不应成为共犯人作用的考量因素,因为这无益于法益侵害结果的发生,也无益于犯罪完成和妨碍查获。分赃、获利不能证明共犯人在共同犯罪中的作用大小,充其量是一种反向推测的资料(即分赃、获利多可能是因为发挥的作用大)。过于看重这些因素可能导向主观共犯论。我国刑法传统思维中有重视犯罪获益归属的特征,需要检讨反思。(3)考量共犯人作用大小的资料,应以属于犯罪

---

① 参见高铭暄、马克昌主编:《刑法学》(第九版),北京大学出版社、高等教育出版社 2019 年版,第 166 页。
② 参见周啸天:《正犯与主犯关系辨证》,《法学》2016 年第 6 期,第 124 页。

成立条件的客观行为和主观责任为优先,特别是要重视实行行为的分担归属及其作用大小。相比于分担非实行行为的人,分担实行行为的人应优先考虑为主犯(组织犯例外);分担实行行为的多人中,也尽可能根据作用大小区分主从犯,而不是一律认定为主犯。

在我国司法实务中,即使共犯人的地位和作用存在差别,如果共同犯罪的罪行极其严重,则倾向于不区分主从犯,即都认定为主犯。例如**【劳荣枝故意杀人、抢劫、绑架案】**被告人劳荣枝和同案犯法子英于1996年至1999年先后在江西南昌、浙江温州、江苏常州和安徽合肥四地作案四起,共同实施故意杀人、抢劫和绑架行为,共杀害了七人。一审法院判决书指出:"(劳荣枝)虽较法子英的犯罪地位和作用低,但依法亦属于主犯。"法院于2021年9月3日判决劳荣枝犯故意杀人罪、抢劫罪和绑架罪,三罪均判处死刑,数罪并罚决定执行死刑。①

(二) 教唆犯和帮助犯的主从犯认定

根据以上分析,我国理论和实务通说对教唆犯、帮助犯的主从犯认定值得商榷。

1. 教唆犯的主从犯认定

少数学者正确指出,将教唆犯认定为主犯的倾向值得商榷。② 教唆行为不具有直接的法益侵害性,教唆犯的不法低于正犯。教唆犯对正犯没有实质性支配,正犯仍能自由意思决定。所以,教唆犯原则上应认定为从犯,特别是教唆方法比较缓和,对被教唆人的影响力不大时,例如单纯地建议或者劝说等。少数情况下可认定

---

① 参见江西省南昌市中级人民法院刑事附带民事判决书(2020)赣01刑初50号。
② 参见周光权:《造意不为首》,《人民检察》2010年第23期,第5—8页。

为主犯,例如采用雇佣、胁迫等教唆方法;反复、多次地教唆;教唆并提供帮助;基于家庭、工作或者社会地位对被教唆人具有较大影响力;教唆未成年人;等等。① 有学者补充道,"即使对教唆者以共同正犯(主犯)论处时,在相同条件下,对教唆者的量刑也应当轻于正犯。"②

2. 帮助犯的主从犯认定

我国相继有学者和实务人员提出,帮助犯不能一概认定为从犯,不排除帮助犯成为主犯的可能性。钱叶六教授认为,帮助犯通常是从犯,例外情况下也可能是主犯。他举例如下:

【盗墓案】 无业游民甲产生盗窃古墓的念头,邀请曾参加该地古墓考古的专家乙参与。乙绘制了古墓结构图,标注了墓内重要文物的位置,制定了盗墓方案,并对甲作了专业指导。甲盗墓成功。③ 该例中,乙是帮助犯,但认定为从犯未必合适。因为盗墓是技术性很强的活动,乙尽管没有直接实施盗墓行为,但他提供的帮助行为对犯罪完成发挥了至关重要的作用,至少与甲同为主犯。张伟副教授认为,在同一犯罪中多处帮助的场合(例如帮助制订作案计划、提供作案工具、开车带到犯罪现场、负责望风、帮助逃跑),以及帮助组织犯等场合,帮助犯完全可能起到主要作用,不应排除在主犯之外。④

实务人员赞成帮助犯不能一概认定为从犯,而应综合考察案情,在有的情况下可认定为主犯。例如有的提出:"有的共犯人自始

---

① 参见钱叶六:《共犯论的基础及其展开》,中国政法大学出版社 2014 年版,第 68 页。周光权:《刑法总论》(第四版),中国人民大学出版社 2021 年版,第 377 页。
② 张明楷:《刑法学》(第六版),法律出版社 2021 年版,第 612 页。
③ 参见钱叶六:《共犯论的基础及其展开》,中国政法大学出版社 2014 年版,第 69 页。
④ 参见张伟:《帮助犯研究》,中国政法大学出版社 2012 年版,第 133—134 页。

就积极参与犯罪预谋,事中按分工承担'望风'之类的帮助实行犯罪的行为,事后又一并参与分赃。对于此种全程积极参与共同犯罪的帮助犯,则不宜机械地按照犯罪分工来认定从犯,而是应当根据其在整个共同犯罪过程中的所起作用,依法认定为主犯。"①

帮助犯认定为主犯的判决:

【邓某盗窃案】 2011年11月间,邓某与夏某、张某冒充医务人员,谎称能为脑血管病患者免费治疗,选择患病老人为目标入室盗窃。三人每天一同到居民小区,由邓某、夏某二人分别寻找患者,当其中一人找到作案目标后,便以看病为名进入被害人家中,之后手机联系张某。然后张某携带事先准备的中草药,冒充医疗专家进入被害人家中。邓某或夏某通过为被害人拔火罐、按摩,将被害人控制在床上,并要求家属到厨房切姜末配药,从而转移被害人及家属的注意。张某趁机窃取被害人家中财物。每次作案均为邓某与张某入户或者夏某与张某入户,未入户的人在小区附近等候。邓某与夏某从未一同作案。三人采用上述手段盗窃8起,盗窃数额54 000余元。其中,邓某参与4起盗窃,共计盗窃47 000余元。一审法院认为,被告人邓某以非法占有为目的,伙同他人多次入室秘密窃取他人财物,数额巨大,其行为已构成盗窃罪,应依法惩处。被告人邓某在共同犯罪中服从夏某的指挥和安排,起次要和辅助作用,系从犯。检察院认为,判决将被告人邓某认定为从犯,系适用法律错误,提出抗诉。二审法院认为,邓某与同案犯张某共同预谋实施盗窃犯罪,并进行了犯罪分工,邓某虽未直接窃取财物,但其上述行为为张某盗窃财物创造了条件,是共同盗窃必不可少的组成部分,因此二人对完成盗窃活动均起了主要作用,一审

---

① 黄祥青:《主从犯认定中的事实整理与价值考量》,《法律适用》2011年第12期,第50页。

法院将邓某认定为从犯属适用法律错误,应予以纠正。①

帮助犯原则上为从犯、例外情况下认定为主犯的结论,笔者表示认同。在对我国《刑法》第 27 条中的"辅助作用"重新解释,并非特指帮助犯,从而跳出了传统观点的窠臼后,那么帮助犯可以是主犯的结论,在我国刑法中也就不存在法规范的障碍了。从比较刑法的视角看,日本刑法学也认可某些帮助情形发挥了相当于正犯的重要作用,将其认定为共谋共同正犯,这一点可以说是帮助者例外地可以成立主犯的旁证。

(三) 若干犯罪情形的主从犯认定

1. 雇佣犯罪

雇主基于报复他人等动机,花钱雇佣凶手实施杀人、伤害等犯罪。雇主一般会提出明确的犯罪要求,通常也会向凶手提供被害人的必要信息。在日本,根据刑法通说,雇主成立共谋共同正犯。但若像裁判例那样重视"自己的犯罪",实行者也不排除成立帮助犯的可能。② 但是在中国,由于凶手对犯罪行为有认识,且有意思决定自由,雇主不成立间接正犯;由于雇佣行为不是构成要件行为,不成立共同正犯。因此,雇主的参与行为类型应是教唆犯。我国司法实践通常将雇主认定为教唆犯。③ 有刑事判决书明确指出:"雇佣犯罪是教唆犯罪的一种特殊形式,对雇佣犯罪处理,应遵

---

① 参见马爽:《从一起盗窃案中看共同犯罪中起帮助作用的从犯认定》,《法制与社会》2014 年第 26 期,第 80 页。
② 参见"雇主违反《粮食管理法》案",最判昭和 25 年[1950 年]7 月 6 日刑集 4 卷 7 号 1178 页。
③ 参见广西壮族自治区桂平市人民法院刑事判决书(2014)浔刑初字第 235 号、江苏省大丰市人民法院刑事判决书(2000)大刑初字第 172 号。

循刑法有关教唆犯罪的一般规定。"①

虽然在一般情况下,教唆犯的罪责轻于正犯,但是雇佣犯罪属于例外,雇主发挥的作用重大,不同于普通的教唆犯,应当作为主犯处罚。凶手无疑是正犯,也应作为主犯处罚。② 雇主如果投身参与被雇佣者的犯罪行为,则根据其参与的行为类型(实行或者帮助),而相应地成立教唆犯与正犯或帮助犯的竞合。根据共犯竞合的一般理论,雇主在教唆犯与正犯竞合时认定为正犯,雇主在教唆犯与帮助犯竞合时认定为教唆犯。这两种竞合情况下,雇主更应认定为主犯。

【刘贻光雇凶杀人案】 被告人刘贻光因对被害人夏某某与其妻的不正当关系而导致其离婚不满,欲对夏某某进行报复。刘贻光指使被告人徐国军找到被告人刘福光,刘福光又邀约被告人肖顺长及钟某某(另案处理)。某日凌晨,刘福光、肖顺长和钟某某找到夏某某,并开枪打死了他。刘贻光先后支付刘福光等人报酬600余元。二审法院裁定,刘贻光、刘福光、徐国军、肖顺长均构成故意杀人罪。在共同犯罪中,刘贻光提出犯意,出资雇凶,与其他被告人多次共谋,刘福光受雇后邀约他人参与,多次参与共谋,开枪致被害人死亡,其行为积极主动,二人均起了主要作用,是主犯,应对所参与的犯罪承担主要责任;徐国军受刘贻光指使,为其寻找报复人员,并为刘福光等人实施报复带路,肖顺长受雇后积极参与,二人起次要作用,是从犯,依法应当减轻处罚。③ 在本案中,被告人刘福光和肖顺长是故意杀人罪的实行共同正犯,法院根据其

---

① 参见"霍某某、王某某、满某某故意伤害、故意毁坏财物案",内蒙古自治区阿拉善左旗人民法院刑事判决书(2014)阿左刑二初字第57号。
② 参见张开骏:《共谋共同正犯理论的反思》,《中国法学》2018年第6期,第298页。
③ 参见四川省高级人民法院(2013)川刑终字第630号刑事裁定书。

作用大小,分别认定为主犯与从犯。被告人徐国军是教唆犯,作用较小,认定为从犯。被告人刘贻光无疑是教唆犯,法院根据其"提出犯意,出资雇凶,与其余被告人多次共谋"等事实,认定其在共同犯罪中"起主要作用,系本案主犯,应对所参与的犯罪承担主要责任",圆满地解决了他的罪责认定。

【杨富贵、张杰、冯梅卿故意杀人案】 被告人杨富贵图谋报复被害妇女冯某某,在与有暧昧关系的被告人冯梅卿共谋后,冯梅卿积极联系,将被告人张杰介绍给杨富贵。杨富贵雇佣张杰并带领其到冯某某家进行踩点。某日23时许,冯梅卿带领张杰到杨富贵家再次共谋。24时许,杨富贵伙同张杰到冯某某家,由杨富贵将门骗开,将冯某某压住,张杰用事先准备的白色尼龙绳套在冯某某颈部,二人共同将冯某某勒死。然后逃离作案现场,并分别给冯梅卿打电话告知"事已办成"。事后杨富贵付给张杰酬金9 500元。二审法院裁定,三名被告人共谋报复被害人冯某某,并实施了非法剥夺他人生命的行为,造成冯某某死亡的后果,均构成故意杀人罪。在共同犯罪中,杨富贵、张杰起了主要作用,是主犯。冯梅卿起了次要作用,是从犯。[①] 在本案中,被告人杨富贵和张杰是故意杀人罪的实行共同正犯(杨富贵是正犯和教唆犯的竞合),他们都是主犯。被告人冯梅卿是帮助犯,其参与的犯罪行为是介绍杀人同伙,并多次参与共谋。需要注意的是,虽然裁定书中使用了冯梅卿"共谋"的表述,但是中国刑法理论根据共同犯罪故意的形成时间,将共同犯罪形式分为"事前通谋的共同

[①] 参见山西省高级人民法院刑事裁定书(2001)晋刑一终字第188号。

犯罪"与"事前无通谋(即事中通谋)的共同犯罪",[①]故此处是指"事前通谋"之意,而不是共谋共同正犯。裁定书认定冯梅卿起了次要作用,是从犯,也可证明她不可能是日本刑法理论中发挥了重要作用、属于核心角色、应承担正犯之责的共谋共同正犯。中国司法实践不采用共谋共同正犯理论,根据中国共犯理论认定冯梅卿成立帮助犯,结合《刑法》的从犯规定进行量刑。

【马崇礼、赵华贩卖毒品案】 被告人马崇礼以提供毒品给被告人赵华吸食为报酬,雇佣赵华贩卖毒品。2014年5月3日、4日,赵华先后两次给吸毒人员白某某贩卖毒品2包,获毒资100元;5日10时许,赵华在兰州市红古区海石湾镇三岔路口北面的马路上伺机给吸毒人员贩卖毒品时,被青海省民和县公安局禁毒大队工作人员当场抓获,从其身上查获毒品可疑物7包、作案工具手机一部、毒资200元。5日,马崇礼在兰州市红古区海石湾镇兰炭医院门口向吸毒人员张某贩卖毒品时被当场抓获,从张某身上查获毒品可疑物1包、毒资50元,从马崇礼身上查获毒品可疑物6包、作案工具手机一部、毒资195元。经青海省公安厅刑事科学技术毒品检验鉴定,从马崇礼、赵华、张某处查获毒品均系海洛因,净重分别为0.838 6克、0.786 7克、0.119 1克。法院认为:"被告人马崇礼雇佣被告人赵华贩卖毒品,在该起贩卖毒品犯罪中,二被告人系共同犯罪,在犯罪过程中二人作用同等。"于2014年11月5日判决马崇礼犯贩卖毒品罪,判处有期徒刑1年6个月,并处罚金3 000元;赵华犯贩卖毒品罪,判处有期徒刑1年,并处罚金2 000

---

① 参见高铭暄、马克昌主编:《刑法学》(第九版),北京大学出版社、高等教育出版社2019年版,第165—169页。张明楷:《刑法学》(第六版),法律出版社2021年版,第504页。

元。① 本案中,被告人马崇礼雇佣他人犯罪,与被雇佣者都是主犯。

2. 望风

在日本刑法理论和实务中,有的望风行为会被认定为共谋共同正犯。我国有的学者主张实质客观说的正犯认定标准,对此表示认同。② 笔者认为,在日本共谋共同正犯有其合理的一面,尽管如此,望风行为认定为共谋共同正犯应当限缩。③

我国有司法人员提出,"望风行为究竟是实行行为还是帮助行为,望风者究竟是主犯还是从犯,都得以具体犯罪事实为判断依据"。例如,在事前有共谋,事中依具体情形进行分工,承担望风行为的,"这时望风行为的实行性不容置疑,一般应当认定为主犯。"④笔者认为,该例中望风行为的实行性并非毫无疑问。共犯人在犯罪现场进行分工,然后分别实施望风等犯罪行为的,说明在共同犯罪预备阶段尚无分工,而在着手实行阶段时某个共犯人既然领受(承担)的是望风行为,则毫无疑问不具有实行行为性,不属于正犯。假如考虑行为人事前参与共谋,事中临时分配到望风任务,可能事后也积极参与脱逃和妨碍侦查等,综合案情将其认定为主犯,这倒是完全可能的。但不能由此就反推论证他的犯罪参与行为具有实行行为性。假如共犯人已经着手实行犯罪,某个共犯人在实施了部分实行行为后,又根据具体情形转而承担了望风行为,则该共犯人成立帮助犯和正犯的竞合,其行为当然具有实行行

---

① 参见甘肃省兰州市红古区人民法院刑事判决书(2014)红刑初字第 171 号。
② 参见黎宏:《刑法学总论》(第二版),法律出版社 2016 年版,第 294 页。
③ 参见张开骏:《日本共谋共同正犯的理论根据和范围限缩》,《贵州大学学报(社会科学版)》2019 年第 6 期,第 70—71 页。
④ 李小文:《主从犯认定的若干问题研究》,《上海大学学报(社会科学版)》2008 年第 2 期,第 131—132 页。

为性,应当认定为正犯。总之,在我国刑法学中,由于正犯认定不必过度实质化,望风行为应认定为帮助犯。①望风者在犯罪成立上从属于正犯。并且,实施单纯的望风行为的帮助犯,应认定为从犯。

另外,在有的帮助行为正犯化的罪名中(例如协助组织卖淫罪),望风行为可能构成该罪名的实行行为,从而成立此类罪名的正犯,但这是另外一回事。

【张林平抢劫案】 2001年12月3日上午,被告人张林平伙同李某、吴某及另一同案人(均另案处理)携带事先准备的绳子及胶纸,到广东省普宁市"万家乐"对面占陇粮管所门口侯某的单车修理店。由张林平在店外把风,其他同案人在店内使用绳子捆绑被害人陈某3的颈部、手脚,用胶纸封住陈某3的嘴巴,抢劫陈某3身上的现金人民币及外币。得手后,四人共同乘坐张林平准备的出租车逃离现场。同日15时许,被害人陈某3被发现在侯某单车修理店内死亡。经普宁市公安局刑事技术部门法医鉴定:陈某3符合因被他人勒颈、堵塞呼吸道致窒息死亡。一审法院认定张林平是抢劫罪的主犯,判处无期徒刑,剥夺政治权利终身,并处没收个人全部财产。张林平提起上诉。其辩护人提出,被害人死亡后果与张林平没有直接因果关系,张林平在共同犯罪中属于从犯。二审法院认为:"张林平受纠集参与抢劫犯罪,在抢劫过程中负责望风、接应,起辅助作用,系从犯,依法应从轻处罚。"于2020年10月28日判决上诉人张林平犯抢劫罪,判处有期徒刑15年,剥夺政

---

① 参见陈家林:《共同正犯研究》,武汉大学出版社2004年版,第95页。冯军、肖中华主编:《刑法总论》(第三版),中国人民大学出版社2016年版,第350页。丁胜明:《共同犯罪中的区分制立法模式批判——以正犯、实行犯、主犯的关系为视角》,《中国刑事法杂志》2013年第2期,第39—40页。阎二鹏:《共犯教义学中的德日经验与中国现实——正犯与主犯教义学功能厘清下的思考》,《法律科学》2017年第5期,第182页。

治权利5年,并处罚金2万元。① 在本案中,被告人张林平实施抢劫的望风、接应行为,二审认定为抢劫罪的从犯并从轻处罚,是合理的。

【潘年补抢劫案】 上诉人潘年补案发时系广东省深圳市宝安区龙华镇阁下村饶州旅馆的保安兼水电工,熟悉饶州旅馆的经营情况及内部构造,被害人何某系饶州旅馆的经营者,居住在该旅馆406房。2005年6月15日,潘年补与同案人杨木昌、杨汉科(均已判刑)、刘某(另案处理)经合谋,欲通过抢走何某随身携带的保险柜钥匙,非法占有保险柜内的现金。16日21时许,杨汉科、刘某携胶带持邓某的身份证登记入住饶州旅馆505房,随后杨木昌也进入505房间伺机作案。潘年补则按原计划将木梯放在饶州旅馆四、五楼之间的楼梯口,并在一楼望风,向杨木昌等人提供何某的动向。当日24时许,杨木昌、杨汉科、刘某按照潘年补的提议,利用潘年补提供的木梯爬天花板进入何某居住的406房间,盗得迪比特6588C手机一部(价值860元)及少许零钱。不久,潘年补到505房通报何某将要回406房间。待何某进入406房间后,杨木昌、杨汉科、刘某对何某实施了按倒在床、掐颈、用衣架线捆绑双手双脚、胶带封口鼻等行为,致何某机械性窒息死亡。杨木昌从何某身上取下保险柜钥匙劫得保险柜内的人民币22 000元、港币300元后,杨木昌、杨汉科、刘某逃离现场。次日上午杨木昌分给潘年补赃款5 500元。案发后潘年补仍在饶州旅馆上班至20日潜逃。一审法院认定潘年补为主犯,于2020年12月23日判决潘年补犯抢劫罪,判处无期徒刑,剥夺政治权利终身,并处没收个人全部财

---

① 参见广东省揭阳市中级人民法院刑事附带民事判决书(2019)粤52刑初94号、广东省高级人民法院刑事附带民事判决书(2020)粤刑终1103号。

产。上诉人潘年补及其辩护人提出:"上诉人潘年补只是提供作案线索、为同案人望风、制造犯罪条件,协助同案人实施抢劫行为,在共同犯罪中所起的作用为次要作用,系从犯。"二审法院认为:"潘年补不但向杨木昌等人提供了饶州旅馆的营业状况、内部构造、被害人何某居住及放保险柜的房间等信息,而且提议利用木梯爬天花板进入何某居住的房间,并提前放置木梯帮助杨木昌等作案,建议杨木昌等提前开房入住的楼层。在杨木昌等人进入饶州旅馆后,潘年补又主动望风、提供何某的动向。潘年补供述的作案细节与杨木昌、杨汉科的供述及现场勘验笔录、证人证言等相吻合。足以证实潘年补伙同同案人密谋抢劫,积极主动参与作案,且抢劫得手后分得赃款,在共同犯罪中起主要作用,依法不能认定为从犯"。只是一审法院未认定潘年补有自首情节不当,导致对潘年补量刑偏重。于2021年3月11日判决上诉人潘年补犯抢劫罪,判处有期徒刑15年,剥夺政治权利5年,并处罚金10万元。[①] 在本案中,被告人潘年补不仅实施了抢劫的望风行为,还实施了多种辅助行为,例如,提供饶州旅馆的营业状况、内部构造、被害人居住及放保险柜的房间等信息,提议利用木梯爬天花板进入被害人的房间,并提前放置木梯帮助作案,建议正犯提前开房入住的楼层,后又提供被害人的动向。抢劫得手后分得赃款。综合全部案情,一、二审法院认定被告人潘年补为抢劫罪的主犯,是完全合适的。

3. 飞车抢夺

例如,甲、乙共谋抢夺路人的手提包或背包,甲开摩托车接近路人,乙夺取路人手提肩背的包,然后两人开车逃离。抢夺是指对

---

① 参见广东省深圳市中级人民法院刑事判决书(2019)粤03刑初738号,广东省高级人民法院刑事判决书(2021)粤刑终106号。

他人紧密占有的财物,瞬间实施强制力,转为自己占有的行为。在该例中,乙实施了抢夺他人财物的实行行为,是正犯,且足以认定为主犯。甲实施的是开车行为,在性质上不属于抢夺的实行行为,而是为接近被害人方便抢夺财物以及为犯罪后得以快速逃离的帮助行为,根据参与行为的类型,甲应认定为帮助犯。考虑到飞车抢夺案件中开车行为对犯罪实施发挥了较大作用,因此将甲认定为主犯也无妨。

我国的刑事判决多对飞车抢夺的共犯人不区分主从犯,换言之都认定为主犯。举例如下:

【潘某、卓某抢夺案】 2014 年 8 月 4 日 1 时许,被告人潘某、卓某在南宁市西乡塘区秀灵路西一里南宁市西乡塘区衡阳秀灵南社区卫生服务中心对面马路,由卓某驾驶燃油助力车,潘某坐助力车后座,飞车抢夺途经该处的被害人蒙某的 iPhone 5 手机一台。经鉴定,该手机案发时价值 1 763 元。9 月 3 日 16 时 30 分许,潘某、卓某在南宁市高新区科德路翰林雅筑小区门口附近马路,由卓某驾驶燃油助力车,潘某坐助力车后座,飞车抢夺途经该处的被害人陈某的黄金手链一条。经鉴定,该手链案发时价值 4 950 元。法院认为:"在共同犯罪中,二被告人积极实施犯罪活动,均起主要作用,均是主犯"。于 2015 年 1 月 20 日判决潘某、卓某犯抢夺罪,均判处有期徒刑 1 年,并处罚金 2 千元。①

【雷兴亮、赵海俊抢夺案】 2019 年 10 月 3 日 22 时至 23 时许,被告人雷兴亮、赵海俊共谋到德阳市实施抢夺,采取由雷兴亮驾驶无号牌两轮摩托车,搭乘赵海俊用剪刀将被害人背包带剪断的作案手段,从成都市新都区窜至金堂县赵镇时遂决定在金堂

---

① 参见广西壮族自治区南宁市西乡塘区人民法院刑事判决书(2015)西刑初字第 142 号。

赵镇实施抢夺犯罪,先后在赵镇工农大桥上、十里大道一段 276 号附近、赵镇实验中学门口、金阳街附近,对受害人郑某某、刘某某、钟某某等实施抢夺,抢得受害人刘某某一个背包、一部 OPPO R17 手机、少量零钱、几只口红,抢得受害人钟某某一个卡其色背包、一部华为 nova 5 Pro 手机、20 余元现金、身份证、银行卡等物品后逃离。后雷兴亮、赵海俊使用该受害人手机网上支付消费 746 元。雷兴亮、赵海俊窜至德阳市中江县后于 2019 年 10 月 4 日 17 时许,在德阳市中江县南华镇栖妙大道靠屯子沟小区大门附近,采用同样的作案手段,抢走受害者张某某一个挎包、一部 OPPO 手机、200 余元现金、银行卡、身份证等物品。经金堂县价格认证中心价格认定:OPPO R17 手机价值 1 250 元;华为 nova 5 Pro 手机价值 1 900 元;OPPO R15 手机价值 1 000 元。一、二审法院均认为,两被告人在共同犯罪中分工配合,均行为积极,不区分主从。一审法院于 2020 年 4 月 7 日判决两被告人犯抢夺罪,判处赵海俊有期徒刑 2 年,并处罚金 6 千元;判处雷兴亮有期徒刑 1 年 10 个月,并处罚金 5 千元。二审法院于 2020 年 8 月 4 日裁定驳回上诉,维持原判。[①]

4. 搂抱配合行凶

例如,甲抱住被害人使其不能挣脱和反抗,乙持刀刺死被害人的场合。二人成立故意杀人罪的共同犯罪。乙肯定是故意杀人的正犯,而且发挥了主要作用。如果在正犯认定标准上采纳实质客观说(重要作用说、犯罪事实支配理论等),可能会得出甲是(共谋)

[①] 参见四川省金堂县人民法院刑事判决书(2020)川 0121 刑初 61 号,四川省成都市中级人民法院刑事裁定书(2020)川 01 刑终 530 号。

共同正犯的结论。① 笔者认为，在参与行为类型上，甲认定为帮助犯也无妨。在作用大小和主从犯认定上，尽管没有甲的搂抱行为，乙刺杀行为的实施会增加难度甚至可能无法完成，但毕竟乙的刺杀行为直接威胁了被害人生命并且实际导致了被害人死亡。若离开乙的刺杀行为，甲的行为单独来看无论如何都不可能侵害他人生命。而且，用刀刺死他人的行为，相比搂抱行为体现出了对他人生命蔑视、性格冷酷残忍的更大主观恶性和人身危险性。因此，乙确定无疑是主犯，甲可认定为从犯。

【孔宪勇、赵乐乐故意伤害案】 2015年9月18日12时许，被告人孔宪勇将被害人李广约至其在本市小店区星河湾小区5号楼1单元701室的家中，因言语不和，二人发生争执并相互厮打，在厮打过程中，李广持棒球棍殴打孔宪勇的头部，孔宪勇将棒球棍抢下后打击李广头部、腿部及手臂等部位。被告人赵乐乐进入现场将李广搂抱、控制住，随后倒在床上，其间，孔宪勇持家中的擀面杖再次打击李广的臀部、腿部等处。李广在挣脱赵乐乐在床上的搂抱、控制后，即失去反抗能力。案发后，孔宪勇、赵乐乐对李广进行救护。经复检鉴定：李广符合在心脏传导系统及左右心室壁严重脂肪浸润等心脏病变的基础上，因外伤、剧烈活动、情绪激动等因素，导致急性心功能衰竭死亡。法院认为："被告人孔宪勇、赵乐乐共同故意伤害他人身体，致人死亡，其行为均已构成故意伤害罪，公诉机关指控罪名成立。本案系共同故意犯罪。被告人孔宪勇在共同犯罪中起主要作用，是主犯。被告人赵乐乐在共同犯罪中起辅助作用，是从犯，应当减轻处罚。"于2016年12月21日判决孔

---

① 参见张明楷：《刑法学》（第六版），法律出版社2021年版，第515页、第543页。黎宏：《刑法学总论》（第二版），法律出版社2016年版，第280页。

宪勇犯故意伤害罪,判处有期徒刑 3 年,缓刑 5 年;赵乐乐犯故意伤害罪,判处有期徒刑 3 年,缓刑 3 年。① 判决书没有对共犯人的行为类型加以界定,但是区分了主从犯,将实施直接伤害行为的被告人孔宪勇认定为主犯,将实施搂抱、控制行为以配合行凶的被告人赵乐乐认定为从犯。

【朱某、李某某故意伤害案】 2018 年 5 月 21 日 15 时许,被告人朱某因怀疑妻子刘某和李某有不正当关系,纠集李某某、赵某成、赵某强、朱某某、朱某霖到刘某租住的临沂市兰山区张王庄小区某室,由朱某持撬棍将室门撬开后,朱某持塑料管将李某、刘某殴打致伤,李某某搂抱李某为朱某实施殴打行为提供帮助。经法医鉴定李某的损伤构成轻伤二级、刘某的损伤构成轻微伤。法院认为:"被告人朱某、李某某故意伤害他人身体,致一人轻伤,一人轻微伤,其行为已构成故意伤害罪,应予惩处。临沂市兰山区人民检察院指控朱某、李某某犯故意伤害罪的罪名成立。李某某在共同犯罪过程中起辅助作用,系从犯,依法应当从轻处罚。"于 2019 年 1 月 17 日判决朱某犯故意伤害罪,判处有期徒刑 9 个月,缓刑 1 年;李某某犯故意伤害罪,判处有期徒刑 7 个月,缓刑 1 年。② 判决书认定实施搂抱行为的被告人李某某是故意伤害罪的从犯。

5. 电信诈骗

当前,电信诈骗(尤其是电信网络诈骗)在我国常见多发。2016 年 12 月 19 日最高人民法院、最高人民检察院、公安部《关于办理电信网络诈骗等刑事案件适用法律若干问题的意见》第四部分第(二)项规定:"多人共同实施电信网络诈骗,犯罪嫌疑人、被告人应对其参与期间该诈骗团伙实施的全部诈骗行为承担责任。在

---

① 参见山西省太原市中级人民法院刑事判决书(2016)晋 01 刑初 52 号。
② 参见山东省临沂市兰山区人民法院刑事判决书(2019)鲁 1302 刑初 46 号。

其所参与的犯罪环节中起主要作用的,可以认定为主犯;起次要作用的,可以认定为从犯。"根据该解释第(三)项规定,明知他人实施电信网络诈骗犯罪,具有下列情形之一的,以共同犯罪论处,但法律和司法解释另有规定的除外:提供信用卡、资金支付结算账户、手机卡、通讯工具的;非法获取、出售、提供公民个人信息的;制作、销售、提供"木马"程序和"钓鱼软件"等恶意程序的;提供"伪基站"设备或相关服务的;提供互联网接入、服务器托管、网络存储、通讯传输等技术支持,或者提供支付结算等帮助的;在提供改号软件、通话线路等技术服务时,发现主叫号码被修改为国内党政机关、司法机关、公共服务部门号码,或者境外用户改为境内号码,仍提供服务的;提供资金、场所、交通、生活保障等帮助的;帮助转移诈骗犯罪所得及其产生的收益,套现、取现的。该解释第(四)项规定:"负责招募他人实施电信网络诈骗犯罪活动,或者制作、提供诈骗方案、术语清单、语音包、信息等的,以诈骗共同犯罪论处。"以上司法解释明文规定了电信诈骗共同犯罪的外部界限(共犯人范围),但是对如何认定共犯人类型缺乏指导性规定。

笔者认为,在电信诈骗犯罪的参与行为类型上,直接给受骗者打电话的人,实施的是诈骗罪构成要件行为,属于正犯。诈骗方案设计、话术编撰、取款转账等人,实施的是组织、领导、指挥、协助等行为,不属于正犯,对这些共犯人,如果是电信诈骗犯罪集团中的首要分子,可以认定为组织犯;非首要分子或者电信诈骗一般共同犯罪中的共犯人,只能认定为帮助犯。从作用大小来看,诈骗方案设计等组织、领导、指挥者可以认定为主犯;负责取款转账的人为从犯;直接打电话实施欺骗的共犯人若知晓整个犯罪计划,积极参与实施诈骗活动,则可以认定为主犯;若对整个犯罪计划不知情,仅是诈骗网络中的一环,可替代性较大,则可以认定为从犯。

(四) 共犯人分案审判的主从犯认定

司法实践中常出现共犯人被分案审判的情况,原因多种多样。诸如:同案犯被抓获的时间不同;同案犯包括成年人和未成年人,需要分案起诉和审判;同案犯另有其他罪行,被移送管辖;等等。分案审判时的主从犯认定,宜区分情形讨论。

1. 共犯人先行审判的情形

即同案犯未到案或者到案未经审判的情形。以一名共犯人接受先行审判为例进行探讨。有司法人员主张,"在此情境下一般不宜认定主从犯,尽管该共犯人客观上可能属于主犯抑或从犯。"[①]笔者认为,这种观点似乎在回避问题,值得商榷。也有司法人员提出,确能证明被告共犯人是从犯的,应该予以认定。[②] 笔者对此表示赞同。

笔者观点阐述如下:(1) 如果主从犯的事实清楚、证据确实充分(例如案发现场有很多目击证人或者有监控摄像头录下了整个案件过程),可以确定是从犯的,哪怕先行审判的被告人只有一人,也可以直接予以认定,并适用《刑法》第 27 条从犯的量刑制度。即使后来其他共犯人的审判证实其为主犯,由于先行审判认定其为从犯有利于被告人,故不存在侵犯人权问题。而且基于一事不再理原则,以及有利于被告人原则,彼时也没必要、不能再对先行审判共犯人的主犯重新认定,从重处罚。(2) 如果主从犯的事实清楚、证据确实充分,可以确定是主犯的,也可以直接予以认定。但是量刑时应该

---

① 黄祥青:《主从犯认定中的事实整理与价值考量》,《法律适用》2011 年第 12 期,第 50 页。
② 参见李小文:《主从犯认定的若干问题研究》,《上海大学学报(社会科学版)》2008 年第 2 期,第 131 页。

留有余地,因为被告人供述往往避重就轻,同案犯尚未到案时,对全部案情不能保证完全掌握,有可能后审判的同案犯也是主犯且罪责更重。若对先行审判的共犯人判处了最重刑罚,就会造成同案犯之间量刑失衡。(3) 如果主从犯的事实不够清楚,则不宜认定为主犯,也没必要认定为从犯。此时,为了避免在实际效果上将这样的先行审判的被告共犯人等同于主犯(因为是通常的处罚原则,不能适用从犯的从宽处罚原则),对其量刑要慎重和留有余地。

2. 共犯人后来审判的情形

即同案犯已经审判的情形。此时全部案情基本查清,本着实事求是的态度和公正量刑的原则,对后来审判的共犯人该怎么认定主从犯,就直接予以认定。即使先行审判的同案犯没有认定主从犯,也不妨碍后来审判共犯人的主从犯认定。司法人员尤其认同对后来审判共犯人的从犯认定。①

值得探讨的一个问题是,假如经过后来审判,查清了全部案情,发现先行审判的同案犯被不当地认定为从犯,也就是说他实际上应该是主犯(如前所述,此时不应更改主从犯认定的先行判决),后来审判的共犯人才应该认定为从犯,此时不能迁就先行审判的从犯认定结论,以"从犯是相对主犯而言的""没有主犯就谈不上从犯"等逻辑规则为由,而将后来审判的共犯人不当地认定为主犯。换句话说,仍应该将后来审判的共犯人认定为从犯。尽管前后审判结合起来看,同案犯都被认定为从犯而没有主犯,似乎在逻辑上说不通,但这个认定局面是必须接受的,因为形式的逻辑规则应该让位于尊重案件事实和追求量刑的实质公正。

---

① 参见黄祥青:《主从犯认定中的事实整理与价值考量》,《法律适用》2011年第12期,第51页。李小文:《主从犯认定的若干问题研究》,《上海大学学报(社会科学版)》2008年第2期,第131页。

第四章

教唆犯的性质和处罚

我国 1979 年《刑法》和 1997 年《刑法》关于教唆犯的规定完全一致,前者第 26 条和后者第 29 条均设置了以下两款。第 1 款规定:"教唆他人犯罪的,应当按照他在共同犯罪中所起的作用处罚。教唆不满十八周岁的人犯罪的,应当从重处罚。"第 2 款规定:"如果被教唆的人没有犯被教唆的罪,对于教唆犯,可以从轻或者减轻处罚。"教唆犯的性质是我国刑法学中争论最激烈和混乱的内容,该问题与教唆犯的成立和处罚有着紧密关系。

一、教唆犯的性质

教唆犯的性质讨论的是教唆犯与正犯的关系,争论点是教唆犯从属还是独立于正犯,即教唆犯的从属性或独立性。其上位层次的问题是狭义共犯的性质。我国刑法学界关于共犯性质的争论,主要是围绕教唆犯展开的。关于教唆犯性质的争论从 19 世纪 80 年代就已开始,存在差异较大的三种视角或立场:(1) 立足于我国是单一制犯罪参与体系的解释论,回避对教唆犯性质的讨论,只是在单一正犯理论下对《刑法》第 29 条的理解和适用发表具体看法。(2) 对我国的犯罪参与体系不发表见解,只是强调教唆犯规定的特殊性,表现在《刑法》第 29 条第 1 款规定的是共犯教唆犯,即作为狭义共犯的教唆犯,第 2 款规定的不是共犯教唆犯,而是独立教唆犯(或非共犯教唆犯)、间接正犯等，于是可能对第 1 款教唆犯的性质发表一种看法，对第 2 款"教唆犯"（根据其立场准确地说是"教唆者"）的性质或地位发表另一种看法。(3) 从我国是区分制犯罪参与体系的解释论或者从立法论角度，展开教唆犯性质的探讨。下面以观点提出时间为序，详细地作归纳介绍。

（一）教唆犯性质的争论

1. 二重性说

我国刑法学界主张共犯二重性的学者不在少数，二重性说一度被视为通说。首倡教唆犯二重性的是伍柳村先生，他认为教唆犯的犯罪意图必须通过被教唆人的决意及实施被教唆的犯罪行为，才能发生危害结果或达到犯罪目的，说明教唆犯处于从属地位，具有从属性；教唆行为使教唆犯与被教唆人发生了人与人之间的社会关系，显示出教唆他人犯罪这一行为本身对社会危害的严重程度，说明教唆犯又处于相对的独立地位，具有相对的独立性。教唆犯的二重性就是从属性和相对的独立性。他进而解释了 1979 年《刑法》第 26 条，得出第 1 款和第 2 款规定分别体现了从属性和独立性。① 李光灿教授、马克昌教授和罗平教授著《论共同犯罪》表达了类似观点："作为共同犯罪中的教唆犯，是具有二重性的犯罪类型。即从其所教唆的特定罪行要依赖被教唆者的实行才能完成来看，教唆犯在共同犯罪中具有从属性的一面；从其教唆行为本身就具有一定的社会危害性来看，教唆犯在共同犯罪中又具有相对的独立性。这种矛盾的二重性，是以从属性为其矛盾的主要方面，以相对的独立性为其矛盾的次要方面。"并且表示，片面强调

---

① 参见伍柳村：《试论教唆犯的二重性》，《法学研究》1982 年第 1 期，第 17 页。

教唆犯的从属性,会产生定罪量刑上的畸宽和轻刑的倾向;反之,片面强调独立性或将其作为矛盾的主要方面,会产生定罪量刑上的畸严和重刑的倾向。① 吴振兴教授将教唆犯分为一般教唆犯和特殊教唆犯,前者指共同犯罪中的教唆犯,即被教唆者犯了被教唆罪的情况,两者形成了共犯关系,此时教唆犯具有从属性,后者指独立存在的教唆犯,即被教唆者没有犯被教唆的罪的情况,两者没有形成共犯关系,此时教唆犯具有独立性。② 在此,以伍柳村先生的观点为例进行评析:伍柳村先生提出"教唆犯的犯罪意图必须通过被教唆人的决意和行为,去发生危害结果或达到犯罪目的",但这仅是教唆犯的特点,实际上是一种概念或论理上的从属性,以此作为共犯从属性的根据是不妥的。例如,间接正犯的犯罪意图也必须通过被利用者的行为才能实现,如果按照上述观点,间接正犯也具有从属性,但没有人会接受这样的观点。他认为只要教唆犯实施了行为就具有社会危害性,如果说仅此便应处罚教唆犯,那么得出独立性的观点倒是符合逻辑。另外,他认为1979年《刑法》第26条第1款规定教唆犯按照在共同犯罪中所起的作用处罚,"具有明显的从属性"。这也不足为据,因为该款规定的是教唆犯的处罚原则而不是成立条件,即起主要作用的按主犯处罚,起次要作用的按从犯处罚,这与共犯的性质无关。他认为从属性说的结果必然轻纵教唆犯,独立性说的结果必然重罚教唆犯。可是,由于是对不能调和的两种学说进行的"统一",二重性说也不可能实现不枉不纵的理想,只可能是"轻

---

① 参见李光灿、马克昌、罗平:《论共同犯罪》,中国政法大学出版社1987年版,第82—83页。
② 参见吴振兴:《论教唆犯》,吉林人民出版社1986年版,第96—97页、第109页、第116页。

纵"或"重罚"依然如故。

马克昌教授也主张教唆犯的二重性，并且区分为抽象的二重性说与具体的二重性说，前者从教唆犯的一般特性来论述二重性，后者根据刑法的不同规定说明教唆犯在某种情况下具有从属性，在另一情况下则具有独立性。所谓抽象二重性说和具体二重性说、教唆犯的一般特性和具体规定，分别指立法论和解释论的两种视角。他认为，在共犯的二重性中，独立性是主要的。从属性包括犯罪从属性和处罚从属性，前者指教唆犯因被教唆人实施犯罪而构成，被教唆人未实施犯罪，教唆犯即不成立；后者指对教唆犯依照实行犯的刑罚来处罚。就 1979 年《刑法》第 26 条来说，第 1 款规定教唆犯只有在被教唆人实施犯罪时才能成立，体现了从属性，同时该款规定教唆犯的刑事责任依其在共同犯罪中的作用处罚，而不是依照实行犯的刑罚处罚，体现了独立性，第 2 款规定的教唆犯是被教唆人没有犯被教唆之罪的情况，只体现了独立性。① 马克昌教授借鉴的是日本学者植田重正教授的共犯从属性学说。笔者认为，共犯不存在处罚的从属性，以此作为共犯从属性的根据是不妥当的。在共犯成立条件的意义上理解犯罪从属性概念，其完整的含义应指"实行从属性＋要素从属性"，因此，以犯罪从属性来论证共犯的从属性是可以的（由于大陆法系刑法理论中，犯罪从属性约定俗成与可罚从属性同义，是探讨共犯的处罚根据问题，因此不提倡该概念）。有意思的是，关于《刑法》第 29 条第 1 款规定的教唆犯按照共同犯罪中的作用处罚，伍柳村先生认为这体现了从属性，而马克昌教授却认为体现了独立性，他们得出了完全相反的

---

① 参见马克昌：《论教唆犯》，《法律学习与研究》1987 年第 5 期，第 15—16 页。马克昌：《共同犯罪理论中若干争议问题》，《华中科技大学学报（社会科学版）》2004 年第 1 期，第 21—23 页。

结论。已如上述,其实该款规定与共犯的性质无夫。另外,按照马克昌教授的观点,似乎教唆犯"依照实行犯的刑罚处罚"就体现从属性,恐怕也值得商榷,因为它不是教唆犯从属性或独立性的标志。当刑法对教唆犯规定某处罚原则时,有的学者主张从属性说,也有的会主张独立性说。例如,日本刑法第 61 条规定对教唆犯"判处正犯的刑罚",牧野英一教授、木村龟二教授持独立性说,而小野清一郎教授、团藤重光教授、平野龙一教授等人持从属性说。再如对德国旧刑法的相同规定,Binding 采独立性说,Liszt 采从属性说。即使是单一制体系的立法例,对教唆犯的处罚也可能不一致。这表明,不论教唆犯的从属性或独立性,刑法都可能规定按照正犯的刑罚来处罚。

持教唆犯二重性的学者还有赵秉志教授、魏东教授。他们认为,教唆犯的从属性和独立性是辩证地、有机地统一起来的。从理论上考察,从属性表现在:教唆行为的社会危害性程度受被教唆人的犯意是否产生、实行行为的有无以及发展进程和危害结果大小等因素的影响和制约;被教唆人是否实施被教唆的犯罪行为对教唆结果的产生起着非常重要的作用,如果没有着手实施犯罪,教唆犯的犯罪意图就不会实现;教唆犯所追求的最终犯罪结果是由被教唆人的犯罪行为产生的,被教唆人是"内因",而教唆犯仅是"外因",只能促进、推动而不能最终决定该犯罪行为的实施和犯罪结果的产生。独立性表现在:教唆犯出于故意实施了教唆行为,具有主观恶性和社会危害性,从而成为其构成犯罪并承担刑事责任的主客观依据;教唆行为是危害结果产生的前提和基础,没有教唆行为就不会有被教唆人实施的犯罪行为及由此产生的危害结果;教唆犯有自己相对独立的构成要件;教唆犯有自己的犯罪形态,如犯罪预备、未遂、中止和既遂等;教唆犯通常以其所教唆之罪为依据来确定罪名。①

笔者认为,赵秉志教授等提出的教唆犯从属性的三点表现和独立性的第二点表现都是教唆犯的特点,与教唆犯的性质无关,支持独立性的其他几点表现也值得商榷。教唆犯本身有其成立条件而无所谓独立的构成要件,即如果教唆他人犯故意杀人罪,则意味着教唆犯的行为不仅符合教唆犯的成立条件,也符合故意杀人罪的成立条件;在教唆犯罪不是一个独立罪名的情况下,教唆犯没有独立的构成要件。换言之,教唆犯的成立条件与教唆犯所犯之罪的构成要件不是同等概念。如果教唆犯罪是一个独立的罪名,教唆犯就成了一种独立的犯罪,它就不可能与正犯成立共犯,在这种情况下,根本无所谓独立性和从属性。② 至于教唆犯究竟是什么犯罪形态,取决于教唆行为符合哪种犯罪形态的条件,与从属性或独立性也没有关系。因为,共同犯罪本身的形态和各共犯人的犯罪形态不完全一致,各共犯人的犯罪形态也不完全相同。例如,甲教唆乙杀人,乙着手实行后而中止杀人行为的,乙是中止犯,甲是未遂犯,此种场合难以就共同犯罪形态本身下结论。由此可见,在教唆犯和被教唆人构成共同犯罪关系时,被教唆人的犯罪形态并不能完全左右教唆犯的形态。从国外共犯从属性的观点来看,也不可能得出"教唆犯的犯罪形态由实行犯的犯罪形态决定"的结论。例如,大塚仁教授是共犯从属性说的支持者,他就共犯的未遂和中止问题作了详细论述:"关于结果犯,在共同者开始了实行行为但是没有结果发生时,可以承认其共同正犯的未遂。当个别地考察时,即使共同者中部分人的行为没有使结果发生,而是由其他

---

① 参见赵秉志、魏东:《论教唆犯的未遂——兼议新刑法第29条第2款》,《法学家》1999年第3期,第30页。
② 参见张明楷:《刑法的基本立场》(修订版),商务印书馆2019年版,第420页。

人的行为使结果发生时,共同正犯就成立既遂。""在全体共同者任意地中止了犯罪或者共同者中部分人任意地阻止了其他共同者的共同实行或者阻止了结果的发生时,就成立共同正犯的中止犯。由部分人的中止行为而中止犯罪或者阻止了结果发生时,其中止者虽然成立中止犯,但是,对此感到意外的其他人则是障碍未遂。而且,即使共同者中部分人任意地中止了犯罪行为,但是其他人实现了犯罪时,也不能认为中止者是中止犯。在教唆者、从犯者阻止了正犯的既遂时,就成立教唆犯、从犯的中止犯。在教唆者、帮助者对正犯的障碍未遂感到意外时,教唆者、帮助者也是障碍未遂;在基于教唆者、帮助者的任意而发生了正犯者的障碍未遂时,教唆者、帮助者就成立中止犯。而且,教唆者、从犯者对正犯者的中止感到意外时,教唆者、从犯者就是障碍未遂;基于教唆者、从犯者的任意发生了正犯者的中止犯时,教唆者、从犯者也是中止犯。"[1]再如,前田雅英教授也是共犯从属性说的支持者,他指出:"正犯的任意中止的效果不及于共犯。中止必须自己进行。同样,共犯的中止效果不及于正犯。另外,共同正犯情形中部分人任意中止从而结果不发生的场合,也仅应承认这部分人的中止犯效果。"[2]共犯的罪名是否需要与正犯保持一致,这的确是个问题,在多数情况下是与正犯一致的,但不一致也是完全可能的。而且,所谓罪名从属性的问题不属于共犯从属性理论的范畴。[3]

陈世伟副教授著作《论共犯的二重性》主张共犯的二重性。(1)他批判共犯从属性说存在如下两个根本缺陷:一是无法解决

---

[1] [日]大塚仁:《刑法概説(総論)》(第四版),有斐閣2008年版,第346—347页。
[2] [日]前田雅英:《刑法総論講義》(第六版),東京大学出版会2015年版,第366页。
[3] 参见张开骏:《共犯从属性研究》,法律出版社2015年版,第81—85页。

行为人利用无刑事责任能力者实行犯罪的问题,为此而提出间接正犯概念宣告了从属性说的彻底崩溃;二是从属性说主张共犯的可罚性从属于实行行为存在根本问题,不能解决各个共同犯罪人独立承担的刑事责任及其大小问题。① 以上对共犯从属性说的批判是误解。第一点批判的是极端从属性说。如今限制从属性说已经成为大陆法系刑法的通说。间接正犯概念的确是为了弥补极端从属性说的弊端而提出来的,但这一概念即使在通说看来,仍有独立存在的价值因而继续被承认。其次,可罚从属性说已成为历史,如今大陆法系刑法理论关于共犯的处罚根据,已明确否认共犯借用犯说,而主张共犯固有犯说(由此而展开的学说是责任共犯论、不法共犯论和因果共犯论),共犯具有独立的处罚根据,即共犯行为本身(通过正犯行为)间接地引起了法益侵害或危险。由于共犯行为对法益侵害的间接性,必须限制共犯的处罚范围,即等到正犯实施了实行行为的程度,才开始讨论共犯的成立和可罚性。强调正犯的实行行为有利于贯彻罪刑法定原则,限制共犯处罚范围有利于彰显刑罚的谦抑和人权保障机能。他将共犯从属于正犯误解为共犯和正犯应"共同分担"刑事责任或者分摊刑罚,是对共犯从属性说的误解。(2)他批判共犯独立性说立足行为人共同表现反社会的主观危险性,不能解决共犯独立的行为基础。该说主张共犯的行为只可能是自然意义上、先于构成要件存在的行为,缺乏构成要件的定型性,会过于扩大共同犯罪成立范围从而侵犯人权。② 在学派之争的初期,存在"行为共同说—主观主义—新派刑法学,犯罪共同说—客观主义—旧派刑法学"的对应关系,而且共犯从属性说为旧派学者所主张,行为共同说为新派学者所主张,因

---

① 参见陈世伟:《论共犯的二重性》,中国检察出版社 2008 年版,第 13—14 页。
② 参见陈世伟:《论共犯的二重性》,中国检察出版社 2008 年版,第 15 页。

而共犯独立性说与行为共同说有亲近关系,批判了行为共同说也相当于指出了共犯独立性说立场根基的缺陷。但是,毕竟两者不是一回事,他以批判行为共同说代替对共犯独立性说的批判,不完全妥当。况且,被他批判的行为共同说只是学派之争初期的自然行为共同的行为共同说,如今已无人主张,转而采取构成要件的行为共同说,强调构成要件行为的定型性。综上,他并没有真正理解共犯从属性说和独立性说。

陈世伟副教授认为,"共同犯罪人都是通过利用他人的行为来实施犯罪的,其他共同犯罪人的行为就成为了行为人行为时所利用的客观条件之一。因此,整个共同犯罪行为也无非就是各个共同犯罪人利用其他共同犯罪人的行为并将其作为自己行为组成部分的行为形式。"①"互为条件且相互独立"的共同犯罪行为,决定了共犯是独立性和从属性的有机统一体。从每个共同犯罪人的角度来考察,由于他控制了其他人的行为,使得其他人行为成为该共同犯罪人行为的组成部分,因此每个共同犯罪人都应对自己控制的其他人行为引起的危害结果独立地承担刑事责任,此即共犯的独立性;各共同犯罪行为引起的危害结果是各共同犯罪人相互独立但又相互联系的行为共同作用的结果,这决定了在确定每个共同犯罪人的刑事责任时,必须考虑作为其行为条件和组成部分的其他人行为,共同犯罪人的行为及其刑事责任之间的这种相互依存性,即共犯的从属性。②

以上论述值得商榷:(1)行为人对其他共同犯罪人的行为存在条件或利用关系,这可能引起行为人是否应对其他人的行为承担责任的问题,但不能由此就把其他人的行为或导致的结果,完全

---

① 陈世伟:《论共犯的二重性》,中国检察出版社2008年版,第53页。
② 参见陈世伟:《论共犯的二重性》,中国检察出版社2008年版,第59页。

当成行为人自己行为的一部分。由于对其他共同犯罪人行为的条件或利用关系与犯罪行为支配关系之间,存在程度上的差异,而这种差异直接影响了对行为人的行为性质的认定,即是狭义共犯还是间接正犯。共同犯罪人都是正犯的观点不能被赞同。(2)他对共犯的从属性和独立性的理解,脱离了大陆法系共识的范畴框架。他理解成了共犯承担刑事责任的特征或方式,或者说是共犯的处罚根据,而大陆法系刑法理论的共犯性质是指共犯与正犯的关系,是关于共犯的成立条件问题,即共犯的成立是否从属于正犯以及从属的程度如何。即使在共犯处罚根据的角度,他提出共犯从属性特征也不能得到赞同。如今大陆法系刑法理论关于共犯的处罚根据,否认借用说而主张固有说,即共犯具有独立的处罚根据。(3)按照他理解的共犯从属性和独立性,则不仅狭义共犯,共同正犯也存在二重性。换言之,正犯对正犯也具有独立性和从属性,因为共同正犯"互为条件且相互独立"的共同犯罪行为特征更加明显。(4)他支持单一制体系和单一正犯概念,认为所有的共同犯罪人都是正犯(教唆行为和帮助行为都是实行行为)。"共同犯罪中各个共同犯罪行为人由于相互利用对方的行为作为自己行为的一部分而成为独立存在的行为。共同实施犯罪行为的人皆为正犯。这正是共同犯罪的本质所在。"[1]根据这种立场和逻辑,根本没有狭义共犯的存在余地以及狭义共犯的性质问题。

陈兴良教授批判共犯从属性说和独立性说,提出共犯从属性和独立性统一说。他评价道,共犯从属性说以正犯行为为中心,使教唆犯和帮助犯依附于正犯而存在,这严格地限制了共犯的构成要件,一定程度上正确地揭示了正犯与共犯的关系,有其可取之

---

[1] 陈世伟:《论共犯的二重性》,中国检察出版社2008年版,第133页。

处。但从刑法理论上分析,从属性说存在许多不足之处,这源于其所赖以建立的客观主义,无视行为人的主观犯意,割裂主客观的联系,简单地以行为分工将共同犯罪人分为正犯与共犯。共犯独立性说将共犯的可罚性建立在本人行为的基础上,对教唆犯的主观恶性予以充分关注,一定程度上克服了从属性说的缺陷。但该说建立在主观主义基础上,同样割裂了主客观的联系,断然否定共犯对正犯的从属性,因而无助于正确地揭示正犯与共犯的关系。共犯从属性和独立性统一说坚持了主客观相统一的原则。具体地说,共犯的独立性是指共犯具备独立的主客观相统一的承担刑事责任的根据,其构成犯罪并不取决于实行犯是否实行犯罪;共犯的从属性是指共犯的罪名取决于实行犯所实施的特定犯罪,没有抽象的脱离具体犯罪的共犯。[①] 上述见解存在若干值得商榷之处:(1)他认为作为共犯从属性说基本立场的客观主义与共犯独立性说基本立场的主观主义,割裂了主客观的联系,该批判不能成立。因为,把客观主义等同于客观归罪、主观主义等同于主观归罪,纯属误解,如今已被学界澄清。(2)在方法论上,"主客观相统一原则"是我国传统刑法学界最擅长运用并且运用最得心应手的,但是该原则并不比主观主义或客观主义优越多少,反而潜藏着思维简单化、可能违背逻辑律等重大缺陷,受到包括他本人在内的学界的重新检视。[②] (3)根据他的理解,共犯独立性是关于共犯的处罚根据,共犯从属性是关于共犯的成立和罪名。该观点与其说是对两说的正名或本来含义的揭示,不如说是将他认为的两说合理性成

---

① 参见陈兴良:《共同犯罪论》(第三版),中国人民大学出版社 2017 年版,第 39—43 页。
② 参见陈兴良:《主客观相统一原则:价值论与方法论的双重清理》,《法学研究》2007 年第 5 期。周光权:《刑法学的西方经验与中国现实》,《政法论坛》2006 年第 2 期,第 29—30 页。

分作了提炼。如果是这样,共犯从属性说和独立性说根本就不会出现对立,早就该"统一"了。问题恐怕不是想象的那么简单吧。(4) 他对两说概念的介绍过于简洁,没有反映出两说全貌和交锋的关键所在,因此观点和论证有错讹在所难免。陈兴良教授在解释论上支持教唆犯的独立性说。他认为,刑法关于教唆犯的规定是一个整体,只要具有独立性就不可能具有从属性,在此意义上二重性说确实难以成立。教唆未遂是否处罚是考察刑法采从属性说还是独立性说的标志,《刑法》第 29 条第 2 款处罚教唆未遂的规定体现了教唆犯的独立性。①

2. 独立性说

我国刑法学界只有少数人明确主张共犯独立性说。较早提出该观点的是余淦才先生,他首先批判了二重性说,指出独立性说和从属性说的基本原理对认定教唆犯的刑事责任,从立论根据、分析方法乃至如何适用刑罚都是根本不同的,应用到具体案件上甚至结论有时是相反的,很难想象在一部刑法里可以合二而一或者说具有所谓"二重性"。他认为,1979 年《刑法》第 26 条两款规定都体现了教唆犯的独立性:第 1 款规定的教唆犯和实行犯成立共同犯罪,教唆犯的罪责需要从横的方面理解,依其在共同犯罪中所起的作用处罚,这与共同犯罪的处罚原则一致,不可能也不应该得出教唆犯从属于实行犯的结论。第 2 款规定的教唆犯属于单个犯罪,这时不存在实行犯,教唆犯的罪责只须从纵的方面理解。被教唆人没有犯被教唆的罪从而未致实际危害结果,所以教唆犯的处

---

① 参见陈兴良:《走向共犯的教义学——一个学术史的考察》,载陈兴良主编:《刑事法评论》(第 25 卷),北京大学出版社 2009 年版,第 447 页。陈兴良:《教义刑法学》,中国人民大学出版社 2010 年版,第 652 页。

罚可以从轻或减轻,这与从属性的含义更是风马牛不相及。① 蔡桂生博士在《刑法》第 29 条第 2 款的解释论上提出独立性例外说。② 王华伟博士认为,"被教唆的人没有犯被教唆的罪"是指"被教唆人没有着手实行被教唆的罪",申言之,被教唆人仅处在预备阶段。如果被教唆者没有接受教唆,那么根本不存在共同犯罪,没有值得处罚的行为。如果被教唆者接受了教唆进入预备犯罪阶段,但并没有着手实行,此时教唆者和被教唆者构成共同犯罪预备,都适用《刑法》第 22 条"可以比照既遂犯从轻、减轻或者免除处罚"的规定,在此基础上教唆者还能够适用《刑法》第 29 条第 2 款"可以从轻或者减轻处罚"的规定再次从宽处理。③

有学者立足独立性说并加以修正,提出修正的独立性说见解。例如,(1) 有的提出"教唆犯独立性新释说",将教唆行为界定为犯罪预备行为,将教唆者与被教唆者之间界定为"利用有意志的工具"的关系,认为被教唆者的"着手"就是教唆犯的着手。《刑法》第 29 条第 1 款表达的意思为:教唆他人犯罪,他人犯了被教唆之罪的,应当按照他在共同犯罪中所起的作用处罚;第 2 款是对第 1 款的补充,表达的意思为:教唆他人犯罪,他人没有犯被教唆之罪的,应当从轻或者减轻处罚。由此,教唆他人犯罪,他人犯还是不犯所教唆之罪,都不影响犯罪的成立,只是影响其构成形态而已。④ 该观点批判独立性说将教唆行为理解为实行行为,而是主

---

① 参见余淦才:《试论教唆犯的刑事责任》,《安徽大学学报(哲学社会科学版)》1983 年第 2 期,第 63—64 页。
② 参见蔡桂生:《〈刑法〉第 29 条第 2 款的法理分析》,《法学家》2014 年第 1 期,第 72 页。
③ 参见王华伟:《中国犯罪参与模式之定位:应然与实然之间的二元区分体系》,《中国刑事法杂志》2015 年第 2 期,第 46 页。
④ 参见朱道华:《教唆犯研究》,法律出版社 2014 年版,第 121—122 页。

张将教唆行为理解为预备性质的行为,这具有合理性,可以合理地划定狭义的教唆未遂的范围,弥补独立性说的教唆停止形态刑罚不协调的弊端。正是由于对教唆行为作了不同的理解,故称其是对独立性说的修正,而由于主张不论被教唆者是否着手犯罪,都不影响教唆者犯罪的成立,这决定该修正观点是独立性说的本质。

(2) 还有的提倡"教唆犯相对独立性说",即对重大犯罪进行教唆的应提倡教唆犯独立性说,该教唆行为具有可罚性,对轻微的犯罪进行教唆的行为不具有可罚性。该观点比较了教唆犯的从属性说和独立性说,认为从属性说不利于法益保护,不能实现刑罚谦抑,不符合《刑法》第 29 条规定,违反个人责任主义,不具有司法裁量妥当性等;独立性说坚持了教唆者对教唆行为本身负刑事责任,严格贯彻个人责任主义,坚持其违法性应独自进行判断,体现了独立性说的正确性。只是,独立性说存在混淆共犯行为与实行行为界限的缺陷,从法益保护的基本目的出发,教唆行为的危害性大小从根本上取决于所指向的法益重要程度,因此绝对意义上的独立性说并不可取。论者认为,对重大犯罪进行教唆的"相对独立性说",符合刑法学上的法益原理和国际社会奉行的"轻轻重重"刑事政策。同时也并不反对教唆犯对正犯的依附性。① 扩大刑罚范围固然可以保护法益,却是未必值得运用刑法加以保护的法益,更重要的是这可能导致有悖人权保障的结果。论者既然认为从属性说不利于保护法益,又指责其不能实现刑罚谦抑,无疑是自相矛盾的,从属性说不具有谦抑性的观点也是不符合事实的。坚持教唆犯的从属性,与处罚根据上因自己的行为而被处罚并不矛盾,不能认为从属性说违反了个人责任主义。论者认为独立性说可取的依据,

---

① 参见陆诗忠:《"教唆犯从属性说"之批判——兼论相对意义上的"教唆犯独立性说"之提倡》,《东方法学》2015 年第 3 期,第 19—26 页。

即违法性应独立判断,恰与共犯和正犯的"违法性原则上连带"这样的共识相悖。"轻轻重重"的刑事政策,与重罪教唆犯应具有独立性之间没有必然联系。论者提倡的"教唆犯相对独立性说",也并没有推翻教唆犯的从属性质,只不过对从属性说和独立性说作了折中,即提出对重罪的教唆行为应具有独立性。一方面并没有提出重罪与轻罪的界定标准,在刑法体系中重罪毕竟只占少数,因此可以说论者原则上还是赞成教唆犯的从属性,另一方面由于主张重罪的教唆行为具有独立性,而不是认为教唆犯都应从属于正犯,因此论者在本质上可以归属于教唆犯的独立性说。

3. 从属性说

我国刑法学界有越来越多的学者拥护从属性说,该说可以称为有力说或者新通说。张明楷教授认为,"我国刑法采取了教唆犯从属性说"。之所以处罚教唆犯,是因为教唆犯通过使正犯实施实行行为,参与引起了法益侵害的结果。既然如此,就应当将正犯着手实行犯罪作为处罚共犯的条件。亦即,只有当正犯着手实行犯罪,使法益受到紧迫的危险时,才能处罚教唆犯、帮助犯。正犯的实行着手,不是单纯的因果关系发展过程中的一个阶段,而是从实质上看必须产生了发生结果的具体的、紧迫的危险;处罚未遂不是因为该行为是行为人的危险性或反道义性的定型的征表,而是因为产生了发生结果的具体的、紧迫的危险。因此,将正犯着手实行犯罪作为处罚教唆犯的条件,意味着发生了法益侵害的具体的、紧迫的危险才处罚,这不仅没有不妥之处,而且理所当然。据此,只有当被教唆者着手实行犯罪,发生了法益侵害的具体的、紧迫的危险时,才处罚教唆犯。这正是教唆犯从属性说的结论。坚持教唆犯从属性说,就使罪刑法定主义得以坚持,构成要件的机能得以维护,教唆犯的处罚界限得以明确,避免刑法将所有与结果具有因果性的行为都视为狭义共犯,以致造成刑法界限之过度泛滥,严重破坏法的安定性。坚持教唆犯从属性说,有利于防止处罚不当罚的行为。事实上,当教唆者只是说了一句"杀死某人"时,即使对方完全默认,但仅此还没有处罚的必要性。因为在被教唆者没有实施威胁法益的行为时,即使不处罚教唆者,也可以确保国民的平稳生活。在解释论上,张明楷教授认为,《刑法》第29条第2款规定从字面含义来说是教唆犯独立性说的重要根据,但应立足于从属性说立场对其重新解释,将"被教唆的人没有犯被教唆的罪"解释为"被教唆的人没有犯被教唆的既遂罪"。也就是,如果被教唆的人着手实行犯罪后,由于意志以外的原因未得逞(未遂)或者自动放弃犯罪或有效地防止结果发生(中止),对教唆犯可以从轻或者减轻处罚。具体理由如下:(1)从文理解释来看,"犯罪"或"犯……罪"这一用语具有多种含义,有时仅指客观行为,有时指排除了犯罪预备情形的犯罪,有时指符合犯罪成立条件的一切形态的犯罪。刑法理论认为分则规定的犯罪以既遂为模式,既然如此就不可避免地会出现"犯罪"或"犯……罪"仅指既遂犯罪或者犯既遂罪的情形。(2)从教唆犯的特点来看,教唆犯唆使被教唆的人犯罪,旨在唆使被教唆的人犯罪既遂。如果被教唆的人着手实行犯罪但未能既遂,就没有实现教唆犯的旨意,因而可以解释为"没有犯被教唆的罪"。(3)从论理解释来看,该观点区分了正犯的实行未遂与教唆犯的未遂教唆;避免了教唆犯独立性说导致的处罚不协调现象;使未遂教唆的处罚更为合理;意味着《刑法》第29条第1款和第2款都是对共同犯罪中教唆犯的规定,使第29条与第25条至第28条相协调,不至于出现教唆犯独立性说所导致的第29条第2款与共同犯罪无关的局面;有利于妥当解决无身份人构成真正身份犯的共犯问题;有利于教唆犯性质和帮助犯性质的统一;有利于使教唆犯的处罚与间接正犯的着手相协调。①

周光权教授认为,根据刑法客观主义限定教唆未遂的成立范围是必要的,教唆未遂应当以正犯着手实行为必要前提。对《刑法》第29条第2款的适用必须作出限制:将被教唆的人"没有犯被教唆的罪"解释为被教唆者接受教唆,且已经着手实行,但没有达到犯罪既遂形态的情形。这样解释坚持了共犯从属性的法理,在解释论上使得法条之间没有矛盾,考虑了刑法的法益保护目的,防止滑向刑法主观主义。② 黎宏教授持基本相同的立场,认为"被教唆的人没有犯被教唆的罪",意指被教唆的人已经着手实行犯罪,由于意志以外的原因而没有得逞的所谓教唆未遂的情况,包括两种:一是被教唆人构成犯罪未遂,二是被教唆人着手实行犯罪后又中止。③

杨金彪副教授也是以立法论指导解释论,主张教唆犯从属性说。他认为,《刑法》整体上坚持了结果无价值论的立场,共犯规定也是如此,在此前提下应当承认,成立教唆犯和帮助犯,要求正犯必须实施实行行为。因为,没有正犯的实行行为,教唆、帮助行为难以侵害法益,处罚教唆犯、帮助犯缺乏实质根据。《刑法》第29条第1款规定"教唆他人犯罪的",意味着教唆犯是指教唆他人实施了犯罪的情况,应当包括而且主要是指教唆他人实行犯罪的情况。第2款有关教唆未遂的规定仅从字面理解,难以对其适用范围得出令人信服的结论,从《刑法》关于共犯的规定乃至整个刑法

---

① 参见张明楷:《刑法学》(第六版),法律出版社2021年版,第554—556页。张明楷:《论教唆犯的性质》,载陈兴良主编:《刑事法评论》(第21卷),北京大学出版社2007年版,第86—90页。

② 参见周光权:《刑法总论》(第四版),中国人民大学出版社2021年版,第367—368页。周光权:《"被教唆的人没有犯被教唆的罪"之理解——兼与刘明祥教授商榷》,《法学研究》2013年第4期,第192—193页。

③ 参见黎宏:《刑法学总论》(第二版),法律出版社2016年版,第297页。

体系来理解的话,它表明了共犯的实行从属性,即在被教唆人没有实施实行行为之前的教唆未遂是不可罚的(预备犯受到处罚的情况除外)。理由在于:刑法学通说认为被教唆人未实施实行行为之前的教唆未遂可罚充满了主观主义色彩,审判机关也未采纳通说见解;会忽视实行行为和教唆行为的类型差异;教唆犯的处罚范围将过于扩大,也会导致处罚不平衡;处罚独立教唆犯难以适用刑法分则条文;等等。①

4. 其他学说

学界还存在一些例外观点,它们并非针对教唆犯的性质的探讨,而是对《刑法》规定的理解和适用的具体看法。要么认为我国的犯罪参与体系是单一制,没必要探讨共犯的性质问题;要么认为《刑法》第29条第2款规定的是非共同犯罪的教唆犯;要么否定该款规定的是教唆犯。后两种见解可能在立法论上支持共犯从属性说。

第一,性质虚无说。

对正犯和共犯概念予以否定的单一制正犯理论,可能会拒绝共犯性质的讨论。例如,有学者认为我国立法采用的是统一正犯体系,讨论共犯从属性抑或共犯独立性毫无意义。② 笔者将此种立场称为"性质虚无说"。不过,只要该立场的学者接受教唆犯和实行犯的概念,他们也可能就教唆犯从属或独立于实行犯的问题展开讨论、发表见解,这实际上与共犯性质的讨论异曲同工。虽然"性质虚无说"大多回避从《刑法》第29条规定去探讨教唆犯的性

---

① 参见杨金彪:《共犯的处罚根据》,中国人民公安大学出版社2008年版,第133—134页、第138—144页。
② 参见刘洪:《我国刑法共犯参与体系性质探讨——从统一正犯视野》,《政法学刊》2007年第4期,第20页。

质,却也试图对该条文的意思进行解释。

刘明祥教授一再重申我国是形式的单一正犯体系,没有共犯从属性说赖以存在的基础。他认为,按照我国刑法规定,教唆行为的违法性程度通常并不比实行行为低,教唆犯在共同犯罪中一般也不是处于从属性或辅助性地位;相反,教唆犯大多处于犯罪的核心地位,通常应作为主犯处罚,而许多同案实行犯在共同犯罪中反而是次要地位,因而是从犯,比教唆犯处罚更轻。可见,我国刑法中的教唆犯不具有从属于正犯(即实行犯)的特性。他并不以被教唆人实行犯罪为条件,即不具有实行从属性,完全可以因其实施的教唆行为而独立构成犯罪,也就是具有定罪的独立性。[①] 关于"被教唆的人没有犯被教唆的罪"的理解和适用,他从预备行为是犯罪之始点和教唆犯独立性的理解出发,认为包括了四种情形:教唆犯已实施教唆行为但教唆信息(或内容)未传达到被教唆人;被教唆人拒绝教唆;被教唆人接受教唆但未为犯罪做准备;被教唆人接受教唆但后来改变犯意或者因误解教唆犯的意思实施了其他犯罪,并且所犯之罪不能包容被教唆的罪。从而,教唆人只是教唆构思、尚未实施教唆行为之前,以及被教唆人开始了教唆内容相同或包含的预备行为之后,都不符合《刑法》第29条第2款规定的情形。按照这种解释,被教唆人连犯罪预备行为也未实施时,适用第2款处罚教唆犯"可以从轻或者减轻处罚",而被教唆人实施了预备行为,教唆犯与被教唆人构成共同犯罪预备的情形,可以适用预备犯的"可以从轻、减轻处罚或者免除处罚"。对这种可能出现的处罚不均衡现象,他认为是"由于立法不科学造成的",只能寄希望

[①] 参见刘明祥:《论我国刑法不采取共犯从属性说及利弊》,《中国法学》2015年第2期,第284—288页。刘明祥:《再论我国刑法采取的犯罪参与体系》,《法学评论》2021年第4期,第86页。

于第 2 款规定将来修改为"可以从轻、减刑处罚或者免除处罚"加以解决。刘明祥教授也认识到,如果处罚教唆犯不限定在被教唆人实行犯罪之后,不利于防止处罚不当,但认为可以运用《刑法》第 13 条但书的规定来弥补。① 单一正犯体系将参与者都视为正犯,顶多在现象层面将其区分为直接正犯("直接犯罪人")与间接正犯("间接犯罪人"),而无视其行为本质或法规范性质上的差异。由此导致教唆犯可罚性的论证完全是解释法条表面含义,不可能从教唆犯本身的行为性质去探究教唆犯的未遂到底怎样处理才妥当。

江溯副教授认为共犯从属性或独立性在区分制体系的语境下才有研究意义,我国刑法采用的是机能的单一正犯体系,各参与者均是根据自己行为的不法和罪责承担责任,根本就不存在所谓的共犯从属性或独立性。从单一正犯体系的角度看,间接行为人(正犯)与直接行为人(正犯)之间的关系,一方面,任何行为人之所以构成犯罪,都是因为其自身的行为具备不法和罪责。另一方面,任何人都可以利用(通过)他人的客观不法构成要件来实现犯罪,但这并不意味着间接行为人从属于直接行为人,因为每个人的不法和罪责都必须独立判断,根本不可能存在什么从属性,而只是存在一种事实的依存性。质言之,间接行为人只不过是利用直接行为人的行为事实来实现自己的犯罪而已。就间接行为人而言,直接行为人的存在不过是其实现自己犯罪的因果过程的一个环节,除此以外,直接行为人的存在没有任何其他的意义。教唆犯是利用(通过)他人来实现自己犯罪的行为人,其行为构造是教唆行为+利用行为。仅有教唆行为并不具有法益侵害的现实危险性,必须

---

① 参见刘明祥:《"被教唆的人没有犯被教唆的罪"之解释》,《法学研究》2011 年第 1 期,第 146—149 页。

等到被利用者的行为达到了具有该危险性的阶段,教唆犯才具有可罚性。考虑到被教唆者仅实施了预备行为时,适用《刑法》第29条第2款会造成刑罚不协调,因此应将其缩小解释为"被教唆人已经着手实行犯罪但由于意志以外的因素而没有得逞"。这样看来,该款只是注意规定,即没有该规定也可以直接适用《刑法》关于犯罪预备和未遂的规定,对教唆预备和教唆未遂进行处罚。① 他的论证前提和过程迥异于从属性说,但对第2款的解释结论与从属性说不谋而合。诚然,任何行为人构成犯罪是其自身的行为具有不法和罪责,但在判断其构成犯罪时必须衡量不法和罪责的程度。即使如论者所言,任何人都可以利用他人的客观不法构成要件来实现犯罪,但是被教唆者、被帮助者没有着手实行时,教唆者、帮助者未必就已达到可罚的程度并成立犯罪。而当实行者着手实行后,教唆者、帮助者的责任固然应独立地判断,但其不法却难言完全独立,因为"违法的连带性"是刑法理论一般承认的。就这点来说,仅承认它们"事实的依存性",而否认"不法的依存性",显然是不够的。

正如前文所述,单一制下的单一正犯理论和区分制下的扩张正犯理论在学说思想上异曲同工。例如,认为教唆者具有独立的犯罪性和可罚性,不待被教唆者着手实行就可以处罚。形式的单一正犯体系会摒弃共犯性质的探讨,机能的单一正犯体系与共犯独立性说不谋而合。单一正犯体系具有重大缺陷,而我国犯罪参与体系可以解释为区分制。因此,立于单一正犯体系针对《刑法》

---

① 参见江溯:《犯罪参与体系研究——以单一正犯体系为视角》,中国人民公安大学出版社2010年版,第296—297页。江溯:《超越共犯独立性与共犯从属性之争——刑法第29条第2款的再解释》,《苏州大学学报(法学版)》2014年第2期,第29—32页。

第 29 条教唆犯规定所采取的"性质虚无说",不为笔者所赞同,他们针对第 2 款的理解和适用结论,亦不足取。

第二,独立教唆犯说(非共犯教唆犯)。

不少学者将《刑法》第 29 条第 2 款理解为"独立教唆犯"或"非共犯教唆犯"。① 有的教科书写道,"根据我国刑法规定,教唆犯可分为两种:一是独立教唆犯,一是共犯教唆犯。对于独立教唆犯来说,只要实施了教唆行为,即使被教唆人没有犯被教唆的罪也可以构成。对于共犯教唆犯来说,除了实施教唆行为之外,还必须被教唆人实施了所教唆的犯罪才能成立"。② 有的认为,"只要行为人实施了教唆他人犯罪的行为,即可成立教唆犯,他人是否实施所教唆的罪,对教唆犯的成立没有影响,但影响成立不同的教唆犯。被教唆人实施了所教唆的犯罪的,成立共同教唆犯;被教唆人没有实施所教唆的犯罪的,成立独立的教唆犯。"③还有的认为,第 29 条第 1 款规定的是"共犯教唆犯",是指成立共同犯罪时的教唆犯;第 2 款规定的是"非共犯教唆犯",是指不成立共同犯罪时的教唆犯。第 29 条第 2 款与第 25 条第 2 款规定相似,均是对不成立共同犯罪、不适用共同犯罪处罚原则的"非共同犯罪"问题的专门规定。共犯教唆犯与非共犯教唆犯的相同点是,不同于《刑法》分则直接规定的具体的教唆类罪名。④

独立教唆犯说将《刑法》第 29 条第 1 款理解为"共同教唆犯"或"共犯教唆犯",除了指出此时教唆者和被教唆者成立共同犯罪,一般没有进一步明确说明该款教唆犯的性质。该说将第 2 款理解

---

① 参见刘凌梅:《帮助犯研究》,武汉大学出版社 2003 年版,第 50 页。
② 高铭暄主编:《中国刑法学》,中国人民大学出版社 1989 年版,第 201 页。
③ 赵秉志主编:《新刑法教程》,中国人民大学出版社 1997 年版,第 219—220 页。
④ 参见魏东:《教唆犯诠释与适用》,中国人民公安大学出版社 2012 年版,第 46—47 页。

为"独立教唆犯"或"非共犯教唆犯",由于不将其理解为共同犯罪或犯罪参与中的共犯人类型,因此称为"教唆者"更符合该立场。该说认为此时被教唆者不成立犯罪,立法单独处罚教唆者,这明显存在问题。除了《刑法》分则中具体的教唆型罪名外,教唆行为在类型和性质上根本不同于实行行为,如果被教唆的人具有规范障碍,教唆者也不能被评价为间接正犯,那么单纯的教唆行为不可能符合构成要件,教唆者无由成立犯罪,不应被处罚。因为缺少《刑法》分则的基本构成要件符合性,不可能仅根据总则规定直接得出修正构成要件,从而论罪处罚。认为被教唆者不成立犯罪时可以单独处罚教唆者,无疑是认为单纯的教唆行为符合了具体犯罪的构成要件,对第2款的这种解释论与教唆犯独立性说的观点如出一辙。

第三,间接正犯说。

何庆仁教授曾尝试性地提出,《刑法》第29条规定的是广义教唆犯,即第1款规定的是狭义教唆犯(即通常所说的教唆犯),只具有从属性,第2款规定的是以教唆的行为方式实施的间接正犯,仅具有独立性。[①] 他主张引入合宪性的视角来审视第29条第2款的解释论,得出独立性说的解释结论违反了宪法中的比例原则和平等原则,而从属性说的解释论具有合宪性。[②] 对刑法条文进行合宪性解释并且从属性说具有合宪性的结论,为笔者所认同。但是,将《刑法》第29条第2款解释为对间接正犯的规定,难以令人信服。其一,间接正犯和教唆犯在性质上截然不同,前者属于正犯的

---

① 参见何庆仁:《我国刑法中教唆犯的两种涵义》,《法学研究》2004年第5期,第47页。
② 参见何庆仁:《我国〈刑法〉第29条第2款的合宪性解释》,《政治与法律》2021年第8期,第91—94页。

范畴,后者属于狭义共犯的范畴,认为同一条文中两款分别规定了教唆犯与间接正犯,这不符合立法体例。而且,先规定狭义共犯而后才规定正犯,国外刑法均无适例。其二,诚然,教唆犯与间接正犯概念在产生和发展过程中联系紧密,学说史上也曾有否定间接正犯概念而代之以共犯处理的观点,并且现今就两者的差异及某些情形下的认定还在进行着讨论。但是,从立法技术和语言表述上看,《刑法》第 29 条第 2 款明文写着"教唆犯"一词而不仅是"教唆者",既然如此认为规定的是"间接正犯"就显得有些突兀。其三,虽然间接正犯的常见形式是教唆的行为方式,但还存在其他形式,例如欺骗、利用被教唆人不知情等。刑法规定应规范地包含各种形式,此处却唯独规定教唆的方式,论者对此无法解释。其四,如果说第 29 条第 2 款规定的是间接正犯,根据条文表述便应该是有关间接正犯未遂的处罚规定,这同样存在疑问:为什么不直接规定间接正犯的概念,而直接规定处罚原则?没有明文规定对间接正犯作为正犯处罚的情况下,为什么规定间接正犯未遂的处罚原则?既然间接正犯也是正犯,那么其未遂处罚的原则没有特别之处,适用《刑法》第 23 条未遂犯的规定即可,第 29 条第 2 款未遂的处罚规定有何必要?

(二)学说观点的评析

关于教唆犯性质的争论,不少学说存在前提、逻辑和结论上的种种谬误。共犯从属性和独立性是大陆法系刑法理论上的概念术语,我国学者借鉴过来开展共犯性质的探讨并用以解释我国共犯规定时,当然应在正确理解并秉持其本来含义的前提下进行。否则会动摇讨论的基础,造成理论混乱。共犯从属性具有特定内涵,是关于共犯与正犯的关系,"探讨狭义共犯的成立(或可罚性)是否从属于正犯的实行以及从属之正犯应具备何种条件的理论"。"共犯从属性只包括实行从属性和要素从属性这两种。实行从属性探讨的是狭义共犯的成立或可罚性是否要求正犯着手实行的问题,对此问题的回答形成实行独立性说和实行从属性说的对立。要素从属性是在坚持了实行从属性说的前提下,即在狭义共犯成立或可罚性要求正犯着手实行以外,进一步探讨还要求正犯具备何种程度的问题,对此问题的回答形成了最极端从属性说、极端从属性说、限制从属性说和最小从属性说等争论。"①在不作特别说明时,共犯从属性或独立性的表述一般探讨的是实行从属性或独立性问题。

在大陆法系刑法理论中,共犯从属性说的基本理由是:(1)共犯的处罚根据与正犯的处罚根据相同,既然正犯的处罚根据在于引起了发生结果的具体危险,那么,在被教唆者、被帮助者没有着手实行犯罪时,教唆、帮助行为本身还不具有足以作为未遂犯处罚的发生结果的具体的危险性。(2)从立法政策上考虑,共犯独立性说过于扩大了共犯处罚范围;在被教唆者、被帮助者没有实施威胁法益的行为时,即使不处罚教唆者与帮助者,也可以确保人们的平稳生活。(3)共犯独立性说将教唆行为、帮助行为解释为实行行为,并不妥当。(4)未遂以着手实行犯罪为前提,故教唆、帮助的未遂不得独立适用未遂罪的处罚规定;只有当被教唆者、被帮助者着手实行犯罪后,才可能对教唆者、帮助者适用未遂处罚规定。(5)由于刑法分则条文没有就教唆犯、帮助犯的未遂设立处罚规定,故只有当正犯着手实行了犯罪时,才能适用共犯规定,对教唆犯、帮助犯以未遂论处。共犯独立性说的理论根据有:(1)根据犯罪征表说,确定地征表出犯意的外部行为,就是实行行为。由于教唆行为也是法益侵害

---

① 张开骏:《共犯从属性研究》,法律出版社2015年版,第99页、第98页。

意欲(犯意)的征表,故也属于实行行为,教唆行为的着手就是实行行为的着手。(2) 等待被教唆者、被帮助者着手实行犯罪后才处罚教唆犯与帮助犯的做法,不当地延迟了针对社会危险者的社会防卫。(3) 犯罪是社会危险性的表现,故不可能从属于他人的犯罪而成立;从属性说使教唆犯、帮助犯成为"附停止条件的犯罪",使教唆犯、帮助犯因为他人的行为而承担责任。(4) 教唆、帮助行为是为了各自的犯罪而利用他人的行为,与利用自然力没有区别;教唆、帮助行为自身就是实行行为;刑法就未遂犯所规定的着手实行,包括教唆犯、帮助犯的着手实行,故教唆者、帮助者开始实施教唆行为、帮助行为后,被教唆者、被帮助者没有实行犯罪的,对教唆者、帮助者而言也是已经着手实行犯罪。

我国刑法学界围绕教唆犯的问题或特征的一些讨论,其实不属于教唆犯性质(从属性或独立性)的内容。例如,关于共犯的处罚根据,已然否定了可罚从属性(即共犯借用犯说),而且处罚根据和成立条件不同,因此可罚从属性或独立性不属于共犯从属性理论的内容。我国刑法理论在探讨教唆犯性质时显然没有注意到这一点,不管是立法论还是解释论,并不是围绕共犯从属性的范畴本身,而是"来回穿梭"于不同问题之间,于是得出了或从属性、或独立性、或将它们"糅合"的二重性等各种见解。这些都犯了前提性错误。例如,我国刑事判决虽然近年来开始引用"共犯从属性"进行裁判说理,但是对共犯从属性概念的运用多有谬误。有的判决书写道,因为实行犯既遂,所以帮助犯或者止于预备阶段的同案犯根据"共犯从属性"也成立既遂。[①] 但是,一人既遂时全案既遂,不

---

① 参见"李某某诈骗案",阜新市海州区人民法院刑事判决书(2020)辽0902刑初95号。"陈嘉伟、张学华、兰誉盗窃案",河北省张家口市崇礼区人民法院刑事判决书(2020)冀0709刑初67号。

属于共犯从属性的范畴。此类讨论范畴的错误尤其突出地表现在二重性说中。例如,伍柳村先生以概念从属性、赵秉志教授以教唆犯的特征等论证教唆犯的从属性;赵秉志教授以罪名从属性、犯罪停止形态等论证教唆犯的独立性;伍柳村先生和马克昌教授分别以《刑法》第 29 条第 1 款教唆犯按照在共同犯罪中的作用处罚为据,分别得出从属性和独立性的结论。实际上,这些论据都与共犯从属性或独立性无关。陈世伟副教授的二重性说更是完全脱离了共犯从属性和独立性的分析框架。有的学说犯了逻辑性错误。例如,二重性说把共犯从属性和独立性这两种截然对立的学说"统一"到一起,违背了逻辑规律,在共犯成立上是否要求正犯实行上,只有两种答案即"是"或"不是",从而赞成从属性或独立性,而不存在"与"的关系这第三种选择。再如,陈世伟副教授以共同犯罪行为"互为条件且相互独立"得出"共犯"同时具有从属性和独立性。但是,从属性和独立性是两种完全相反的性质,在事实和观念上都不可能同时并存,"共犯的二重性"根本就是伪命题。总而言之,以上种种前提上的误解、逻辑上的混乱与结论上的似是而非,根源在于我国刑法学界对共犯从属性和独立性缺乏正确的理解。周光权教授对此作了独到的评析:"共犯二重性的观点,在分析方法的采用上不具有一致性,在讨论共犯独立性时,是从现象的角度、从犯罪学的角度看问题;在讨论共犯从属性时,是从规范的角度、从刑法学的角度分析问题,由此得出共犯既具有独立性又具有从属性的奇怪结论。"①

教唆犯独立性说批判了二重性说,但是坚持独立性说的理由有所不同。余淦才先生的依据是《刑法》第 29 条第 1 款规定,这似

---

① 周光权:《刑法总论》(第四版),中国人民大学出版社 2021 年版,第 361 页。

乎不得要领。陈兴良教授认为第 2 款是处罚教唆未遂的规定,遂在解释论上持独立性说。单纯从文字表述看,第 29 条第 2 款没有直接否认教唆犯的独立性。于是,主张教唆犯从属性说的学者花费很大功夫解决第 2 款的解释论障碍。例如,张明楷教授将被教唆的人没有犯被教唆之"罪"限制解释为"既遂罪";持从属性说的杨金彪副教授从刑法整体结构上寻找依据。

还有学者从《刑法》第 29 条第 1 款出发来解释教唆犯的从属性,将该款的前段"教唆他人犯罪的",解释为教唆他人"实行犯罪",从而主张教唆犯的从属性;还有学者在此基础上,将"犯罪"解释为符合构成要件的违法行为或者排除主观责任的客观意义的"犯罪",主张教唆犯的限制从属性。笔者认为,第 1 款不是关于教唆犯概念的规定,从中解释教唆犯的成立条件,未必符合立法本意。

在解释论上坚持共犯从属性说的学者,几乎毫无例外遵循立法论上从属性说的立场。而在解释论上持独立性说、二重性说、独立教唆犯说或间接正犯说的很多学者,在立法论上其实是赞同从属性说的。① 例如,有学者在解释论上主张教唆犯独立性说,在立法论上赞同教唆犯从属性说,提出将现有的教唆犯概念一分为二:教唆犯和唆使犯,前者由总则规定为共同犯罪人中的一种(狭义共犯),从而维持共犯从属性说,后者由分则规定为单独犯罪。② 将解释论和立法论分离来理解法条含义未必是可取的学术立场,以立法论指导解释论观点的学术立场或许更妥当。笔者在几年前对《刑法》第 29 条第 2 款体现的教唆犯性质的看法是,该款在解释论

---

① 参见阎二鹏:《共犯与身份》,中国检察出版社 2007 年版,第 166 页。
② 参见唐世月:《对我国传统教唆犯理论的质疑》,《贵州警官职业学院学报》2002 年第 1 期,第 8 页。

上无法排除教唆犯独立性说,但立法论上应坚持教唆犯从属性说。① 现转而主张以教唆犯从属性的立场来指导该款的解释,这在解释方法上并不是难事,只要把该款中的被教唆之"罪"限制解释为被教唆之"既遂罪",关键是解释理由的论证和阐述。

虽然独立性说、二重性说、性质虚无说或独立教唆犯说等名目不一,但对《刑法》第29条第2款教唆犯处罚范围的解释结论却保持一致。不过,由于它们的出发点或理由不同,因此在教唆犯的犯罪形态认定上有差异。独立性说将教唆行为本身视为实行行为,因此教唆犯实施了教唆行为,由于意志以外的原因而被教唆人未着手于实行的,成立教唆未遂。而持性质虚无说的刘明祥教授认为,教唆犯的特点是唆使他人去实行犯罪,以达到自己预期的犯罪目的,其未遂认定关键要看对意图侵害的法益是否构成现实而紧迫的威胁。因此,以被教唆人着手实行作为教唆犯的着手起点。被教唆人着手实行犯罪之前,由于教唆者意志以外的原因停顿下来的,只能视为犯罪预备。②

(三) 教唆犯从属性的提倡

如今,主张教唆犯"二重性"的学者已经少之又少,教唆犯独立性说的主张也逐渐式微,教唆犯从属性说正发展为我国刑法理论通说。笔者提倡教唆犯的从属性,这不仅有社会背景、刑法根基、解决相关问题的妥当性等学理根据,而且有除《刑法》第29条之外的相关刑法条文和司法解释等规范相佐证。另外,坚持从属性说对诸多共犯具体问题可以妥善处理,例如共犯的未遂、无身份者加

---

① 参见张开骏:《共犯从属性研究》,法律出版社2015年版,第162—163页。
② 参见刘明祥:《再释"被教唆的人没有犯被教唆的罪"——与周光权教授商榷》,《法学》2014年第12期,第125页。

功于真正身份者的共犯等,这些证明了从属性说具有合理性。

1. 权利时代与法治国原则社会背景之导向

马克昌教授曾这样评价共犯从属性说和独立性说,"共犯从属性说,如犯罪共同说一样,是资产阶级上升时期的共犯理论,也是资产阶级民主思想在共犯理论上的反映。根据这种学说,加功于正犯的教唆行为或帮助行为,只有在正犯已着手实行犯罪时,才能构成共犯和科以刑罚。这就严格地限制了共犯的构成条件和刑事责任。较之封建刑法中共犯概念的模糊不清与广泛规定共犯的刑事责任相比,无疑地具有进步意义。……共犯独立性说,如同行为共同说一样,是资本主义向帝国主义转化时期产生的,同样是适应资产阶级加强刑事镇压需要的产物。"[①]虽然措词具有意识形态的色彩,但其观点内容并无不当,指出了共犯从属性说和独立性说产生的社会历史背景。刑事古典学派是在反对封建刑法的干涉性、恣意性、身份性和残酷性的基础上产生的,对保障人权、促进法治做出了功不可没的历史贡献。例如,严格区分法律与道德,构成要件理论得到发展,限制共犯处罚范围等。然而,19世纪中叶以后,欧洲大陆随着资本主义制度由自由竞争阶段向垄断阶段过渡,失业人数大量增加,社会矛盾日趋激化,犯罪率不断上升,累犯特别是常习犯和少年犯急剧增加。面对当时的社会状况,按照刑事古典学派的"事后"刑法、消极刑法的观念处理犯罪,显得软弱无力和不及时,出现很多负面效果。于是,以社会防卫为目的、注重行为人的人身危险性的刑事近代学派应运而生。注重对社会的保护,其法哲学根基是国家主义法学思想和社会法学思想,主张国家权力至上,个人应当服从国家,法律是社会控制的工具。刑事近代学

---

① 马克昌:《比较刑法原理:外国刑法学总论》,武汉大学出版社2002年版,第661页、第664页。

派引领了刑法理论的变革,在共犯问题上的体现之一就是共犯独立性说。"共犯独立性说,是过度的权威主义或过度关心社会防卫的结果,因而其理论根基与具体结论存在诸多疑问。"①由于刑事近代学派扩大刑罚范围,有侵犯人权之虞,经过第二次世界大战的洗礼,以及战后欧美国家在刑罚改革上遇到挫折,20世纪六七十年代,人们反思并走向了新派和旧派的折中,主要表现是在刑罚制度上部分保留新派主张,而在犯罪论上则主要回归旧派立场,在共犯论上共犯从属性说受到肯定。

　　新中国成立后长时间没有制定和颁布基本刑事法律,改革开放后社会主义民主法制逐步确立和完善,人权保障理念开始勃兴。1999年《宪法修正案》规定:"中华人民共和国实行依法治国,建设社会主义法治国家",2004年《宪法修正案》宣布"国家尊重和保障人权",2010年中国特色社会主义法律体系基本形成。政治国家和市民社会的二元格局正在孕育成长,我国正迈入权利时代,人们逐渐认识到法律区别于政策、道德等规范的重要意义,这一社会变革和民主政治发展,呼唤我国刑法理念和制度转向客观主义立场,在加大社会保护时更加注重人权保障,理性看待刑罚并限制刑罚权发动。在共犯的性质问题上,无疑只有坚持从属性说才符合这一社会需要和时代要求,才符合当代世界发展潮流。

　　从属性说表现了对实行行为和构成要件的极大尊重和推崇。它严格区分共犯的教唆、帮助行为与正犯的实行行为,前者对法益侵害仅具有抽象的危险,只有后者的行为才是对法益侵害具有现实危险的行为。共犯的犯罪性和可罚性虽然源于自身,但必须通过正犯行为,才能现实地侵害或威胁法益,才能达到成立犯罪和现

---

① 张明楷:《刑法学》(第六版),法律出版社2021年版,第553页。

实可罚所需要的犯罪性和可罚性的量。刑法分则规定的是单独正犯和必要共犯的基本构成要件和法定刑,刑法总则规定的共犯是刑罚扩张事由,处罚共犯必须结合分则正犯基本构成要件与总则共犯规定,并且正犯基本构成要件对总则共犯规定具有拘束作用,即不能脱离正犯基本构成要件,而仅凭总则的共犯规定就直接处罚共犯(这恰是共犯独立性说的做法,实际上是偷换了构成要件的概念)。这就最大限度地保障了罪刑法定原则的实现。

2. 刑法客观主义和结果无价值论立场与谦抑性原则之要求

不赞成从属性说的学者认为,"教唆犯不仅是犯意的发起者,主观上具有严重的反社会的恶性,而且是犯行的引起者,正是由于他的教唆才引起了正犯的犯罪行为,所以教唆行为本身就具有社会危害性和可罚性。把教唆犯的犯罪性和可罚性,看做完全从属于正犯的犯罪性和可罚性,就会放松对教唆犯应有的打击。"[1]这完全是主观主义的刑法立场,重视行为人的主观恶性和反社会性格,仅服务于预防犯罪和社会防卫之需要,诚不可取。刑法以处罚既遂犯为原则、处罚未遂犯为例外、处罚阴谋和预备更属例外中之例外,同时,刑法也以处罚正犯为原则、处罚共犯为例外,而此一观点均涉及刑法的机能(法益保护)、刑法谦抑性、罪刑法定主义、构成要件机能以及共犯处罚根据等课题。[2] 根据独立性说,共犯不待正犯着手实行犯罪,只要实施了教唆或帮助行为就予以处罚,明显地扩大了共犯处罚范围,有违刑法谦抑原则。

我国《刑法》规定在表面上没有限制对未遂犯、预备犯的处罚,

---

[1] 马克昌:《比较刑法原理:外国刑法学总论》,武汉大学出版社 2002 年版,第 661—662 页。

[2] 参见陈子平:《从共犯规定论正犯与共犯之区别》,载蔡墩铭主编:《刑法争议问题研究》,五南图书出版公司 1999 年版,第 274 页。

事实上却是这样做的。《刑法》第 13 条但书规定:"情节显著轻微危害不大的,不认为是犯罪",这就为排除对那些侵害法益仅具有遥远的、抽象的危险的行为进行处罚,在立法上设置了出罪的"阀门"。从司法实务来看,对犯罪的未遂特别是预备进行刑事追究,会带来证据收集、诉讼效率等方面的不利,一般也会从严控制,不会滥施刑罚权。从犯罪本质来看,行为只有在实质上具有法益侵害的现实危险时,刑罚才是必要和正当的。因此,不能以《刑法》关于处罚未遂犯和预备犯的一般规定来否认从属性说。

教唆犯的情况与间接正犯相似,在利用他人完成犯罪这一点上两者相同。教唆犯的特征体现在使被教唆者产生犯意上,亦即利用者是以被教唆者的犯意为媒介而得以利用他人的。正因为此,就不能完全按照行为者的意思来利用。在这个意义上,教唆行为虽也是危险行为,但其程度并未达到实行行为所具有的可使结果发生的现实危险性,对其予以独立处罚并无必要。① 如果在被教唆人未着手实行时就处罚教唆犯,则很难看出教唆行为与以教唆的方式实施的间接正犯行为,有什么实质区别。由此会导致在学理上承认间接正犯的概念,并对其与教唆犯进行艰难界分,意义变得微乎其微。

在当今德、日等大陆法系刑法理论中,刑法主观主义已销声匿迹,刑法客观主义是主导立场,争论只是在行为无价值论(或二元论)和结果无价值论之间。在我国,教唆犯独立性说立足于行为无价值一元论,修正的独立性说和二重性说立足于以行为无价值论为基础的二元论,从属性说立足于结果无价值论。1997 年《刑法》倾向于客观主义立场。刑法理论的通常见解是,犯罪本质是侵犯

---

① 参见[日]大谷实:《日本刑法中正犯与共犯的区别——与中国刑法中的"共同犯罪"相比照》,王昭武译,《法学评论》2002 年第 6 期,第 119 页。

法益,刑法目的在于保护法益,预防犯罪也是由于犯罪侵犯了法益,而不是犯罪人的危险性格。在违法本质的问题上,笔者倾向于结果无价值论。在这样的刑法立场和理念之下,教唆犯独立性说或二重性说缺乏合理的理论根基,从属性说应予彰显。我国学者评价道,"我国现行刑法事实上倾向于客观主义立场,教唆犯独立性说缺乏理论的根基与刑法的实质依据。因为只要承认犯罪的本质是侵犯法益、刑法的目的是保护法益,就难以采取共犯独立性说。例如,旧派学者宾丁之所以主张共犯独立性说,在很大程度上由来于他主张的规范说。李斯特认为,侵害法所保护的利益即法益的行为就是犯罪,所以主张共犯从属性说。"①

3. 因果共犯论的共犯处罚根据之归结

关于共犯的处罚根据问题,我国刑法理论鲜有探讨,但大陆法系刑法理论已有深入研究,并形成了诸说争鸣,主要可以归纳为责任共犯论、违法共犯论和因果共犯论(或惹起说)。当今理论通说是因果共犯论,争论只是在其内部的纯粹惹起说、修正惹起说和混合惹起说之间展开。共犯的处罚根据与成立条件的关系紧密,前者在共犯论中处于基础理论地位,对成立条件等其他共犯问题具有指导意义,而共犯成立条件上的学说也反映了在处罚根据论上的立场。

我国学者在支持独立性说或二重性说时,虽然并没有共犯处罚根据论的自觉意识,但其观点实际上是立足于责任共犯论或违法共犯论。例如,伍柳村先生在论证教唆犯的独立性时指出,教唆犯的教唆行为使教唆犯与被教唆人发生了人与人之间的社会关系,显示出教唆他人犯罪这一行为本身对社会危害的严重程度,②这与违法共犯论的"扰乱社会的和平""侵害社会的完

---

① 张明楷:《刑法学》(第六版),法律出版社2021年版,第553页。
② 参见伍柳村:《试论教唆犯的二重性》,《法学研究》1982年第1期,第17页。

整性"等说法如出一辙。还有的表述为,教唆犯是犯罪的病源,教唆犯制造了犯罪意图,并通过他人实现其犯罪意图,这也是共犯使正犯陷入堕落的责任共犯论的立场。再如,赵秉志教授、魏东教授认为,"教唆犯出于故意实施了教唆他人犯罪的行为,本身具有主观恶性和社会危害性,从而成为其构成犯罪并承担刑事责任的主客观依据。"[1]这种观点回避了法益侵害的犯罪本质,不是从共犯行为与法益侵害结果之间的关系上探寻共犯的处罚根据,没有深刻认识到共犯的犯罪性和可罚性的真正来源,充满了主观主义色彩。责任共犯论和违法共犯论不科学,以此为根据的共犯独立性说或二重性说也不足采纳。相反,立足于因果共犯论的立场,从属性说应得到提倡。

我国有个别学者认识到这点,从共犯处罚根据论出发论证从属性说。杨金彪副教授认为,鉴于我国宪法国家观、经济和社会发生了深刻变化,刑法理论以及刑法规定都朝着贯彻结果无价值论方向发展,所以,不能不说我国刑法共犯规定实质上也坚持了以结果无价值论为基础的修正惹起说,基于此立场应坚持从属性说。[2]

4. 有关刑法规定和司法解释之佐证

我国《刑法》总则虽然没有德国刑法第 28 条[3]、日本刑法第 65

---

[1] 赵秉志、魏东:《论教唆犯的未遂——兼议新刑法第 29 条第 2 款》,《法学家》1999 年第 3 期,第 30 页。

[2] 参见杨金彪:《共犯的处罚根据》,中国人民公安大学出版社 2008 年版,第 101—125 页、第 133—152 页。

[3] 《德国刑法典》第 28 条(特定的个人特征):"(1) 正犯的刑罚取决于特定的个人特征(第 14 条第 1 款)的,如共犯(教唆犯或帮助犯)缺少此等特征,依第 49 条第 1 款减轻处罚。(2) 法定刑因行为人的特定的个人特征而加重、减轻或排除的,其规定只适用于具有此等特征的行为人(正犯或共犯)。"《德国刑法典》(2002 年修订),徐久生、庄敬华译,中国方正出版社 2004 年版,第 12 页。

条①关于无身份人成立真正身份犯的共犯规定,但是,《刑法》分则和有关司法解释规定了无身份人可以构成真正身份犯的共犯,说明采纳了共犯从属性说的立场。例如,《刑法》第 198 条第 4 款、第 382 条第 3 款等规定。相关司法解释有,1984 年 4 月 26 日最高人民法院、最高人民检察院、公安部《关于当前办理强奸案件中具体应用法律的若干问题的解答》第 7 条规定:"妇女教唆或帮助男子实施强奸犯罪的,是共同犯罪,应当按照她在强奸犯罪活动中所起的作用,分别定为教唆犯或从犯,依照刑法有关条款论处。"2003 年 4 月 16 日最高人民检察院《关于非司法工作人员是否可以构成徇私枉法罪共犯问题的答复》规定:"非司法工作人员与司法工作人员勾结,共同实施徇私枉法行为,构成犯罪的,应当以徇私枉法罪的共犯追究刑事责任。"如果按照共犯独立性说,共犯具有独立的构成要件,依教唆或帮助行为就可以成立犯罪,那么,无身份人就不可能符合身份犯的犯罪构成要件,就不应成立身份犯的共犯。《刑法》相关规定和相关司法解释无疑是对独立性说的否定。

(四)共犯从属性的实践应用

我国有判决明确采纳共犯从属性理论进行裁判说理。虽然有的案件中被告人是帮助犯,不是教唆犯,但是判决对共犯从属性理论予以明确认可。而狭义共犯包括教唆犯和帮助犯,共犯从属性当然涵盖了教唆犯的从属性。

【柴某、张某开设赌场案】 2013 年 4 月份左右,武某某(另案

---

① 《日本刑法典》第 65 条第 1 项:"对于因犯人身份而构成的犯罪行为进行加功的人,虽不具有这种身份的,也是共犯。"第 65 条第 2 项:"因身份而特别加重或者减轻刑罚时,对于没有这种身份的人,判处通常的刑罚。"

处理)等人在亳州市谯城区魏武大道南段宝乐迪 KTV 东一居民家中开设赌场三场左右,武某某、董某(另案处理)等人用骨牌以推小牌九的方式进行赌博,并由原审被告人张某负责放风,原审被告人柴某负责抽水,每场抽水渔利达 5 万元左右。2013 年 4 月份左右,武某某等人在亳州市谯城区芍花路原保罗大酒店楼上的会议室内开设赌场长达一个月左右,由原审被告人柴某、张某负责抽水,董某在赌场内放高利贷,武某某等人用骨牌以推小牌九的方式进行赌博,每场抽水渔利 10 万元左右。二审判决书指出:"关于柴某、张某在他人控制的赌场内抽水、望风行为的定性,综合评判如下:柴某、张某并未参与聚众赌博,亦未对赌场予以管理、控制,根据共犯从属性理论,张某、柴某的行为性质取决于正犯的行为性质,即武某某等人的行为性质。武某某等人并不仅仅是组织他人聚众赌博,而且向他人提供一个稳定的赌博场所并对该赌博场所予以经营、管理,柴某、张某在武某某等人开设的赌场内抽水、望风,其行为是他人开设赌场的帮助行为,故对柴某、张某的该行为应以开设赌场罪定罪处罚。"法院认为:"柴某、张某所实施的系开设赌场罪的帮助行为,系从犯,依法应从轻处罚。"于 2016 年 10 月 18 日判决柴某、张某犯开设赌场罪,均判处有期徒刑 6 个月,并处罚金 5 千元。① 在本案中,法院判决认定柴某、张某在赌场内抽水、望风,其行为是他人开设赌场的帮助行为,根据共犯从属性理论,张某、柴某的行为性质取决于正犯的行为性质,认定为开设赌场罪,而且是从犯。应该说,这是一份定罪量刑裁判说理到位的判决。虽然本案被告人张某、柴某是帮助犯,不是教唆犯,但是判决对共犯从属性理论予以明确认可,在论理上当然涵盖了教唆犯的

---

① 参见安徽省亳州市中级人民法院刑事判决书(2016)皖 16 刑终 412 号。

从属性。

【李国华、罗盛杰、王军扬盗窃案】 2018年11月27日晚,被告人李国华、罗盛杰、王军扬密谋到江门市盗窃电动车电池。28日凌晨5时许,三人驾驶租赁的一辆无牌白色丰田锐志小汽车,行驶至江门市蓬江区娇湘楼门口,因此前被告人李国华刮烂了借来的车的后视镜玻璃,遂提议盗窃被害人周永均停放在该处的黑色宝马牌小汽车的后视镜。随后,李国华、王军扬下车,将该车的左后视镜盗走。经鉴定,该后视镜价值3 970元。法院认为:"被告人李国华在着手之前已经向被告人罗盛杰、王军扬提议去盗窃小车后视镜,王军扬随后与李国华一起下车盗窃,而罗盛杰则在车中等候,得手后三人携带赃物一同离开,根据共犯从属性理论,对被告人罗盛杰的行为应当以盗窃罪的共犯论处,同时考虑到其在盗窃后视镜的犯罪中仅起辅助作用,应当认定为从犯。"于2019年12月18日判决李国华、罗盛杰、王军扬犯盗窃罪,判处罚金3 000至2 000元不等。① 在本案中,判决书明确根据共犯从属性理论,对起帮助作用的罗盛杰以盗窃罪的共犯处罚,并认定为从犯。

【虞仕和、潘娇连、骆德升抢夺案】 被告人潘娇连与被告人虞仕和互相认识,虞仕和去"开工"搞手机,会通过微信告诉潘娇连,要求帮忙找买家,而潘娇连也曾向虞仕和提出想要一台iPhone手机。2019年7月1日凌晨,虞仕和、骆德升经密谋后窜至江门市区"开工"搞手机,虞仕和在微信中告知了潘娇连。当日凌晨4时许,虞仕和、骆德升窜至蓬江区东湖影剧院往华林证券的内巷位置,由虞仕和驾驶无牌摩托车接应,骆德升尾

---

① 参见广东省江门市蓬江区人民法院刑事判决书(2019)粤0703刑初872号。

随被害人李承园至巷内,然后趁其不备抢走其手中的一部价值3 723元的iPhone X 64G手机,随后逃离现场。离开现场后,虞仕和将抢来的手机情况通过微信视频发送给潘娇连,询问其是否购买,此后双方以1 988元的价格完成交易。本案控辩双方的争议焦点是被告人潘娇连行为的定性。法院经审理查明,潘娇连在事前已经与虞仕和达成了非法获取他人财物的共谋,虽然其没有直接动手抢夺财物,但事先给予同案人帮忙销赃的承诺,对共同犯罪提供了帮助。判决书指出:"根据共犯从属性理论,对被告人潘娇连的行为应当以抢夺罪的共犯论处,同时考虑到其仅仅是在外围提供帮助,应以共同犯罪的从犯论处。"三名被告人均被判决构成抢夺罪。① 判决书不仅对被告人潘娇连与另两名共犯人存在事前共谋而排除掩饰、隐瞒犯罪所得、所得收益罪作了裁判说理,而且指明了根据共犯从属性理论,认定潘娇连成立抢夺罪的共犯,同时认定为从犯。

二、《刑法》第 29 条第 1 款的理解

(一) 第 1 款"犯罪"的理解

根据不法形态的共同犯罪观,本款中的"犯罪"应理解为客观不法意义上的犯罪,而不是不法且有责意义上的犯罪。即使被教唆人未达到刑事责任年龄,只要对教唆之罪具有规范障碍,教唆人也成立教唆犯,应该适用本款。

---

① 参见广东省江门市蓬江区人民法院刑事判决书(2019)粤 0703 刑初 810 号。

(二) 第 1 款后段规定的意义

《刑法》第 29 条第 1 款后段规定:"教唆不满十八周岁的人犯罪的,应当从重处罚。"该规定具有合理性,因为未成年人处在身心成长的关键期,被教唆去实施犯罪,对人生的负面影响很大,而且教唆不满十八周岁的人犯罪的,教唆者在共同犯罪中通常发挥主要作用。因此,此类教唆行为的客观危害和非难可能性更大,对教唆犯从重处罚符合罪刑相适应原则,能起到警示作用,也符合对青少年特殊保护的刑事政策。

(三) 能否适用第 1 款后段对间接正犯从重处罚

间接正犯采用教唆的方式利用不满十八周岁的人犯罪的,能否适用该规定对间接正犯"从重处罚"？肯定论[1]与否定论[2]皆而有之。笔者认为,虽然间接正犯的罪责重于教唆犯,但间接正犯利用不满十八周岁的人犯罪时是否有必要从重处罚,需要区分间接正犯的具体情形加以判断。如前文所述,《刑法》第 29 条第 1 款规定对教唆犯从重处罚的理由在于,使被教唆的不满十八周岁的人产生不法行为的意思进而实施不法行为,这对不满十八周岁的人身心成长的负面影响很大,因此,(1) 如果是被利用的不满十八周岁的人没有产生不法认识并决意实施不法行为的间接正犯情形,例如,间接正犯甲将放了毒药的饮料给不满十八周岁的乙,让乙转交给被害人丙喝,乙对投毒完全不知情,此时对间接正犯缺乏从重处罚的实质理由。(2) 如果是被利用的不满十八周岁的人具有不法认识和行为,只是不具备特定目的

---

[1] 参见张明楷:《刑法学》(第六版),法律出版社 2021 年版,第 612 页。
[2] 参见谢望原主编:《刑法学》(第二版),北京大学出版社 2012 年版,第 161 页。

或身份等原因或者其完全被利用人支配、控制的间接正犯情形，该间接正犯的不法和责任超过了教唆不满十八周岁的人犯罪的教唆犯，具备了从重处罚的实质理由，否则会造成刑罚不协调。但是，《刑法》第 29 条第 1 款是教唆犯而不是间接正犯的规定，因此不能直接适用本款；罪刑法定原则不排斥对被告人有利的类推解释，由于从重处罚对间接正犯是不利的，因此也不能类推解释适用本款。故只能以罪刑相适应原则为指导，将利用具有不法认识的不满十八周岁人犯罪的间接正犯情形，学理解释为酌定的从重量刑情节。

（四）第 1 款的其他解释论及其辨析

个别学者对第 1 款提出新的解释论。张明楷教授认为，第 1 款不只是对作为狭义共犯的教唆犯（普通的教唆犯）的规定，而是包括两类：一类是（共谋）共同正犯，另一类是普通的教唆犯（狭义共犯）。如果教唆者在共同犯罪中起主要作用，就应当认定为（共谋）共同正犯，而不应当认定为教唆犯。教唆犯应指狭义共犯中没有起主要作用的教唆者。他认为，单纯引起他人犯意的教唆者只是狭义的共犯，按从犯处罚。在引起犯意的同时与被教唆者共谋且共谋内容被正犯实现，或者教唆者实施了其他促进构成要件实现的行为时，教唆者是共谋共同正犯。① 周啸天教授认为，"教唆不满十八周岁的人犯罪的"人不是教唆犯，而应当是共同正犯。判断共犯与正犯的标准在于在法益侵害结果实现的过程中谁起了支配或者说重要作用，而实行行为仅是衡量作用大小的标准之一。在教唆未成年人的场合，未成年人的认识能力低、意志力薄弱的特

---

① 参见张明楷：《刑法学》（第六版），法律出版社 2021 年版，第 522 页。张明楷：《共犯人关系的再思考》，《法学研究》2020 年第 1 期，第 150—151 页。

点决定了教唆者表面上实施的是"教唆行为",实质上却是"煽动行为",是对心理因果关系的支配,保证了煽动者犯罪意志的贯彻,可以评价为煽动者与未成年人一起分担了实行行为,共同引起了犯罪结果的发生,所以,两者应当起对等重要的作用,成立共同正犯。①

笔者不赞成以上解释论。(1) 张明楷教授由于将《刑法》第26条主犯解释为共同正犯,所以导致在教唆者认定为主犯时,将其解释为(共谋)共同正犯。这样的话,他保持了自己观点的逻辑一致性。然而他的逻辑前提(将主犯解释为共同正犯)本身就是可疑的,已如前述在我国刑法学中,正犯认定标准不宜也不必过度实质化,重要作用说值得商榷。(2) 笔者坚持"规范客观说",针对不满十八周岁的人进行教唆,只要被教唆者具有责任能力,可以构成规范障碍,则教唆者只能认定为狭义共犯,而不是正犯;针对不满十八周岁、不具有责任能力和不构成规范障碍的人进行教唆时,教唆者成立间接正犯,那么也不可能与被教唆者成立共同正犯。将该规定解释为共同正犯,与教唆犯理论和事实不符。(3) 一个条文的两款(第29条第1款和第2款)或者一个条款(第29条第1款)的前段和后段,分别规定教唆犯与共同正犯,这在立法技术上很难成立。(4) 将该规定解释为共同正犯,既然教唆者和被教唆者是共同正犯,为何对教唆者"应当从重处罚"? 这一点不能得到合理解释。(5) 我国刑法理论共识是,"教唆他人犯罪的,应当按照他在共同犯罪中所起的作用处罚。"这指的是,教唆犯若起主要作用则认定为主犯,若起次要作用则认定为从犯。这完全具有理论自洽性,也符合教唆犯罪实际。

---

① 参见周啸天:《正犯与主犯关系辨证》,《法学》2016年第6期,第124—125页。

三、《刑法》第 29 条第 2 款的理解

（一）被教唆人未实行时教唆者的处理

1. 我国理论和实务状况

《刑法》第 29 条第 2 款规定："如果被教唆的人没有犯被教唆的罪，对于教唆犯，可以从轻或者减轻处罚。"我国刑法学界对该规定的理解和适用，争论相当大。大致分为两种立场：（1）传统观点认为，"被教唆的人没有犯被教唆的罪"包括四种情形：教唆信息或内容未传达到被教唆人；拒绝教唆；接受教唆但未为犯罪做准备；接受教唆但后来改变犯意或者因误解教唆犯的意思实施了其他犯罪，并且所犯之罪不能包容被教唆的罪。[①]"只要行为人有教唆他人犯罪的行为，就能成立教唆犯。"[②]因此，被教唆的人没有着手实行时，对教唆者也适用第 29 条第 2 款。这实际上是共犯独立性说的立场。（2）新的观点认为，该款规定的是教唆未遂（未遂犯的教唆犯），将"被教唆的人没有犯被教唆的罪"解释为"被教唆的人没有犯被教唆的既遂罪"。也就是，被教唆的人接受教唆，且已经着手实行，但没有达到犯罪既遂形态的情形。包括两种情形：一是被教唆人构成犯罪未遂，二是被教唆人着手实行犯罪后又中止。这是立足于共犯从属性说的解释论。与此同时，持该观点的

[①] 参见刘明祥：《"被教唆的人没有犯被教唆的罪"之解释》，《法学研究》2011 年第 1 期，第 149 页。另参见赵秉志主编：《刑法新教程》，中国人民大学出版社 2001 年版，第 254—255 页。谢望原主编：《刑法学》（第二版），北京大学出版社 2012 年版，第 161 页。冯军、肖中华主编：《刑法总论》（第三版），中国人民大学出版社 2016 年版，第 348 页。

[②] 高铭暄、马克昌主编：《刑法学》（第九版），北京大学出版社、高等教育出版社 2019 年版，第 173 页。

学者认为,在被教唆者只是实施了犯罪预备行为的情况下(以处罚犯罪预备为前提),教唆者与被教唆者成立共同犯罪,对教唆者适用《刑法》第 29 条第 1 款的同时,还应适用第 22 条第 2 款。① 也有学者主张,原则上教唆犯只有在正犯着手实行后才应被处罚,但是在大规模侵犯法益或者侵犯重要法益诸如国家法益、公共安全法益、生命法益等严重犯罪(如放火罪、劫持航空器罪、杀人罪、绑架罪、抢劫罪等)的例外情况下,正犯未着手实行时也可处罚教唆犯。② 该观点一方面意图维护实行从属性,另一方面认为实行从属性讨论的是共犯着手(未遂)是否以正犯着手实行为前提,解决共犯未遂的成立时点,预备正犯的参与人是否可罚与实行从属性不是一个层面的问题,应从行为本身是否值得可罚着眼。

总结来说,传统观点采取共犯独立性说的立场,认为被教唆者未着手实行时,教唆者也成立教唆未遂,适用《刑法》第 29 条第 2 款处理。新的观点维护共犯从属性说的立场,认为第 29 条第 2 款限于被教唆者着手实行但未至既遂的情形。在被教唆者未着手实行时,对教唆者不应适用该款,如果有处罚必要,应适用第 29 条第 1 款和第 22 条第 2 款,认定为预备犯。在我国司法实践中,上述第一种立场可能是主流,但是也存在第二种立场的刑事判决。举例如下:

第一,被教唆人未实行时处罚教唆者的判决。

【俞某丰抢劫案】 被告人俞某丰授意朱某、丁某(另案处理),

---

① 参见张明楷:《刑法学》(第六版),法律出版社 2021 年版,第 555 页、第 612 页。黎宏:《刑法学总论》(第二版),法律出版社 2016 年版,第 296—297 页。周光权:《刑法总论》(第四版),中国人民大学出版社 2021 年版,第 367—368 页。周光权:"'被教唆的人没有犯被教唆的罪'之理解——兼与刘明祥教授商榷",《法学研究》2013 年第 4 期,第 192 页。

② 参见钱叶六:《共犯论的基础及其展开》,中国政法大学出版社 2014 年版,第 176 页。

共同购买作案工具,准备抢劫。2011年5月4日,朱某、丁某携带事先准备的砍刀、仿真手枪、铁棒等工具,前往绍兴市上虞区曹娥街道双桥新村14幢601室欲入室抢劫,因室内有人而胆怯、犹豫,后在楼下商量放弃抢劫并准备离开时被公安机关抓获。法院认为:"被告人俞某丰教唆他人,以非法占有为目的,入户采用暴力、胁迫等方法当场强行劫取他人财物,其行为已构成抢劫罪。……被告人俞某丰教唆他人抢劫,为了实施抢劫,准备工具,创造条件,但由于被教唆人在着手实行抢劫之前自动放弃抢劫,这一被告人俞某丰意志以外的原因而使犯罪结果未发生,故被告人俞某丰系教唆未遂。"依照《刑法》第263条、第25条第1款、第29条等,于2014年3月12日判决俞某丰犯抢劫罪,免予刑事处罚。① 在本案中,被教唆人在抢劫预备阶段中止,法院认定教唆人成立抢劫罪未遂犯。

【霍某某、王某某、满某某故意伤害、故意毁坏财物案】 被告人霍某某与被害人安某某因为恋爱产生感情纠纷,霍某某为报复安某某,雇佣被告人王某某教训安某某,约定先支付报酬2万元,事成后给付4万元。2014年3月27日4时许,因未找到安某某,王某某伙同满某某于将安某某停放于内蒙古自治区阿拉善经济开发区玛拉沁小区的车牌号为蒙M32339的灰色马自达轿车放火烧毁。霍某某于事后向王某某支付了报酬3万元。经阿拉善盟价格认证中心评估,被烧毁轿车价值127 892元。一审法院认为:"被告人霍某某雇佣被告人王某某故意伤害被害人安某某,霍某某的行为已构成故意伤害罪(教唆未遂)。"于2015年2月2日判决霍某某犯故意伤害罪(教唆未遂),判处拘役3个月。二审法院认为:

---

① 参见绍兴市上虞区人民法院刑事判决书(2014)绍虞刑初字第99号。

"上诉人霍某某雇佣上诉人王某某故意伤害被害人安某某,霍某某的行为应构成故意伤害罪(教唆)。被雇佣的上诉人王某某、满某某已经着手实施犯罪,但由于上诉人霍某某意志以外的原因,使上诉人王某某、满某某的故意伤害被害人安某某的行为未能得逞,上诉人霍某某的行为应认定为犯罪未遂。"于 2015 年 6 月 4 日裁定驳回上诉,维持原判。[①] 笔者认为,二审法院认定"王某某、满某某已经着手实施犯罪"有误,本案事实是该二人寻找被害人安某某未果,然后实施了烧车行为。因此,王某某、满某某尚未着手实行故意伤害,只是伤害预备行为。

【覃建鹏、覃进斌故意伤害案】 被告人覃建鹏因合同纠纷而对黄福全怀恨在心,欲找人教训黄福全(想找人将黄福全打一顿,严重一点就是要打断黄福全的手)。2013 年 9 月份左右,覃建鹏多次对被告人覃进斌说要教训黄福全。12 月份的一天,覃建鹏、覃进斌找到被告人覃达赋,三人在桂平市南木镇黎明小学路口处覃建鹏的黑色本田小车内商量由覃达赋负责找人来教训黄福全。覃达赋因为缺钱使用,为了得到覃建鹏的钱使用就答应了。几天后,在覃建鹏的安排下覃进斌开车搭覃达赋到桂平市西山镇白兰村一征地现场认识了黄福全的体貌特征。三四天后,覃建鹏又开车搭覃进斌、覃达赋到桂平市城区城西小学附近指认了黄福全的住处。之后又过了几天,覃达赋对覃建鹏谎称其已找到人了,人家要 30 万元,并要先给 5 万元定金,覃建鹏就叫覃进斌给了覃达赋 5 万元。2014 年春节前,覃达赋又谎称人家没钱过年,又要覃建鹏给 5 万元,覃建鹏又叫覃进斌给了覃达赋 5 万元。4 月份一天,覃达赋又谎称人家没有伙食费,又要覃建鹏给 2 万元,覃建鹏又亲自

---

① 参见内蒙古自治区阿拉善左旗人民法院刑事判决书(2014)阿左刑二初字第 57 号,内蒙古自治区阿拉善盟中级人民法院刑事裁定书(2015)阿刑二终字第 2 号。

给了覃达赋 7 万元,并埋怨覃达赋办事效率差,要覃达赋写了一张借到覃进斌 12 万元的借条。后覃达赋自己花掉了此 12 万元。在 2013 年 12 月至 2014 年 5 月间,覃达赋为取得覃建鹏信任多次跟踪黄福全,并将跟踪情况向覃建鹏汇报。2014 年 5 月 15 日 21 时许,被告人覃达赋去到黄福全家中,告诉黄福全其是别人雇请来杀害他的杀手,其不想杀害他,要黄福全给其 50 万元或黄福全出去躲避几天假装出事了,并留下了其电话号码给黄福全,让黄福全次日联系他。次日 16 时许,黄福全向公安机关报案。16 日 20 时许,黄福全打电话叫覃达赋到他家,问是谁要杀他,覃达赋要黄给其 22 万元才肯说出雇主名字,黄为知道是谁出钱要杀害自己,就叫覃达赋次日到他家拿钱。17 日 13 时许,覃达赋到黄福全家,黄福全给了覃达赋 22 万元后,覃达赋才告知黄福全雇主是覃建鹏。19 日,覃达赋在广东省中山市古镇东方佰盛酒店被抓获。一审法院认为:"被告人覃建鹏雇请他人故意伤害被害人黄福全,被告人覃进斌明知被告人覃建鹏雇请他人犯罪而予以帮助,他们的行为均构成故意伤害罪(教唆未遂)。……由于覃达赋没有犯被教唆的罪,对于教唆犯覃建鹏、覃进斌,依法可以从轻或减轻处罚。"广西壮族自治区桂平市人民法院于 2014 年 12 月 19 日判决覃建鹏、覃进斌犯故意伤害罪(教唆未遂),分别判处有期徒刑 2 年 6 个月和 7 个月。同时判决覃达赋犯诈骗罪、敲诈勒索罪,数罪并罚,决定执行有期徒刑 4 年,并处罚金 5 千元。二审法院裁定驳回抗诉和上诉,维持原判。覃建鹏提起申诉,请求再审改判无罪。法院认为:"对教唆他人犯罪的人,无论被教唆的人是否实际产生犯罪意图,是否实行被教唆的犯罪,都应依法定罪处罚。本案中,你与覃进斌共同教唆覃达赋找人故意伤害黄福全,以达到教训黄福全的目的,后因覃达赋自身原因没有实行被教唆的犯罪,致使你与覃进斌的教唆未遂。虽然教唆未遂,你与覃达赋也不构成共犯关系,但对你及覃进斌仍应以教唆覃达赋实施的故意伤害犯罪定罪处罚。因此,原判以你犯故意伤害罪(教唆未遂)定罪处罚符合法律规定。"因此维持裁定。① 在本案中,被教唆人覃达赋没有真正产生所教唆的伤害故意,而是因为缺钱使用,虚假答应教唆人覃建鹏、覃进斌,以便骗取钱财的诈骗故意。这种情况在刑法理论上被称为失败的教唆。法院判决覃达赋成立诈骗罪,同时判决覃建鹏、覃进斌成立故意伤害罪的教唆未遂。审查申诉的法院对《刑法》第 29 条作了明确解释,明确认可了判决和裁定。

【王义军、郑书华教唆故意伤害案】 1998 年 2 月,被告人王义军承包柜台出售盗版碟片,被大丰市广电局查获,因怀疑是本商场丁宏斐举报,遂产生教训丁宏斐的念头。同年 5 月,王义军找到被告人郑书华并给其 1500 元,要求郑书华将丁宏斐脸打破相,把其商店玻璃砸碎。后郑书华找到金军(已治安处罚),给金军 400 元,要求将丁宏斐脸打破相,把商店玻璃砸碎。金军到本市大中镇康平南路丁宏斐店里,以威胁、恐吓等手段敲诈丁宏斐 400 元。大丰市人民法院认为:被告人王义军教唆被告人郑书华、被告人郑书华又教唆金军,意图伤害他人身体,其行为均已构成故意伤害罪。两名被告人均系教唆犯罪,且为共同犯罪。但被教唆的人没有犯被教唆的故意伤害罪,系教唆未遂,可依法从轻处罚。于 2000 年 6 月 10 日判决王义军、郑书华犯故意伤害罪(教唆),均判处有期徒刑 1 年,缓刑 2 年。② 在本案中,王义军、郑书华教唆他人

---

① 参见广西壮族自治区桂平市人民法院刑事判决书(2014)浔刑初字第 235 号、广西壮族自治区贵港市中级人民法院刑事裁定书(2015)贵刑一终字第 3 号、广西壮族自治区贵港市中级人民法院驳回申诉通知书(2016)桂 08 刑申 2 号。
② 参见江苏省大丰市人民法院刑事判决书(2000)大刑初字第 172 号。

实施故意伤害罪,但是被教唆人金军仅实施了敲诈勒索行为(治安处罚),并未实施故意伤害行为。然而,法院认为两被告成立故意伤害罪的教唆未遂,适用《刑法》第 29 条第 2 款规定。可见,采取了教唆犯独立性说的立场。

第二,被教唆人未实行时不处罚教唆者的判决。

【张勇教唆故意伤害案】 张勇是河南省某高校在读研究生,2013 年与前女友露露分手后怀恨在心,遂在网上找到"职业杀手"王威,商定对露露实施伤害报复,"割掉她的耳朵,只要达到让她嫁不出去的目的就行",酬金 5 万元。2014 年 3 月的一天,张勇和王威在郑州市一家宾馆客房内碰头。张勇交给王威目标照片及家庭地址、小区进出监控位置地图等资料。交谈期间,张勇对王威平时怎么"干活"感到好奇,并提醒这名杀手"随身带刀上路,过安检容易被查,使用化学制剂杀人更加隐蔽。"见王威感兴趣,张勇向其介绍了使用四种化学试剂分别达到使人失明乃至丧命的方法。两人最终商定,由张勇提供相关化学试剂及配比使用方法,以此来抵王威为其办事的 5 万元佣金。此后,张勇先后从网上购买四种化学试剂交付王威,并详细介绍了配比和使用方式。4 月 22 日,王威来到露露所在的洛阳市,任务没来得及实施便被警方抓获。26 日凌晨,张勇在郑州落网。事后两人供述称,"化学杀人术"只提供给王威在今后的职业生涯中使用,并不打算用在露露身上。郑州市金水区检察院的办案检察官称,"因伤害露露的计划未遂,检方未对犯罪嫌疑人张勇以涉嫌故意伤害罪批准逮捕,但其已构成传授犯罪方法罪。"2015 年 2 月 3 日,张勇因涉嫌传授犯罪方法罪被检察院提起公诉。[①] 本案中,张勇教唆王威实施故意伤害罪,王威实

---

① 参见刘启路、李顺子:《研究生传授杀手"化学杀人术"》,《大河报》2015 年 2 月 4 日第 A13 版。

施了犯罪预备行为,但尚未着手实行,因此张勇的教唆行为不值得处罚。检方未对张勇以故意伤害罪提起公诉,实际上贯彻了教唆犯从属性说。

2. 国外理论观点评析

日本刑法没有我国《刑法》第 29 条第 2 款的类似规定,并且共犯从属性说占据通说地位,当正犯是预备犯时,虽然判例基本上处在承认预备罪的共犯(共同正犯、教唆犯和帮助犯)的方向上,但其趋势还不十分明确。①关于预备罪的共犯是否处罚,日本学界存在不小的争论。

第一,不可罚说。有学者反对预备罪具有实行行为,基于共犯从属性说,主张预备罪的共犯不可罚。大塚仁教授指出,"认为在预备罪的阶段也存在实行行为,会给实行行为的观念带来混乱,刑法只对特别重大的犯罪处罚预备罪,另外,将从犯视为比正犯轻的犯罪,这样的话,预备犯的从犯就不应被认可。"②曾根威彦教授说,预备行为无定型、无限定,共犯尤其是从犯同样无定型、无限定,如此一来,预备罪的参与就更是无定型、无限定。所以,只要没有明文规定,对预备罪的参与就不能加以处罚。③

第二,可罚说。一种有影响力的主张是,尽管赞同共犯从属性,却反对实行行为概念所谓的形式说,由此出发主张例外地处罚"预备的共犯"。前田雅英教授认为,"刑法第 61 条规定'教唆他人实行犯罪',既然教唆犯自身不实施实行行为,那么刑法第 43 条'实行的着手'就只能考虑正犯,这样的说明是有力的。但是,即使从属性说的结论是妥当的,也不应这么形式地讨论实行行为概念。

---

① 参见[日]西田典之:《共犯理論の展開》,成文堂 2010 年版,第 127 页。
② [日]大塚仁:《刑法概説(総論)》(第四版),有斐閣 2008 年版,第 324 页。
③ 参见[日]曾根威彦:《刑法総論》(第四版),弘文堂 2008 年版,第 274 页。

实行行为开始前的预备共犯可被考虑,判例承认预备的共同正犯。"[1]他举例,"Y对X实施了杀人罪(第199条)的教唆时,X在准备了手枪的阶段(杀人预备罪)被逮捕的场合,如果形式地适用从属性说,X处在没有着手'实行'的预备阶段,则Y的共犯责任不予追究。但是,Y惹起了为杀人预备罪奠定基础之生命的危险性,这一点不容否定。这样的话,教唆实行预备罪也应当理解为符合第61条的'教唆他人实行犯罪'。因预备不是实行行为而否定教唆的形式论,不具有说服性。只是应该认识到,从第64条[2]揭示的政策目的与共犯处罚的例外性出发,预备的共犯的成立范围应予限定。"[3]西田典之教授认为,"预备罪也有修正构成要件,可以肯定其实行行为和正犯的观念,从本书的这一立场出发,应该肯定预备罪的共同正犯、教唆犯和帮助犯。""例外地,预备罪既然也处罚危险性高的行为,那么,处罚其共犯行为也具有充分的合理性。"[4]松原芳博教授认为,日本刑法第43条的"着手实行"是划定处罚阶段的概念,将其等视于共犯参与对象的"实行行为"或"正犯行为",并无必然性。预备—未遂—既遂的犯罪发展阶段类型化的"阶段类型",与单独正犯—共同正犯—教唆犯—从犯的犯罪参与形态类型化的"参与类型"或称"方法类型",属于不同系列的构成要件的演变形式,两种可以相互竞合。从共犯从属性的角度看,通过共犯性贡献而对犯罪实现过程施加因果性影响者,与正犯、实行

---

[1] [日]前田雅英:《刑法総論講義》(第六版),東京大学出版会2015年版,第328页。
[2] 《日本刑法典》第64条:"仅应判处拘留或者科料之罪的教唆犯和从犯,如果没有特别规定,不处罚。"
[3] [日]前田雅英:《刑法総論講義》(第六版),東京大学出版会2015年版,第328页。
[4] [日]西田典之:《刑法総論》,弘文堂2006年版,第368页。

担当者达到未遂阶段即可成立未遂犯的共犯一样,若达到预备阶段也应该可以成立预备犯的共犯,这样考虑更具有理论上的一贯性。① 换句话说,处罚共犯未遂(未遂犯的共犯)必须以正犯着手实行为条件,而处罚预备的共犯只要正犯成立可罚的预备即可。

第三,也有学者主张区分独立罪的预备罪与基本构成要件修正形式的预备犯,认为前者的构成要件行为被类型、限定地记述,因此能够理解为独立的犯罪而有实行行为概念,预备罪的帮助能够以预备罪的从犯处罚;至于后者,由于预备行为和帮助行为都是无定型、无限定的行为,因而不存在实行行为概念,故该帮助不具有可罚性。②

以上学说争论,需要结合语境加以考察。日本刑法以处罚既遂犯为原则,以处罚未遂犯为例外,以处罚预备犯为例外之例外。处罚未遂犯以刑法分则具体法条中有"本罪的未遂,处罚之"明文规定为限,处罚预备犯以分则法条中设置为独立罪的预备罪为限。除此以外的未遂犯和预备犯皆不处罚。在日本刑法中,对刑法不处罚的预备犯(非独立罪的预备罪)来说,既然作为预备犯的正犯都不处罚,那么,毫无疑问也不应处罚该预备犯的共犯。因此,日本刑法学中"预备的共犯"可罚性问题的争论,焦点主要在于作为独立罪的预备罪的共犯可罚性。这是一个刑法解释论的问题。笔者评析如下:

第一,尽管日本有判例承认预备罪的共同正犯,但对预备罪共犯是否处罚还不明确,理论上对预备罪的正犯与共犯区分存在争

---

① 参见[日]松原芳博:《刑法总论重要问题》,王昭武译,中国政法大学出版社2014年版,第360页。
② 参见[日]板倉宏:《予備罪と共犯》,载[日]阿部純二等编:《刑法基本講座》(第4卷),法学書院1992年版,第139页。

议。日本刑法本着明确性和谦抑性原则,将重大犯罪的预备罪在刑法分则中作了特别规定,尽管如此,预备罪的正犯行为相对既遂罪而言,毕竟是预备性质的,那么,同为预备性质的教唆或者帮助参与行为,一来对法益侵害的危险更加间接、抽象,行为危险性就更低,缺乏处罚必要性;二来此时的教唆或者帮助行为,在预备罪阶段难以判断是共同正犯还是共犯,这就导致处罚预备罪的共犯具有很大的不明确性。

第二,既然正犯实施的是独立罪的预备罪,也就相当于是刑法分则规定的基本罪,那么理论上来说就存在实行行为,即使处罚共犯行为,也难以说是"预备的共犯",而可以说是基本罪的共犯。当正犯实施该预备罪的"实行行为"时,处罚其共犯的话,与共犯从属性说不构成太大的冲突。

第三,如果说日本刑法分则对预备罪予以特别规定,因而将预备罪的正犯行为解释为实行行为,在日本立法体例和学界多少有成立余地的话,那么该解释在我国立法模式下,恐怕没有容身余地。我国《刑法》总则第 22 条规定处罚预备犯,《刑法》分则不作特别规定。预备犯在我国仅是总则规定的犯罪停止形态而不是独立罪名,它不可能存在实行行为。坚持共犯从属性说,既然此时正犯不具有实行行为,那么就不应该处罚共犯。

3. 笔者的处理见解

我国传统观点单纯从文义解释的角度看不存在障碍,貌似非常自然,而且扩张教唆犯处罚范围的解释论,也暗合我国刑法深受主观主义理论影响、犯罪未完成形态的处罚范围向来较大等背景。但是,从刑法观念转变、理论自洽性和结论妥当性等出发,应坚持被教唆人(正犯)未着手实行时(正犯是预备犯)的教唆者一概不罚的观点。理由是:

第一,根据因果共犯论,处罚共犯要求共犯行为和正犯结果之间具有因果性。在法益侵害的危险性上寻求处罚根据,这一点共犯和正犯是相同的,那么,"对于共犯在什么阶段可以作为未遂犯处罚这一问题的回答,与对于正犯在什么阶段可以作为未遂犯处罚这一问题的回答,应当基本上是相同的。"①未遂犯的成立必须要求实行行为的着手,即必须要求行为人开始实施符合构成要件行为的部分,或者开始具有侵害法益的具体危险的发生。从教唆犯的构造来看,由于教唆行为不是构成要件行为,被教唆者具有规范障碍,根据客观说的着手判断标准,教唆犯的着手显然不能是教唆的实施,而应该是被教唆者的实行。德国有学者表达了完全相同的见解,"在教唆犯的情况下,未遂并不是从教唆犯自己的行为,也即不是从对正犯产生影响时才开始的,只有当正犯自己开始了实行行为,未遂阶段才开始。"②因此,正犯未着手实行时,教唆行为对正犯结果仅具有抽象危险,而不具有处罚未遂犯所要求的具体危险的实质根据。

第二,预备犯的共犯可罚观点,根本上是背离法益保护主义和结果无价值论的思考,过于重视教唆者、帮助者的主观恶性,以特殊预防和社会防卫为刑法任务。共犯从属性确实影响共犯未遂的成立时点,但从属性的意义绝不限于此。它是贯彻依法治国理念,确立可罚性共犯行为轮廓的必要,核心要义是限制共犯处罚范围。我国对未遂犯、预备犯的处罚仅有刑法总则规定,没有刑法分则条文特别限定。如果说实行从属性影响共犯未遂的成立时点,进而

---

① [日]佐伯仁志:《教唆の未遂》,载[日]阿部純二等编:《刑法基本講座》(第4卷),法学書院1992年版,第209页。
② [德]冈特·施特拉滕韦特、洛塔尔·库伦:《刑法总论Ⅰ——犯罪论》,杨萌译,法律出版社2006年版,第319页。

决定了共犯能否成立未遂犯和应否处罚,那么处在行为阶段更早期、对法益侵犯的危险性最间接和抽象的预备正犯的共犯,其成立和处罚反而能跳脱从属性的约束,以"处罚必要性"理由加以处罚,这种结论殊难得当,完全沦为了处罚感情的附庸。

第三,被教唆实施重罪却止于犯罪预备的,可能根据我国《刑法》第 22 条被当作预备犯处罚。主张预备犯的共犯一律不罚,就会呈现如下局面,即只处罚作为预备犯的被教唆人,而不处罚仅实施了预备参与的教唆者,这被批评者认为是从属性说的处罚漏洞,但是笔者认为这是可以接受的局面。因为共犯属于二次责任类型,其犯罪性和可罚性本来就低于正犯。预备犯在大陆法系国家中属于极其例外的被处罚者,在我国司法实践中也是如此,况且根据我国《刑法》第 22 条第 2 款对预备犯的处罚规定,"可以比照既遂犯从轻、减轻处罚或者免除处罚"。既然如此,相对预备犯这种轻微犯罪形态的正犯,不处罚该正犯的教唆犯没有实质的不妥。

4. 立法建议

为了避免理解歧义和处罚不当,可考虑将《刑法》第 29 条第 2 款删除。可行的方案是,将若干严重的犯罪的预备或阴谋行为,在刑法分则中规定为独立犯罪的构成要件行为(独立罪名),也就是将这类严重犯罪的预备或阴谋行为正犯化,此时对该独立罪名的构成要件行为的"预备或阴谋行为"的教唆,即可根据共犯从属性说加以处罚。

(二) 实行过限或不足时教唆犯的处理

1. 实行过限的情况

实行过限指的是正犯的实行内容超出了与其他共犯人的共同犯意的情况。例如,教唆故意伤害,正犯实行了故意杀人的场合。

由于杀人实行是由伤害教唆引起的,杀人在性质上包含了伤害,应该认为被教唆的人实施了被教唆的罪,不属于教唆未遂。当前的刑法理论一般认为成立共同犯罪,教唆犯定故意伤害罪,正犯定故意杀人罪。如果导致了被害人死亡,教唆犯对死亡结果有预见可能性的,成立故意伤害罪致人死亡的结果加重犯,正犯是故意杀人罪的既遂。

教唆犯成立故意伤害罪(或致人死亡的结果加重犯),在犯罪成立条件上的论证逻辑是:根据共犯从属性原理,被教唆人实施了被教唆的罪,教唆犯不法从属于正犯不法,不法是客观的,不因人的主观意思而改变,只要教唆行为与正犯的行为和结果有因果关系,原则上就具有连带性。假如没有故意伤害的教唆,被教唆人也不可能在此基础上产生更严重的故意杀人的犯罪决意,因此正犯的杀人行为及其致使被害人死亡的结果,与教唆犯的故意伤害教唆有因果关系,据此,教唆犯连带地从属了正犯杀人的客观不法。但责任上仅有伤害的故意,责任限定了客观不法,所以在故意伤害罪(或致人死亡的结果加重犯)的限度内承担刑事责任。同理,教唆盗窃,正犯实行了抢劫的场合(例如,正犯接受盗窃教唆后产生更重的抢劫犯意并付诸实施,或者正犯接受盗窃教唆后在实施盗窃过程中为抗拒抓捕等事后转化为抢劫),教唆犯和正犯成立共同犯罪,教唆犯定盗窃罪,正犯定抢劫罪。对教唆犯来说,客观不法上从属于正犯的抢劫不法,但仅具有盗窃的责任,所以在盗窃罪的限度内承担刑事责任。可见,在实行过限的情况下,教唆犯和正犯的罪名不一致,根本原因是教唆犯的责任限制了不法(责任主义原则)。

例如,在前文列举的【霍某某、王某某、满某某故意伤害、故意毁坏财物案】中,一审法院认为,被告人王某某、满某某超过被告霍某某的授意范围而实施的故意毁坏财物行为,属"实行过限"。根据刑法规定的罪责自负原则,教唆人只对其教唆的犯罪负刑事责任,而被教唆人实行的过限行为应由其自行负责。被告人王某某、满某某故意毁坏他人财物,数额巨大,其行为已构成故意毁坏财物罪。法院于 2015 年 2 月 2 日判决王某某、满某某犯故意毁坏财物罪,分别判处有期徒刑 4 年和 2 年。二审法院裁定驳回上诉,维持原判。① 法院关于被告人王某某、满某某属于实行过限、被告人霍某某不成立故意毁坏财物罪的裁判说理是正确的。

【吴学友教唆伤害案】 2001 年元月上旬,被告人吴学友应朋友李洪良(另案处理)的要求,雇请无业青年胡围围、方彬(均不满 18 周岁)欲重伤李汉德,并带领胡围围、方彬指认李汉德并告之李汉德回家的必经路线。当月 12 日晚,胡围围、方彬等人携带钢管在李汉德回家的路上守候。晚 10 时许,李汉德骑自行车路过,胡、方等人即持凶器上前殴打李汉德,把李汉德连人带车打翻在路边田地里,并从李汉德身上劫走 580 元。事后,吴学友给付胡围围等人"酬金"600 元。经法医鉴定,李汉德的伤情为轻微伤甲级。江西省瑞昌市人民检察院以被告人吴学友犯抢劫罪提起公诉。被告人吴学友辩解其没有雇佣胡围围等人进行抢劫,只是雇佣他们伤害被害人。其辩护人辩称,由于胡围围等人实施的被雇佣的故意伤害行为尚不构成犯罪,故吴学友亦不构成犯罪。瑞昌市人民法院认为,被告人吴学友雇请胡围围、方彬等人故意伤害被害人李汉德致其轻微伤甲级,其行为已构成故意伤害罪(教唆未遂)。被雇佣人胡围围等人超过被告人吴学友的授意范围而实施的抢劫行为,属实行过限。根据罪责自负原则,教唆人只对其教唆的犯罪负

---

① 参见内蒙古自治区阿拉善左旗人民法院刑事判决书(2014)阿左刑二初字第 57 号,内蒙古自治区阿拉善盟中级人民法院刑事裁定书(2015)阿刑二终字第 2 号。

刑事责任,而被教唆人实行的过限行为应由其自行负责。因被教唆人胡围围等人实施的伤害行为后果较轻,尚不构成故意伤害罪,故可以对吴学友从轻或减轻处罚。吴学友教唆未满18周岁的人实施故意伤害犯罪,应当从重处罚。根据《刑法》第234条第1款、第25条第1款、第29条第1款和第2款的规定,于2002年5月16日判决被告人吴学友犯故意伤害罪(教唆未遂),判处有期徒刑6个月。该判决已生效。①

针对本案的司法处理,笔者发表如下看法:(1)检察院起诉被告人吴学友犯抢劫罪,不符合实行过限情况下共犯从属性理论的处理结论。因为正犯胡围围等人的取财行为超出了教唆意图,根据"责任是个别的"这一原理,教唆犯吴学友对抢劫行为没有责任。(2)辩护意见以正犯行为不成立成罪为由主张教唆犯无罪,是犯罪从属性的观念,不符合共犯从属性的理论内涵,辩护理由难以成立。(3)法院否定被告人吴学友成立抢劫罪的判决理由和结论是完全正确的。故意伤害罪未遂的定性也是正确的,但是,定罪量刑的判决理由和法律依据存在一定疑问。判决适用《刑法》第29条第2款有问题。具体分析如下:① 关于教唆犯吴学友的故意伤害罪(未遂)的成立及其理由。在本案中,"胡、方等人即持凶器上前殴打李汉德,把李汉德连人带车打翻在路边田地里",这说明正犯已经着手实行了故意伤害行为,该行为及其导致的轻微伤结果,具有客观不法性,因此教唆犯可以成立。正犯接受了重伤害的教唆,实行伤害行为造成了轻微伤结果,正犯理应成立故意伤害罪的未遂犯,也因此,教唆犯成立教唆之罪的未遂犯。判决中"因被教唆人胡围围等人实施的伤害行为后果较轻,尚不构成故意伤

---

① 参见最高人民法院刑事审判第一庭、第二庭编:《刑事审判参考》2002年第5辑(总第28辑),法律出版社2003年版,第25—26页。

害罪"的认定结论,是笔者不能认同的。除非正犯并没有接受重伤害的教唆,行为时只是一般性殴打或轻微伤的意思,才可以排除成立故意伤害罪(未遂),但是案情并没有显示这一点。② 关于教唆犯吴学友的故意伤害罪(未遂)的法条适用依据。只有在正犯于重伤害故意支配下实施了伤害行为,仅造成轻微伤结果,成立故意伤害罪未遂的情况下,教唆犯吴学友才能够适用《刑法》第29条第2款,从而"可以从轻或者减轻处罚",这样的思路才符合共犯从属性理论。据此,法院认定胡围围等人不成立犯罪的结论,本身就可质疑;又在该结论的基础上得出"故可以对吴学友从轻或减轻处罚"的结论,就是将《刑法》第29条第2款被教唆人"没有犯"被教唆的罪,理解为被教唆人"不成立"被教唆的罪。这种理解显然值得商榷,因为按照共犯从属性原理,被教唆人"没有犯"被教唆之罪是指已经着手实行而未达到既遂的情况;在被教唆人"不成立"被教唆之罪的情况下,对教唆者适用《刑法》第29条第2款,则是笔者批判的独立教唆犯观点。

2. 实行不足的情况

实行不足指的是正犯实行内容少于教唆或帮助内容的情况。例如,教唆故意杀人而实行了故意伤害的场合。由于杀人与伤害具有实质重合性(特别是伤害致人死亡的部分,完全可以认为,故意杀人罪的客观不法与故意伤害罪致人死亡的客观不法,或者说,杀人不法与伤害致死不法是相同的),因此就实行了伤害这部分罪行(包括伤害致人死亡的部分)而言,可以认为被教唆人实施了被教唆的罪。根据共犯从属性原理,教唆者在客观上从属了正犯这部分的伤害不法(包括伤害致人死亡的部分)。那么,如果正犯不法仅是伤害结果程度(没有死亡结果)的不法,教唆者从属于该伤害程度不法,由于责任上是杀人故意,而杀人故意包含了伤害故意，所以只能在伤害程度的不法限度内成立故意伤害罪，不是故意杀人罪的未遂；如果正犯不法是伤害致人死亡程度的客观不法（主观上过失对该客观不法没有影响），则教唆者从属于该死亡的客观不法，由于责任上是杀人的故意，因此教唆者成立故意杀人罪的既遂，此时不成立故意伤害罪致人死亡的结果加重犯，因为教唆犯同时具备了杀人不法与杀人故意。概言之，在被害人没有死亡时，教唆犯和正犯都成立故意伤害罪（轻伤基本犯或重伤结果加重犯），两者罪名一致；在被害人死亡时，正犯成立故意伤害罪致人死亡的结果加重犯，而教唆犯成立故意杀人罪的既遂，两者罪名不一致。在后一种情况下，之所以教唆犯和正犯的罪名出现差异，是由于我国刑法将致人死亡作为故意伤害罪加重结果的特别规定，以及故意杀人罪和故意伤害罪的实行行为仅有程度上的不同（在致人死亡这一点上程度相同）而没有方式或类型上的不同（杀人某种程度上是由伤害组成或累积而成的，死亡是最严重的伤害结果）。

但是，我国有学者却认为，实行不足的上例中，属于被教唆人没有犯被教唆的罪，如果被害人没有死亡，教唆者成立故意杀人罪（未遂）。① 该观点的缺陷在于：（1）没有将教唆之罪与实行之罪的实质重合性的刑法评价在实行过限和实行不足的情况中贯彻到底。（2）不经意间迈向了共犯独立性说的立场。教唆他人杀人而被害人没有死亡的情况下，认定教唆者为故意杀人罪未遂，显然是将教唆杀人行为理解为了杀人构成要件行为本身，这是共犯独立性说的立场。在单独正犯的场合，以杀人故意施加暴行没有导致被害人死亡的，确实成立故意杀人罪的未遂。但是，教唆犯的行为与正犯的行为不同，两者是不同的类型，具有质的差异。教唆犯仅

---

① 参见阮齐林：《刑法学》（第三版），中国政法大学出版社2011年版，第183页。

有教唆行为,其犯罪成立从属于正犯的着手实行,只有正犯的行为才是共同犯罪的实行行为。显然在上例中,正犯是在伤害故意支配下实施的罪行,在被害人没有死亡的情况下,该罪行仅是伤害结果程度的客观不法,既然如此,教唆犯在客观上就不可能具有杀人的着手实行和不法,也就没有成立故意杀人罪未遂的余地。(3) 按照该观点的思路,会得出不妥当的结论。例如,在教唆抢劫、实行了盗窃的实行不足的场合,正犯已经取得了财物时,如果认为教唆犯成立抢劫罪,则不管是既遂还是未遂都很不适合:如果认为是未遂,则已经取得了财物;如果认为是既遂,但客观上并未实施暴力、胁迫或其他方法的手段行为,这与抢劫罪性质不符。

  以上有缺陷的观点在新中国共犯论研究的起步阶段已有端倪。例如,李光灿教授在其专著《论共犯》中认为:"如果实行犯的犯罪行为不及教唆犯所教唆的犯罪范围,也就是在程度上比所教唆的犯罪较轻较小,在实行犯仅应按他所实行的犯罪负刑事责任,而教唆犯则仍应按他所教唆的犯罪(包括一部分被实行犯所实行了的和另一部分没有被实行的)来负刑事责任。"他举例,"如果教唆者教唆强盗罪(即我国《刑法》规定的抢劫罪——引者注,下同),被教唆者误为窃盗罪(即我国《刑法》规定的盗窃罪——引者注,下同),因此实行窃盗行为时,对于被教唆者可以使他担负实行窃盗罪的刑事责任,而对于教唆者则应当按教唆强盗罪来负刑事责任。"①这样的处理方式不符合共犯从属性原理,对教唆犯的定罪量刑有失妥当。笔者认为,在教唆抢劫、实行了盗窃的场合,可以认为,就盗窃这部分的罪行,被教唆人实施了被教唆的罪,就盗窃罪而言,不是教唆未遂。根据共犯从属性原理,教唆犯从属于正犯

---

① 李光灿:《论共犯》,法律出版社 1957 年版,第 17 页、第 16 页。

的盗窃不法,即使责任是抢劫的故意,也只能在盗窃罪的不法限度内承担刑事责任,而不是成立抢劫罪的未遂。抢劫罪的构成要件除了取财目的行为,还必须具备暴力、胁迫或其他方法的手段行为。《刑法》规定的抢劫罪与盗窃罪虽然在构成要件上具有实质重合性,但犯罪性质有显著差异。正犯实施单纯的盗窃行为,不可能具备抢劫罪的构成要件,不可能达到抢劫罪的客观不法。也就是说,正犯的盗窃不法无论如何不可能实现教唆抢劫的效果,这一点与教唆杀人但实行了伤害并致人死亡的上例不同。因此决定了,在教唆抢劫但实行了盗窃的场合,教唆犯只能与正犯保持相同的罪名。

(三) 未遂教唆的处理

未遂教唆(versuchte Anstiftung)指教唆人自始意图使被教唆人的犯罪终了于未遂阶段的情况。关于未遂教唆的可罚性,刑法理论上存在争论。根据犯罪成立的"先不法、后责任"的判断顺序,共犯的故意应受制于客观不法,且在其之后再来判断。因此,在未遂教唆的可罚性问题上,正确的思路是先根据共犯从属性理论判断其是否存在客观不法,在此得到肯定回答后,再进一步考虑主观责任问题。根据共犯从属性说,共犯从属于正犯的不法。那么,正犯不法仅指行为不法,还是要求结果不法?笔者认为,只要在共犯处罚根据上坚持因果共犯论,正犯行为只是媒介,共犯终究是由于侵害法益而被处罚,那么正犯的结果不法就是必需的。客观上的教唆行为虽属修正构成要件行为,但主观上的教唆故意需有使构成要件符合结果(正犯结果)实现的认识。因此,如果教唆人明确持有使被教唆人止于未遂的认识和意志,则其不具有教唆犯的故意。

未遂教唆固然缺乏教唆犯的故意,因而不构成故意犯罪,但实际情形并不简单,是否具有可罚性不可一概而论。(1)一种情形是,被教唆人虽然实施了实行行为,但根据客观情况,根本不可能实现犯罪从而侵害法益,即属于不能犯,从客观上就可以完全排除教唆犯的可罚性。例如,教唆他人盗窃没有存放任何金钱和财物的保险箱,向他人提供没有子弹的枪支供射击等。(2)另一种情形是,意图教唆他人犯罪未遂,但事实上存在完成犯罪与侵害法益的可能性,教唆人只是在他人实行犯罪后、既遂前,通过客观外力阻止犯罪遂行。教唆人自认为正犯不能达到既遂,具有使正犯终于未遂的意思。例如,虽然知道被害人穿着防弹背心,仍然教唆他人射击,客观上有可能击中头部而造成死亡结果;教唆他人用刀砍人,伺机夺刀或者通报被害人、警察机关,但措施采取不及时,最终没能防止被害人被砍死的结果等。针对这种情形宜区分情况进行处理:其一,如果客观上发生了与教唆人预期相左的既遂结果,或者相信不会发生的结果虽没有发生但是符合其他构成要件的结果发生了,并且主观上对以上结果发生存在过失,那么,站在否定过失教唆犯的立场,国外有学者认为,对教唆者可以认定为过失犯的单独犯;①我国有学者认为,过失教唆在我国现行法律规定之下,不成立犯罪。② 其二,如果客观上没有造成法益侵害结果,或主观上也不存在过失,就不作犯罪处理。

如果教唆人虽然不希望被教唆人完成犯罪、达到既遂,但是对其可能既遂存在认识和放任心理,并进行教唆的,则教唆人符合教唆犯的成立条件,应该按照教唆犯理论进行处理。

---

① 参见[日]野村稔:《刑法總論》(補訂版),成文堂1998年版,第415页。
② 参见黎宏:《刑法总论问题思考》(第二版),中国人民大学出版社2016年版,第458页。

第五章

组织犯和犯罪集团的特征和认定

我国《刑法》第 26 条第 1 款规定："组织、领导犯罪集团进行犯罪活动的或者在共同犯罪中起主要作用的,是主犯。"第 2 款规定:"三人以上为共同实施犯罪而组成的较为固定的犯罪组织,是犯罪集团。"第 3 款规定:"对组织、领导犯罪集团的首要分子,按照集团所犯的全部罪行处罚。"第 4 款规定:"对于第三款规定以外的主犯,应当按照其所参与的或者组织、指挥的全部犯罪处罚。"第 26 条规定涉及有关共犯人类型、处罚原则和共同犯罪组织形式等内容。

一、组织犯的含义和处罚

(一) 组织犯含义的通说

我国刑法通说将"组织、领导犯罪集团进行犯罪活动的"犯罪分子称为组织犯,并且特指"组织、领导犯罪集团进行犯罪活动的""首要分子"("组织、领导犯罪集团进行犯罪活动的"犯罪分子＝首要分子＝组织犯→主犯)。① 组织犯的名称来源于其实施的行为类型,因而属于分工标准下的共犯人类型。组织犯实施的行为是对集团犯罪活动的"组织、领导"行为。"组织"是指纠集、串联他人组建犯罪集团,使集团成员固定或基本固定;"领导"是指率领犯罪

---

① 参见高铭暄、马克昌主编,《刑法学》(第九版),北京大学出版社、高等教育出版社 2019 年版,第 169 页。

集团进行犯罪活动,为犯罪活动出谋划策、做出决定,指使、安排集团成员的分工和活动等。由此可见,组织犯在犯罪集团中处于核心地位,是犯罪集团的"大人物""幕后黑手"。由于组织犯的行为和地位特殊,发挥的作用重大,我国《刑法》将其规定为主犯,而且是最主要的一种主犯。组织犯以存在犯罪集团为前提条件。作为特殊的共犯人类型,组织犯的成立条件比较严格,能够被认定为组织犯加以处罚的共犯人范围很有限。

《刑法》将组织犯规定为"主犯",并明确规定了处罚原则,即"按照集团所犯的全部罪行处罚"(第26条第3款)。所谓"全部罪行",是指犯罪集团的目标或计划范围内的全部罪行。而集团成员实施的超出了集团目标或计划的其他性质的罪行,只能由实施者承担刑事责任,组织犯对此不承担刑事责任。例如,盗窃犯罪集团的组织犯,对集团成员个别实施的强奸等罪行不承担刑事责任;再如,拐卖妇女、儿童犯罪集团的组织犯,对集团成员个别实施的盗窃等罪行不承担刑事责任。需要注意的是,刑法针对犯罪集团的处罚对象,并不限于组织犯,还包括组织犯以外的犯罪集团中的其他参与人。理论上,凡是参与了犯罪集团的行为人,都是值得科处刑罚的。只不过,对组织犯以外的集团犯罪参与人,刑法根据普通共犯人的处理原则加以对待,也就是,根据作用大小认定为主犯或从犯:如果是主犯,"应当按照其所参与的或者组织、指挥的全部犯罪处罚"(第26条第4款);如果是从犯,按照第27条规定处罚。我国《刑法》对组织犯和犯罪集团的规定,体现了对犯罪集团及其实施的集团犯罪的高度重视和严惩态度。对待组织犯,不像对待普通共犯人那样,委由司法者依据作用大小裁量为主从犯,而是立法上直接规定为主犯,而且作了处罚原则的明确规定。某种程度上说,《刑法》将组织犯规定为主犯(第26条第1款),仅具有提示的意义,因为即使不规定,也毫无争议地认定为主犯;对组织犯的处罚原则的规定(第 26 条第 3 款),具有特别的意义,为司法上的量刑提供了合理、明确、统一的依据;此外,《刑法》对组织犯和犯罪集团的规定,具有刑事政策的意义。

(二) 组织犯的其他解释论及其辨析

1. 组织犯的存在范围

少数学者对组织犯含义的通说提出异议,认为在一般共同犯罪中实施组织、领导、策划、指挥行为的人也是组织犯。确立组织犯的标准是实施行为的性质,而不是犯罪集团的形式。《刑法》第 26 条第 4 款"组织、指挥"的规定隐含了一般共同犯罪中的组织犯。一般共同犯罪中的组织犯与集团犯罪中的组织犯只是程度有差异,都是共同犯罪中居支配地位的人。[①] 钱叶六教授也赞成,组织犯多数情况下存在于犯罪集团中,但不排除在临时纠集的团伙共同犯罪中有存在余地。[②]

以上观点不无一定道理,因为组织行为与教唆、帮助行为确实有别,没有理由否认一般共同犯罪中存在组织行为的情形,将实施此类行为的人称为组织犯,也符合汉语言文义。少数说强调了组织行为的支配性,为组织犯被《刑法》明文规定为主犯提供了论理依据。少数说根据组织行为类型及其支配性解读组织犯,组织犯的认定范围比通说有很大扩张,结局是共同犯罪中都有可能存在组织犯。例如,甲、乙共同犯罪,甲领导、指挥乙去实行的,甲就是

---

① 参见赵辉:《组织犯及其相关问题研究》,法律出版社 2007 年版,第 9—10 页。吴光侠:《主犯论》,中国人民公安大学出版社 2007 年版,第 67 页。
② 参见钱叶六:《共犯论的基础及其展开》,中国政法大学出版社 2014 年版,第 60 页。

组织犯。范围扩张后的组织犯的处罚规定，就不限于通说的《刑法》第 26 条第 3 款，同时还包括了该条第 4 款。

在我国司法实务中，按照刑法通说认定组织犯的判决不乏其例，①但存在对组织犯随意、泛化认定的情况。有的裁判文书没有指明是犯罪集团，却对实施组织、指挥行为者使用了组织犯的表述。② 有的裁判文书甚至将组织犯认定为从犯。例如，在【陈某 1、王某 1 等故意伤害案】中，湖北省荆州市中级人民法院认为，"被告人陈某 1、王某 1 在本起共同故意犯罪中，虽然没有直接实施加害陈某 2 的行为，但是当陈某 1 发现陈某 2 行踪后组织人员跟踪、安排人员准备作案；王某 1 先是对受害人进行跟踪，后是接应、帮助其他犯罪人员逃避打击。故其二人在本起犯罪中所处地位、参与程度以及对危害结果产生作用的大小，分别构成本起共同犯罪处于从犯地位的组织犯、帮助犯。"③

笔者认为，少数说对组织犯含义和范围的异议观点，对我国共同犯罪的定罪量刑没有实益。首先，我国刑法学采取规范的实行行为的正犯认定标准，组织犯不是正犯，少数说没有改变这种认识，因此对定罪没有实益。其次，《刑法》已明文将组织犯规定为主犯，并明确规定了相应的处罚原则，少数说的组织犯范围扩张后，也没有超出主犯规定的范围，因此对量刑没有实益。反而是，在组织犯与教唆犯、帮助犯的区分上，少数说相比于通说会造成更大的司法负担，通说的组织犯特指犯罪集团的首要分子，在其他共同犯

---

① 参见浙江省杭州市中级人民法院刑事裁定书(2020)浙 01 刑终 704 号。
② 参见新疆维吾尔自治区克拉玛依市中级人民法院刑事裁定书(2020)新 02 刑终 82 号、山东省枣庄市中级人民法院刑事裁定书(2019)鲁 04 刑终 225 号、江西省高级人民法院刑事裁定书(2018)赣刑核 26690876 号、广西壮族自治区高级人民法院刑事裁定书(2018)桂刑终 12 号、内蒙古自治区乌拉特中旗人民法院刑事判决书(2014)乌中刑初字第 77 号。
③ 参见湖北省高级人民法院刑事裁定书(2018)鄂刑终 149 号。

罪情形中只存在正犯、教唆犯和帮助犯三种行为类型,而根据少数说,在共同犯罪中都可能存在组织犯、正犯、教唆犯、帮助犯四种行为类型,增加了共犯人区分的任务和难度。综上,组织犯的概念及范围应该严谨地认定,少数说重构组织犯概念的观点不值得采纳,随意、泛化甚至错误认定组织犯的实务倾向需要克服。

2. 组织犯与共谋共同正犯的关系

张明楷教授采取重要作用说的正犯认定标准,认可共谋共同正犯理论,他将《刑法》第 26 条规定的主犯解释为共同正犯,进而认为组织犯是支配型共谋共同正犯。① 黎宏教授认为,《刑法》第 26 条第 2 款、第 3 款关于"组织、领导"犯罪集团的规定,包含了共谋共同正犯的内容。②

笔者认为,我国《刑法》将组织、领导犯罪集团的首要分子即组织犯规定为主犯,并且"按照集团所犯的全部罪行处罚",是对组织犯这一特殊主犯处罚原则的具体化。该规定符合共同犯罪的实际情况和相关归责原则,却不意味着是对共谋共同正犯的规定。只要正犯没有实行过限,狭义共犯就与正犯承担相同的责任,这是共犯从属性和责任主义的要求。不能因为共犯从属地承担了正犯的责任,就把此时的共犯理解为(共谋共同)正犯。在我国《刑法》中,不成立组织犯的组织者、共谋者或者教唆者等,也可以根据他起主要作用的情况而认定为主犯,从而承担较重刑罚,不意味着他就是正犯。组织犯的行为不是构成要件行为,组织犯不属于正犯。笔者和有学者曾提出,组织犯属于与教唆犯、帮助犯并列的第三种狭义共犯类型,其成立犯罪应遵循从

---

① 参见张明楷:《刑法学》(第六版),法律出版社 2021 年版,第 521 页。张明楷:《共犯人关系的再思考》,《法学研究》2020 年第 1 期,第 149 页。
② 参见黎宏:《刑法学总论》(第二版),法律出版社 2016 年版,第 283 页。

属性原理。①

有个别学者赞成共谋共同正犯理论,提出"在分工分类法之下组织犯的概念并不值得提倡"。还认为,"组织犯的概念至多说明共谋共同正犯的某些情形在我国《刑法》中有所体现,可以解决一部分共谋共同正犯的处罚,但是难以为共谋共同正犯的正犯性提供统一的解决方案。"②笔者认为,这是将外国刑法理论凌驾于我国《刑法》规定之上的本末倒置的解释论思路。不能因为赞同共谋共同正犯理论,反过来认为我国《刑法》中的组织犯概念不值得提倡。再则,我国《刑法》中的组织犯也并非为了说明共谋共同正犯或者为其提供正犯性的立法,所以,谈不上解决共谋共同正犯的处罚问题,也谈不上为共谋共同正犯的正犯性提供解决方案的问题。这些问题完全是论者由着自己思路而设想出来的,不符合我国《刑法》规定的实际,无异于是对组织犯刑法规定的苛求。

(三) 组织犯的处罚

《刑法》第 26 条第 3 款规定:"对组织、领导犯罪集团的首要分子,按照集团所犯的全部罪行处罚。"组织、领导犯罪集团的首要分子,即组织犯,除了对自己直接实施的具体犯罪行为及其结果承担责任外,还要对集团所犯的全部罪行承担责任,即还要对其他成员按该集团犯罪计划所犯的全部罪行承担责任,因为这些罪行是由首要分子组织、策划、指挥实施的。需要注意的是,对犯罪集团的首要分子,是按"集团"所犯的全部罪行处罚,不是按"全体成员"所

---

① 参见张开骏:《区分制犯罪参与体系与"规范的形式客观说"正犯标准》,《法学家》2013 年第 4 期,第 68—69 页。钱叶六:《共犯论的基础及其展开》,中国政法大学出版社 2014 年版,第 59 页。

② 谭堃:《论共谋共同正犯的正犯性》,载江溯主编:《刑事法评论》(第 42 卷),北京大学出版社 2020 年版,第 258—259 页。

犯的全部罪行处罚。集团成员超出集团犯罪计划,独自实施的犯罪行为,不属于集团所犯的罪行,首要分子对此不承担责任。① 以上处罚原则可谓因果共犯论的当然归结。

犯罪集团首要分子对集团成员在其总体性、概括性故意之内的、总体策划、指挥下的罪行,即使不知详情,也应当承担责任。例如,盗窃集团的首要分子要求集团成员有机会就实施盗窃行为,即使首要分子对其成员何时、何地实施具体盗窃行为完全不知,也应承担相应的责任。又如,黑社会性质组织的首要分子,要求组织成员维护其组织的经济利益,凡是侵害其组织经济利益的,应不惜一切代价予以报复。在这种情况下,只要集团成员为了维护黑社会性质组织经济利益而报复(杀人、伤害等)他人的,都应当认为是首要分子策划、指挥的罪行,首要分子应当对此承担责任。再如,黑社会性质组织的成员为了给组织寻求庇护,向某国家机关工作人员行贿,则该成员为了维护组织利益而实施的行贿罪可以认定为集团所犯的罪行,首要分子应当对此承担责任。反之,集团成员完全超出首要分子的总体性、概括性故意的行为,只能由实施者承担责任。例如,盗窃集团的首要分子要求集团成员有机会就实施盗窃行为,但集团成员在实施盗窃的过程中强奸妇女的,首要分子对强奸行为不承担责任。

【王渝男等人非法持有枪支、弹药等案】 被告人王渝男组织、领导黑社会性质组织,以营利为目的出资开设赌场或者参与聚众赌博活动。在开设赌场的过程中,被告人张荣彪等人持猎枪守卫存放赌资的"码房",被告人胡林利持仿"六四"式手枪到赌场。法院认为,上列被告人非法持有枪支、弹药,均是有组织并且是为了

---

① 参见张明楷:《刑法学》(第六版),法律出版社 2021 年版,第 609—610 页。

该组织的共同犯罪目的和利益而实施的犯罪行为,王渝男是黑社会性质组织的组织、领导者,应该对上述罪行承担刑事责任,故其构成非法持有枪支、弹药罪。针对王渝男及其辩护人提出其行为不构成非法持有枪支、弹药罪的辩解和辩护意见,法院作出如下反驳:"王渝男等人在共谋开设赌场中,明确了要保证赌场资金的安全,在赌场开业后,亦安排专人守护赌资,至于是持枪守护还是采取其他方式守护,均属于其共谋的犯意范围之内。"因此,王渝男应该对该组织成员非法持有枪支、弹药的行为承担刑事责任。①

犯罪集团的首要分子事先确定、指示了集团的犯罪范围,但当集团成员超出该犯罪范围,实施某种犯罪行为(首次犯罪行为)后,首要分子并不反对,而是默认甚至赞同、怂恿,导致集团成员以后实施该种犯罪的,虽然首要分子对成员的"首次犯罪行为"不应当承担责任,但对集团成员后来实施的相同犯罪行为应当承担责任。例如,抢劫集团的首要分子甲事先只是确定、指示其成员实施抢劫财物的行为,其成员乙、丙为了勒索财物而实施了绑架行为,事后甲在集团内部"夸奖"乙、丙的行为。虽然首要分子甲对乙、丙的绑架罪不承担责任,但对其他成员后来实施的绑架行为应当承担责任。因为在乙、丙实施了绑架行为之后,甲的概括性故意及其预定的犯罪内容除抢劫罪之外,已经包含了绑架罪。

在首要分子对集团成员的犯罪内容做出某种程度的确定、指示,但没有明确限定具体目标、具体罪名等情况下,集团成员实施的犯罪行为没有明显超出首要分子的确定范围,或者说,集团成员实施的犯罪行为仍然处于首要分子确定、指示的范围之内时,首要分子应承担责任。例如,盗窃集团的首要分子指示成员实施盗窃

---

① 参见重庆市高级人民法院刑事附带民事判决书(2002)渝高法刑终字第393号。

行为,而没有限定盗窃的目标等内容,集团成员盗伐林木时,首要分子仍然对该盗伐林木的犯罪承担责任。在首要分子对集团成员的犯罪内容做出某种程度的确定、指示,但集团成员发生误解,实施了其他犯罪的情况下,首要分子应当在有责的限度内承担刑事责任。从抽象的事实认识错误的角度来说,如果集团成员所犯之罪与首要分子所确定、指示的犯罪之间具有重合的性质,首要分子应当在性质重合的范围内承担责任。例如,首要分子指示集团成员实施盗窃行为,但集团成员误解为抢劫,并实施了抢劫行为,首要分子虽然不对该抢劫行为承担责任,但应当在盗窃罪的范围内与集团成员成立共同犯罪,因而对盗窃罪承担责任。从共犯过剩的角度来说,首要分子对直接正犯所实施的超出首要分子故意内容的行为与结果,不承担刑事责任。

如果首要分子策划、指挥的犯罪是容易转化的犯罪,那么,当集团成员在实施首要分子策划、指挥的犯罪过程中转化为另一重罪时,首要分子原则上应当对转化后的犯罪承担责任。例如,首要分子策划、指挥集团成员实施盗窃行为,集团成员在犯盗窃罪的过程中,为窝藏赃物、抗拒抓捕或者毁灭罪证,当场使用暴力或者以暴力相威胁,因而转化为抢劫罪的,首要分子一般应当对该抢劫罪承担责任。当然,如果盗窃集团的首要分子明确指示其成员在盗窃时不得转化为抢劫,则另当别论。如果首要分子策划、指挥某种基本犯罪行为,但集团成员在实施基本犯罪时造成加重结果的,首要分子应对结果加重犯承担责任。①

虽然犯罪集团的首要分子要对集团所犯的全部罪行承担责任,但这并不意味着首要分子要对其中的任何具体罪行都承担主

---

① 参见张明楷:《刑法学》(第六版),法律出版社 2021 年版,第 611 页。周舟:《犯罪集团中"全部罪行"的认定》,《法学》2021 年第 1 期,第 189—190 页。

要责任。首要分子对具体犯罪所承担的责任,应当根据其在该起犯罪中的具体地位、作用来确定。换言之,首要分子完全可能在某些具体的犯罪中并不起主要作用。

《刑法》第 26 条第 4 款规定:"对于第三款规定以外的主犯,应当按照其所参与的或者组织、指挥的全部犯罪处罚。"对犯罪集团首要分子以外的主犯,分为两种情况处罚:(1) 组织、指挥共同犯罪的人(如聚众共同犯罪中的首要分子),应当按照其组织、指挥的全部犯罪处罚;(2) 没有从事组织、指挥活动但在共同犯罪中起主要作用的人,应按其参与的全部犯罪处罚。

二、犯罪集团的属性和特征

(一) 共同犯罪的组织形式

在我国刑法理论中,根据组织形式的有无和程度(共犯人之间结合的紧密程度),可将共同犯罪分为:(1) 一般共同犯罪,即二人以上没有也不需要组织形式的共同犯罪。这是共同犯罪中最普通和常见的形式。(2) 聚众共同犯罪,是指由首要分子组织、策划、指挥众人所实施的共同犯罪。[①] 聚众犯罪的特点有人员复杂性、行为公然性、行为多样性等,但组织形式松散,共犯人只是为了实施一个具体犯罪而临时纠集在一起,犯罪实施完毕后,共同犯罪形式就不复存在。在我国《刑法》中,有的聚众犯罪是共同犯罪。例如第 317 条第 2 款聚众持械劫狱罪处罚首要分子、积极参加者和其他参加者,第 292 条聚众斗殴罪处罚首要分子和积极参加者。

---

① 不排除在特殊情况下没有首要分子,例如聚众哄抢罪。参见张开骏:《聚众哄抢财物与聚众"打砸抢"的刑法教义学》,《北方法学》2017 年第 2 期,第 88—89 页。

这些是典型的必要共犯。需要注意的是，聚众斗殴罪不能根据《刑法》总则规定处罚其他参加者，因为聚众犯罪涉及人员较多，立法规定只处罚首要分子和积极参加者，正是为了限定处罚范围。教唆他人积极参加聚众犯罪的，仍可适用共犯规定。① 有的聚众犯罪是否共同犯罪，要视具体情况而定。例如第 291 条聚众扰乱公共场所秩序、交通秩序罪只处罚首要分子，如果首要分子是一人的，不是共同犯罪；如果首要分子是二人以上，则是共同犯罪。(3) 集团共同犯罪（简称集团犯罪），是指三人以上有组织地实施的共同犯罪。既可能是必要共犯，例如组织、领导、参加恐怖组织罪，直接根据《刑法》分则规定的法定刑处罚各种参加人，也可能是任意共犯，例如集团性的抢劫、拐卖妇女等，必须适用《刑法》总则规定处罚各种参加人。

（二）犯罪集团的概念和特征

实施集团犯罪的组织称为犯罪集团。所谓犯罪集团，是指三人以上为共同实施犯罪而组成的较为固定的犯罪组织（《刑法》第 26 条第 2 款）。

犯罪集团的特点是人数较多、组织固定、目的明确、危害严重。(1) 人数较多。即三人以上，二人不足以成为集团。现实中的犯罪集团只有三人的极其少见，多则十几人或几十人。(2) 组织固定。表现在有明显的首要分子，有的首要分子是在纠集过程中形成的，有的人在纠集开始时就是首要分子；重要成员固定或基本固定；集团成员以首要分子为核心结合得比较紧密；集团成员实施一次或数次犯罪行为后，其组织形式继续存在（当然，出于某种原

---

① 参见张明楷：《刑法学》（第六版），法律出版社 2021 年版，第 502 页。

因而解散的,也可能被认定为犯罪集团)。(3) 目的明确。犯罪集团的形成是为了反复多次实施一种或数种犯罪行为;集团的犯罪活动通常有预谋、有计划地进行,即使是突发性的作案,往往也是在集团的总的犯罪故意支配下进行的。(4) 危害严重。犯罪集团成员较多,形成一个集体的行动力量。这种力量使得犯罪集团可能实施单个人或一般共同犯罪人难以实施的重大犯罪;使得犯罪集团的活动计划周密,易于得逞,给法益造成重大损害;犯罪后也易于转移赃物、消灭罪迹、逃避侦查。即使犯罪集团实际实施的犯罪次数不多,但犯罪集团的形成本身就对社会具有严重的危险性。

日常生活中还有"犯罪团伙""团伙犯罪"的概念。公安司法机关往往在没有确定共同犯罪的性质和形式时使用这样的概念,它们并非法律概念。办理此类案件时,凡符合犯罪集团基本特征的,应按犯罪集团处理;不符合犯罪集团基本特征的,应按一般共同犯罪,并根据其共同犯罪的事实和情节处理。

三、犯罪集团的形式及相关概念

(一) 黑社会性质组织

犯罪集团的性质不同,组织的严密程度大不一样。犯罪集团按照组织严密程度划分,可分为普通犯罪集团、黑社会性质组织、黑社会组织。当前我国社会中的犯罪集团中,组织最严密的是黑社会性质组织,尚未形成典型的黑社会组织。

《刑法》第 294 条第 5 款规定(2011 年《刑法修正案(八)》增设):"黑社会性质的组织应当同时具备以下特征:(一) 形成较稳定的犯罪组织,人数较多,有明确的组织者、领导者,骨干成员基本固定;(二)有组织地通过违法犯罪活动或者其他手段获取经济利益,具有一定的经济实力,以支持该组织的活动;(三)以暴力、威胁或者其他手段,有组织地多次进行违法犯罪活动,为非作恶,欺压、残害群众;(四)通过实施违法犯罪活动,或者利用国家工作人员的包庇或者纵容,称霸一方,在一定区域或者行业内,形成非法控制或者重大影响,严重破坏经济、社会生活秩序。"以上四项规定被分别归纳为组织特征、经济特征、行为特征、非法控制特征。其中,非法控制特征(危害性特征)是黑社会性质组织的本质特征,也是黑社会性质组织区别于一般犯罪集团的关键所在。

需要注意的是,曾有司法解释将"保护伞"作为黑社会性质组织的必要条件,[①]但是,后来的立法解释[②]以及《刑法修正案(八)》都将保护伞规定为选择性特征。虽然保护伞不再是法律要求的必备特征,但不可否认,现实生活中保护伞通常是黑社会性质组织的重要特征。在刑事政策上,"扫黑除恶"与深挖保护伞需要共同推进。

2009年12月9日最高人民法院、最高人民检察院、公安部《办理黑社会性质组织犯罪案件座谈会纪要》,2015年10月13日最高人民法院《全国部分法院审理黑社会性质组织犯罪案件工作座谈会纪要》,2018年1月16日最高人民法院、最高人民检察院、公安部《关于办理黑恶势力犯罪案件若干问题的指导意见》,相继对黑社会性质组织的特征认定作了修正或补充规定。当前有效的指导性意见如下:

---

① 2000年12月5日最高人民法院《关于审理黑社会性质组织犯罪的案件具体应用法律若干问题的解释》第1条。
② 2002年4月28日全国人大常委会《关于〈中华人民共和国刑法〉第二百九十四条第一款的解释》。

第一,组织特征。组织形成后,在一定时期内持续存在,应当认定为"形成较稳定的犯罪组织"。黑社会性质组织一般在短时间内难以形成,而且成员人数较多,但鉴于"恶势力"团伙和犯罪集团向黑社会性质组织发展是个渐进的过程,没有明显的性质转变的节点,故对黑社会性质组织存在时间、成员人数问题不宜作出"一刀切"的规定。

黑社会性质组织存续时间的起点,可以根据涉案犯罪组织举行成立仪式或者进行类似活动的时间来认定。黑社会性质组织未举行成立仪式或者进行类似活动的,成立时间可以按照足以反映其初步形成非法影响的标志性事件的发生时间认定。没有明显标志性事件的,可以将组织者、领导者与其他组织成员首次共同实施该组织犯罪活动的时间认定为该组织的形成时间。该组织者、领导者因未到案或者因死亡等法定情形未被起诉的,不影响认定。

黑社会性质组织成员既包括已有充分证据证明但尚未归案的组织成员,也包括虽有参加黑社会性质组织的行为但因尚未达到刑事责任年龄或因其他法定情形而未被起诉,或者根据具体情节不作为犯罪处理的组织成员。

黑社会性质组织应有明确的组织者、领导者,骨干成员基本固定,并有比较明确的层级和职责分工,一般有三种类型的组织成员:组织者、领导者;积极参加者;一般参加者,也即"其他参加者"。(1)组织者、领导者是指黑社会性质组织的发起者、创建者,或者在组织中实际处于领导地位,对整个组织及其运行、活动起着决策、指挥、协调、管理作用的犯罪分子,既包括通过一定形式产生的有明确职务、称谓的组织者、领导者,也包括在黑社会性质组织中被公认的事实上的组织者、领导者。(2)积极参加者是指接受黑社会性质组织的领导和管理,多次积极参与黑社会性质组织的违法犯罪活动,或者积极参与较严重的黑社会性质组织的犯罪活动且作用突出,以及其他在组织中起重要作用的犯罪分子,如具体主管黑社会性质组织的财务、人员管理等事项的犯罪分子。那些直接听命于组织者、领导者,并多次指挥或积极参与实施有组织的违法犯罪活动或者其他长时间在犯罪组织中起重要作用的犯罪分子,即"骨干成员",属于积极参加者的一部分。(3)其他参加者是指除上述组织成员之外,其他接受黑社会性质组织的领导和管理的犯罪分子。

在通常情况下,黑社会性质组织为了维护自身的安全和稳定,一般会有一些约定俗成的纪律、规约,有些甚至还有明确的规定。因此,具有一定的组织纪律、活动规约,也是认定黑社会性质组织特征时的重要参考依据。对黑社会性质组织的组织纪律、活动规约,应当结合制定、形成相关纪律、规约的目的与意图来进行审查判断。凡是为了增强实施违法犯罪活动的组织性、隐蔽性而制定或者自发形成,并用以明确组织内部人员管理、职责分工、行为规范、利益分配、行动准则等事项的成文或不成文的规定、约定,均可认定为黑社会性质组织的组织纪律、活动规约。

以下人员不属于黑社会性质组织的成员:(1)主观上没有加入黑社会性质组织的意愿,受雇到黑社会性质组织开办的公司、企业、社团工作,未参与或者仅参与少量黑社会性质组织的违法犯罪活动的人员;(2)因临时被纠集、雇佣或受蒙蔽为黑社会性质组织实施违法犯罪活动或者提供帮助、支持、服务的人员;(3)为维护或扩大自身利益而临时雇佣、收买、利用黑社会性质组织实施违法犯罪活动的人员。上述人员构成其他犯罪的,按照具体犯罪处理。

第二,经济特征。在组织的形成、发展过程中通过以下方式获取经济利益的,应当认定为"有组织地通过违法犯罪活动或者其他手段获取经济利益":(1) 有组织地通过违法犯罪活动或其他不正当手段聚敛;(2) 有组织地以投资、控股、参股、合伙等方式通过合法的生产、经营活动获取;(3) 由组织成员提供或通过其他单位、组织、个人资助取得。

通过上述方式获得一定数量的经济利益,应当认定为"具有一定的经济实力",同时也包括调动一定规模的经济资源用以支持该组织活动的能力。通过上述方式获取的经济利益,即使是由部分组织成员个人掌控,也应计入黑社会性质组织的"经济实力"。组织成员主动将个人或者家庭资产中的一部分用于支持该组织活动,其个人或者家庭资产可全部计入"一定的经济实力",但数额明显较小或者仅提供动产、不动产使用权的除外。

由于不同地区的经济发展水平、不同行业的利润空间均存在很大差异,加之黑社会性质组织存在、发展的时间也各有不同,不能一般性地要求"一定的经济实力"必须达到特定规模或特定数额。

第三,行为特征。黑社会性质组织实施的违法犯罪活动包括非暴力性的违法犯罪活动,但暴力或以暴力相威胁始终是黑社会性质组织实施违法犯罪活动的基本手段,并随时可能付诸实施。暴力、威胁色彩虽不明显,但实际是以组织的势力、影响和犯罪能力为依托,以暴力威胁的现实可能性为基础,足以使他人产生恐惧、恐慌进而形成心理强制或者足以影响、限制人身自由、危及人身财产安全或者影响正常生产、工作、生活的手段,属于"其他手段",包括但不限于所谓的"谈判""协商""调解"以及滋扰、纠缠、哄闹、聚众造势等手段。

为确立、维护、扩大组织的势力、影响、利益或者按照纪律规约、组织惯例多次实施违法犯罪活动,侵犯不特定多人的人身权利、民主权利、财产权利,破坏经济秩序、社会秩序,应当认定为"有组织地多次进行违法犯罪活动,为非作恶,欺压、残害群众"。符合以下情形之一的,应当认定为黑社会性质组织实施的违法犯罪活动:(1) 为该组织争夺势力范围打击竞争对手、形成强势地位、谋取经济利益、树立非法权威、扩大非法影响、寻求非法保护、增强犯罪能力等实施的;(2) 按照该组织的纪律规约、组织惯例实施的;(3) 组织者、领导者直接组织、策划、指挥、参与实施的;(4) 由组织成员以组织名义实施,并得到组织者、领导者认可或者默许的;(5) 多名组织成员为逞强争霸、插手纠纷、报复他人、替人行凶、非法敛财而共同实施,并得到组织者、领导者认可或者默许的;(6) 其他应当认定为黑社会性质组织实施的。

黑社会性质组织实施犯罪活动过程中,往往伴随着大量的违法活动,对此均应作为黑社会性质组织的违法犯罪事实予以认定。但如果仅实施了违法活动,而没有实施犯罪活动的,则不能认定为黑社会性质组织。涉案犯罪组织仅触犯少量具体罪名的,是否认定为黑社会性质组织要结合组织特征、经济特征和非法控制特征(危害性特征)综合判断,严格把握。

第四,非法控制特征(危害性特征)。鉴于黑社会性质组织非法控制和影响的"一定区域"的大小具有相对性,不能简单地要求"一定区域"必须达到某一特定的空间范围,而应当根据具体案情,并结合黑社会性质组织对经济社会生活秩序的危害程度加以综合分析判断。

黑社会性质组织所控制和影响的"一定区域",应当具备一定空间范围,并承载一定的社会功能。既包括一定数量的自然人共同居住、生活的区域,如乡镇、街道、较大的村庄等,也包括承载一定生产、经营或社会公共服务功能的区域,如矿山、工地、市场、车站、码头等。对此,应当结合一定地域范围内的人口数量、流量、经济规模等因素综合评判。如果涉案犯罪组织的控制和影响仅存在于一家酒店、一处娱乐会所等空间范围有限的场所,或者人口数量、流量、经济规模较小的其他区域,则一般不能视为是对"一定区域"的控制和影响。

黑社会性质组织所控制和影响的"一定行业",是指在一定区域内存在的同类生产、经营活动。黑社会性质组织通过多次有组织地实施违法犯罪活动,对黄、赌、毒等非法行业形成非法控制或重大影响的,同样符合非法控制特征(危害性特征)的要求。

通过实施违法犯罪活动,或者利用国家工作人员的包庇或者不依法履行职责,放纵黑社会性质组织进行违法犯罪活动的行为,称霸一方,并具有以下情形之一的,可认定为"在一定区域或者行业内,形成非法控制或者重大影响,严重破坏经济、社会生活秩序":(1) 致使在一定区域内生活或者在一定行业内从事生产、经营的多名群众,合法利益遭受犯罪或严重违法活动侵害后,不敢通过正当途径举报、控告的;(2) 对一定行业的生产、经营形成垄断,或者对涉及一定行业的准入、经营、竞争等经济活动形成重要影响的;(3) 插手民间纠纷、经济纠纷,在相关区域或者行业内造成严重影响的;(4) 干扰、破坏他人正常生产、经营、生活,并在相关区域或者行业内造成严重影响的;(5) 干扰、破坏公司、企业、事业单位及社会团体的正常生产、经营、工作秩序,在相关区域、行业内造成严重影响,或者致使其不能正常生产、经营、工作的;(6) 多次干扰、破坏党和国家机关、行业管理部门以及村委会、居委会等基层群众自治组织的工作秩序,或者致使上述单位、组织的职能不能正常行使的;(7) 利用组织的势力、影响,帮助组织成员或他人获取政治地位,或者在党政机关、基层群众自治组织中担任一定职务的;(8) 其他形成非法控制或者重大影响,严重破坏经济、社会生活秩序的情形。

成立黑社会性质组织犯罪的案例:

【郭明先参加黑社会性质组织、故意杀人、故意伤害案】(检例第18号) 被告人郭明先1997年9月因犯盗窃罪被判有期徒刑5年6个月,2001年12月刑满释放。2003年5月7日,李泽荣(另案处理,已判刑)等人在四川省三台县"经典歌城"唱歌结账时与该歌城老板何春发生纠纷,被告人郭明先受李泽荣一方纠集,伙同李泽荣、王成鹏、王国军(另案处理,均已判刑)打砸"经典歌城",郭明先持刀砍人,致何春重伤、顾客吴启斌轻伤。2008年1月1日,闵思金(另案处理,已判刑)与王元军在四川省三台县里程乡岩崖坪发生交通事故,双方因闵思金摩托车受损赔偿问题发生争执。王元军电话通知被害人兰金、李西秀等人,闵思金电话召集郭明先及闵思勇、陈强(另案处理,均已判刑)等人。闵思勇与其朋友代安全、兰在伟先到现场,因代安全、兰在伟与争执双方均认识,即进行劝解,事情已基本平息。后郭明先、陈强等人亦分别骑摩托车赶至现场。闵思金向郭明先指认兰金后,郭明先持菜刀欲砍兰金,被路过并劝架的被害人蓝继宇阻拦,郭明先遂持菜刀猛砍蓝继宇头部,致蓝继宇严重颅脑损伤死亡。兰金、李西秀等见状,持木棒击打郭明先,郭明先持菜刀乱砍,致兰金重伤,致李西秀轻伤。后郭明先搭乘闵思勇所驾摩托车逃跑。2008年5月,郭明先负案潜逃期间,应同案被告人李进(犯组织、领导黑社会性质组织罪、故意伤害罪等,被判处有期徒刑14年)的邀约,到四川省绵阳市安县参加了同案被告人王术华(犯组织、领导黑社会性质组织罪、故意伤害罪等罪,被判处有期徒刑20年)组织、领导的黑社会性质组织,充当打手。因王术华对胡建不满,让李进安排人教训胡建及其手下。

2009年5月17日,李进见胡建两名手下范平、张选辉在安县花茎镇姜记烧烤店吃烧烤,便打电话叫来郭明先。经指认,郭明先蒙面持菜刀砍击范平、张选辉,致该二人轻伤。2010年12月17日,一审绵阳市中级人民法院认为,被告人郭明先是累犯,应当从重处罚。判决郭明先犯参加黑社会性质组织罪、故意杀人罪、故意伤害罪,数罪并罚,决定执行死刑,缓期二年执行,剥夺政治权利终身。12月30日,绵阳市人民检察院认为一审判决对被告人郭明先量刑畸轻,依法向四川省高级人民法院提出抗诉。2012年4月16日,二审四川省高级人民法院采纳抗诉意见,改判郭明先死刑立即执行,并剥夺政治权利终身。10月26日,最高人民法院裁定核准死刑判决。11月22日,被告人郭明先被执行死刑。

不成立黑社会性质组织犯罪的案例:

【牛子贤等人绑架、敲诈勒索、开设赌场、重婚案】 新乡市中级人民法院经审理认定,2007年以来,被告人牛子贤利用朋友、亲属、同学等关系纠集一些社会上的无业闲散人员,在新乡市区进行绑架、开设赌场、敲诈勒索等违法犯罪活动,逐渐形成了以牛子贤为首,被告人吕福秋、牛震等为骨干成员,被告人时丽、胡俊忠、李来刚、周鑫、岳静等为积极参加者的具有黑社会性质的犯罪组织。为攫取经济利益,该犯罪组织采取开设赌场、敲诈勒索等犯罪方式获取非法利益。平时,这些犯罪组织成员接受牛子贤指挥、分工,为牛子贤所开设的赌场站岗、放哨、记账、收账并从事其他犯罪活动。每次参加开设赌场等犯罪活动后,牛子贤都将非法所得以"工资"形式分给参加者,或拿钱给参加者吃饭等。在组织纪律方面,牛子贤要求组织成员按其制定的开设赌场规矩交纳"保证金",以保证组织成员在为其开设的赌场服务期间能尽职尽责,否则将没收"保证金"。由此该组织成员逐渐形成了听从牛子贤指挥、安排的习惯性行为,从而进行犯罪活动。在实施违法犯罪活动过程中,牛子贤亲自或指使组织成员多次以威胁、暴力手段从事绑架、敲诈勒索等违法犯罪活动,影响极其恶劣,给国家、集体财产和公民个人生命及财产造成了重大损失,对当地的社会生活秩序和经济秩序造成了严重破坏(其他具体犯罪行为的事实略)。一审新乡市中级人民法院判决被告人牛子贤犯组织、领导黑社会性质组织罪、绑架罪、开设赌场罪、敲诈勒索罪、重婚罪,数罪并罚,决定执行死刑,剥夺政治权利终身,并处没收个人全部财产。二审河南省高级人民法院裁定驳回上诉,维持原判,并依法报请最高人民法院核准。最高人民法院经复核确认的被告人牛子贤实施绑架、开设赌场、敲诈勒索、重婚犯罪的事实与一、二审认定一致,但认为黑社会性质组织应当同时具备组织特征、经济特征、行为特征和非法控制特征,本案并无充分证据证实牛子贤为首的犯罪团伙同时具备上述"四个特征",故依法不能认定为黑社会性质组织。由于一、二审法院认定牛子贤犯罪团伙系黑社会性质组织及牛子贤等人的行为构成涉黑犯罪不当,且是否认定涉黑犯罪对多名同案被告人的定罪量刑均有影响,故依法不予核准牛子贤死刑,将本案发回河南省高级人民法院重新审判。河南省高级人民法院对本案重新审理后,直接予以改判,对原判牛子贤的组织、领导黑社会性质组织犯罪不予认定,并以绑架罪等其他犯罪再次报送核准死刑。最高人民法院经再次复核,依法核准了被告人牛子贤死刑。①

(二) 恐怖活动组织

《反恐怖主义法》(全国人大常委会 2018 年 4 月 27 日修正)

---

① 参见最高人民法院第一、二、三、四、五庭主办:《刑事审判参考》(总第 107 集),法律出版社 2017 年版,第 89—99 页。

第 3 条第 3 款规定,"恐怖活动组织,是指三人以上为实施恐怖活动而组成的犯罪组织"。同时,该条第 2 款规定:"本法所称恐怖活动,是指恐怖主义性质的下列行为:(一) 组织、策划、准备实施、实施造成或者意图造成人员伤亡、重大财产损失、公共设施损坏、社会秩序混乱等严重社会危害的活动的;(二) 宣扬恐怖主义,煽动实施恐怖活动,或者非法持有宣扬恐怖主义的物品,强制他人在公共场所穿戴宣扬恐怖主义的服饰、标志的;(三) 组织、领导、参加恐怖活动组织的;(四) 为恐怖活动组织、恐怖活动人员、实施恐怖活动或者恐怖活动培训提供信息、资金、物资、劳务、技术、场所等支持、协助、便利的;(五) 其他恐怖活动。"第 1 款规定:"本法所称恐怖主义,是指通过暴力、破坏、恐吓等手段,制造社会恐慌、危害公共安全、侵犯人身财产,或者胁迫国家机关、国际组织,以实现其政治、意识形态等目的的主张和行为。"第 4 款规定:"本法所称恐怖活动人员,是指实施恐怖活动的人和恐怖活动组织的成员。"第 5 款规定:"本法所称恐怖事件,是指正在发生或者已经发生的造成或者可能造成重大社会危害的恐怖活动。"①

恐怖活动组织和人员由国家反恐怖主义工作领导机构认定,

---

① 2020 年 6 月 30 日全国人大常委会《香港特别行政区维护国家安全法》第 25 条第 2 款规定:"本法所指的恐怖活动组织,是指实施或者意图实施本法第二十四条规定的恐怖活动罪行或者参与或者协助实施本法第二十四条规定的恐怖活动罪行的组织。"该法第 24 条规定如下:"为胁迫中央人民政府、香港特别行政区政府或者国际组织或者威吓公众以图实现政治主张,组织、策划、实施、参与实施或者威胁实施以下造成或者意图造成严重社会危害的恐怖活动之一的,即属犯罪:(一) 针对人的严重暴力;(二) 爆炸、纵火或者投放毒害性、放射性、传染病病原体等物质;(三) 破坏交通工具、交通设施、电力设备、燃气设备或者其他易燃易爆设备;(四) 严重干扰、破坏水、电、燃气、交通、通讯、网络等公共服务和管理的电子控制系统;(五) 以其他危险方法严重危害公众健康或者安全。犯前款罪,致人重伤、死亡或者使公私财产遭受重大损失的,处无期徒刑或者十年以上有期徒刑;其他情形,处三年以上十年以下有期徒刑。"该法属于特别法,在香港特别行政区施行。

并由其办事机构予以公告。根据《刑事诉讼法》的规定,有管辖权的中级以上人民法院在审判刑事案件的过程中,可以依法认定恐怖活动组织和人员。判决生效后,可根据需要,由国家反恐怖主义工作领导机构的办事机构予以公告。

(三) 恶势力

恶势力是近两年来频繁出现于司法解释中的一个概念。2019年4月9日最高人民法院、最高人民检察院、公安部、司法部《关于办理恶势力刑事案件若干问题的意见》第4条规定:"恶势力,是指经常纠集在一起,以暴力、威胁或者其他手段,在一定区域或者行业内多次实施违法犯罪活动,为非作恶,欺压百姓,扰乱经济、社会生活秩序,造成较为恶劣的社会影响,但尚未形成黑社会性质组织的违法犯罪组织。"据此,恶势力是一种"违法犯罪组织"。它不限于犯罪组织,也可能是违法组织;即使是犯罪组织,也未必符合犯罪集团的成立条件。假如恶势力符合犯罪集团的成立条件,则称为"恶势力犯罪集团","是指符合恶势力全部认定条件,同时又符合犯罪集团法定条件的犯罪组织。"(第11条)。由第4条规定可知,恶势力是"尚未形成黑社会性质组织"的违法犯罪组织。

单纯为牟取不法经济利益而实施的"黄、赌、毒、盗、抢、骗"等违法犯罪活动,不具有为非作恶、欺压百姓特征的,或者因本人及近亲属的婚恋纠纷、家庭纠纷、邻里纠纷、劳动纠纷、合法债务纠纷而引发以及其他确属事出有因的违法犯罪活动,不应作为恶势力案件处理。

恶势力一般为3人以上,纠集者相对固定。(1) 纠集者是指在恶势力实施的违法犯罪活动中起组织、策划、指挥作用的违法犯罪分子。成员较为固定且符合恶势力其他认定条件,但多次实施违法犯罪活动是由不同的成员组织、策划、指挥,也可以认定为恶势力,有前述行为的成员均可以认定为纠集者。(2)恶势力的其他成员是指知道或应当知道与他人经常纠集在一起是为了共同实施违法犯罪,仍按照纠集者的组织、策划、指挥参与违法犯罪活动的违法犯罪分子,包括已有充分证据证明但尚未归案的人员,以及因法定情形不予追究法律责任,或者因参与实施恶势力违法犯罪活动已受到行政或刑事处罚的人员。仅因临时雇佣或被雇佣、利用或被利用以及受蒙蔽参与少量恶势力违法犯罪活动的,一般不应认定为恶势力成员。

"经常纠集在一起,以暴力、威胁或者其他手段,在一定区域或者行业内多次实施违法犯罪活动",是指犯罪嫌疑人、被告人于2年之内,以暴力、威胁或者其他手段,在一定区域或者行业内多次实施违法犯罪活动,且包括纠集者在内,至少应有2名相同的成员多次参与实施违法犯罪活动。对"纠集在一起"时间明显较短,实施违法犯罪活动刚刚达到"多次"标准,且尚不足以造成较为恶劣影响的,一般不应认定为恶势力。

恶势力实施的违法犯罪活动,主要为强迫交易、故意伤害、非法拘禁、敲诈勒索、故意毁坏财物、聚众斗殴、寻衅滋事,但也包括具有为非作恶、欺压百姓特征,主要以暴力、威胁为手段的其他违法犯罪活动。恶势力还可能伴随实施开设赌场、组织卖淫、强迫卖淫、贩卖毒品、运输毒品、制造毒品、抢劫、抢夺、聚众扰乱社会秩序、聚众扰乱公共场所秩序、交通秩序以及聚众"打砸抢"等违法犯罪活动,但仅有前述伴随实施的违法犯罪活动,且不能认定具有为非作恶、欺压百姓特征的,一般不应认定为恶势力。

"多次实施违法犯罪活动"至少应包括1次犯罪活动。对反复实施强迫交易、非法拘禁、敲诈勒索、寻衅滋事等单一性质的违法行为,单次情节、数额尚不构成犯罪,但按照《刑法》或者有关司法解释、规范性文件的规定累加后应作为犯罪处理的,在认定是否属于"多次实施违法犯罪活动"时,可将已用于累加的违法行为计为1次犯罪活动,其他违法行为单独计算违法活动的次数。

"扰乱经济、社会生活秩序,造成较为恶劣的社会影响",应当结合侵害对象及其数量、违法犯罪次数、手段、规模、人身损害后果、经济损失数额、违法所得数额、引起社会秩序混乱的程度以及对人民群众安全感的影响程度等因素综合把握。

恶势力犯罪集团的案例:

【李卫俊等"套路贷"虚假诉讼案】(检例第87号) 2015年10月以来,李卫俊以其开设的江苏省常州市金坛区汇丰金融小额贷款公司为载体,纠集冯小陶、王岩、陆云波、丁众等多名社会闲散人员,实施高利放贷活动,逐步形成以李卫俊为首要分子的恶势力犯罪集团。该集团长期以欺骗、利诱等手段,让借款人虚写远高于本金的借条、签订虚假房屋租赁合同等,并要求借款人提供抵押物、担保人,制造虚假给付事实。随后,采用电话骚扰、言语恐吓、堵锁换锁等"软暴力"手段,向借款人、担保人及其家人索要高额利息,或者以收取利息为名让其虚写借条。在借款人无法给付时,又以虚假的借条、租赁合同等向法院提起民事诉讼,欺骗法院作出民事判决或者主持签订调解协议。李卫俊等通过申请法院强制执行,逼迫借款人、担保人及其家人偿还债务,造成5人被司法拘留,26人被限制高消费,21人被纳入失信被执行人名单,11名被害人名下房产6处、车辆7辆被查封。2019年1月至10月,金坛区人民法院四次开庭审理。查明李卫俊等人犯罪事实后,依法认定其为恶势力犯罪集团。11月1日，以诈骗罪、敲诈勒索罪、虚假诉讼罪、寻衅滋事罪判处李卫俊有期徒刑12年，并处罚金28万元；其余被告人被判处有期徒刑8年至3年6个月不等，并处罚金。

附　录

我国《刑法》关于共同犯罪的规定(第 25 条至第 29 条)

第 25 条
共同犯罪是指二人以上共同故意犯罪。

二人以上共同过失犯罪,不以共同犯罪论处;应当负刑事责任的,按照他们所犯的罪分别处罚。

第 26 条
组织、领导犯罪集团进行犯罪活动的或者在共同犯罪中起主要作用的,是主犯。

三人以上为共同实施犯罪而组成的较为固定的犯罪组织,是犯罪集团。

对组织、领导犯罪集团的首要分子,按照集团所犯的全部罪行处罚。

对于第三款规定以外的主犯,应当按照其所参与的或者组织、指挥的全部犯罪处罚。

第 27 条
在共同犯罪中起次要或者辅助作用的,是从犯。

对于从犯,应当从轻、减轻处罚或者免除处罚。

第 28 条
对于被胁迫参加犯罪的,应当按照他的犯罪情节减轻处罚或者免除处罚。

第 29 条

教唆他人犯罪的,应当按照他在共同犯罪中所起的作用处罚。教唆不满十八周岁的人犯罪的,应当从重处罚。

如果被教唆的人没有犯被教唆的罪,对于教唆犯,可以从轻或者减轻处罚。